Il Benadir

Vico Mantegazza

Opere di Vico Mantegazza
(Edizioni Treves).

Due mesi in Bulgaria. Con ritratti e incisioni . L. 4 —
Da Massaua a Saati. Con 74 incisioni . . . . . 6 —
Macedonia. Con 41 incis. tirate a parte e una carta. 4 —
Il Marocco e l' Europa. Con 62 incisioni e 2 carte . 3 50
Questioni di Politica Estera (1907). Con 23 incisioni. 5 —
Questioni di Politica Estera. Anno II, 1908. Con 18 inc. 5 —
Il Benadir. Con 38 incisioni e 3 carte . . . . . 5 —

VICO MANTEGAZZA

IL BENADI

Con 33 incisioni e 3 carte.

MILANO
FRATELLI TREVES, EDITORI
1908.

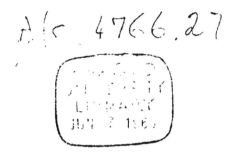
PROPRIETÀ LETTERARIA

I diritti di riproduzione e di traduzione sono riservati per tutti i paesi, compresi la Svezia, la Norvegia e l'Olanda.

Milano. — Tip. Treves.

I.

NELL'OCEANO INDIANO.

PROTETTORATI E CONCESSIONI.

Il primo documento. — La rivalità Anglo-Tedesca. — La conversione di Bismark. — Il flauto di Zanzibar. — Un Console tedesco. — Il dottor Peters. — Una spedizione... di congiurati. — Funzionari tedeschi vestiti da mendicanti. — La fuga di una sorella del Sultano. — Il libro di una principessa mussulmana. — Dopo il taglio dell'Istmo. — Per il grande Impero Africano! — Asmara italiana nel 1857. — Il primo protettorato. — Il sultanato dei Migiurtini. — Un Sultano a bordo. — Il protettorato sulla Somalia meridionale. — Le stazioni del Benadir. — La convenzione col Sultano di Zanzibar. — L'iniziativa dell'on. Di Rudinì. — La Compagnia Filonardi. — Il primo insuccesso.

Malgrado le vivaci polemiche dei giornali, le numerose discussioni sul Benadir e sulle questioni relative alla Somalia, credo di non essere lontano dal vero asserendo che, anche nelle classi colte, all'infuori d'un numero molto ristretto di persone, poco o nulla si sa intorno alla storia, ai precedenti ed alla importanza dei possedimenti e protettorati che l'Italia ha successivamente otte· nuto nell'Oceano Indiano.

Il primo documento ufficiale relativo a queste nostre colonie risale al 1885, epoca nella quale il compianto capitano Cecchi, che doveva poi perire così miseramente nell'imboscata di Lafolè, ebbe dal Governo l'incarico di recarsi nell'Oceano Indiano « per visitare Zanzibar e le coste di terra-ferma dipendenti da quel sultanato e per esplorare le foci del Giuba, delle cui condizioni di navigabilità ed attitudine come via commerciale verso l'interno desideravasi avere sicura notizia». Nel tempo stesso si dava al Cecchi e al cav. Feca-rotta, comandante della nave sulla quale il com· pianto esploratore era imbarcato, l'incarico di avviare negoziati per un accordo commerciale.

Riproduco testualmente questo periodo relativo alle istruzioni date al Cecchi dal *Libro Verde* sulla Somalia pubblicato nel 1895, perchè è questa missione che segna l'inizio della nostra azione in quelle regioni dell'Oceano Indiano. Nell'aprile di quello stesso anno la *Barbarigo* si recò allo Zanzibar e visitò tutta la costa. I negozianti per l'accordo commerciale col Sultano procedettero assai speditamente, tantochè nel maggio fu concluso un trattato. Quanto ai negoziati per una eventuale cessione territoriale sulla costa somala, per i quali sebbene non sia fatta parola nelle istruzioni ufficiali pubblicate dall'accennato *Libro Verde*, il Cecchi e il capitano Fecarotta avevano avuto dal Governo, in certo qual modo, un mandato di fiducia, furono rimessi a miglior tempo, non avendo creduto il Cecchi, per un complesso di circostanze, fosse quello il momento più opportuno per spingere le trattative.

Fra le altre cose, in quel momento, e, per l'appunto nell'Oceano Indiano, era andata pian piano accentuandosi la rivalità d'influenza fra l'Inghilterra e la Germania che muoveva i suoi passi nella politica coloniale, dopo che a questa politica il Bismark, che una volta non voleva sentir parlare di colonie, era stato convertito dai grandi commercianti di Amburgo, di Brema e di Berlino e specialmente dal Luderitz che fu un po' il loro portavoce presso il Gran Cancelliere. L'anno prima la Germania, o per essere più esatti, una grande Società coloniale tedesca alla quale il Governo prestava tutto il suo appoggio, aveva mandato nell'Africa Orientale una missione con l'incarico di concludervi dei trattati coi capi e sultani indipendenti, e porre dei vasti territori sotto la protezione dell'Impero Tedesco. Tutto questo ben inteso doveva farsi in modo da non svegliare i sospetti dell'Inghilterra. Jean Darcy, che col titolo *La conquista dell'Africa* pubblicò qualche anno fa un volume molto interessante e documentato sulla presa di possesso di territorii africani da parte dell'Europa nella seconda metà del secolo scorso, dice giustamente che non vi è forse in tutta l'Africa un tratto di terra nel quale si sian messo in opera più furberia e più in-

trighi che il vasto quadrilatero delimitato dall'O-
ceano Indiano, dai Laghi e il corso del Nilo da
una parte; e dall'altra dalla frontiera portoghese
di Mozambico e i primi contrafforti dell'Abissinia. Fu un campo chiuso, dice lo scrittore, nel
quale inglesi e tedeschi spiegarono gli uni contro
gli altri tutte le risorse del loro genio e della loro
furberia. Nulla manca a questa storia; nè le tragedie sanguinose, nè gli episodi più comici —
e nemmeno qualche avventura d'amore. Le più
grandi figure africane occupano la scena. Stan-
ley, Peters, Emin, si muovono continuamente sotto i nostri occhi; si cercano, si incontrano, si in-
seguono. Per cui, non è punto facile poter de-
scrivere con chiarezza le varie fasi di questa rivalità anglo-tedesca nell'Africa Orientale, prima
che intervenisse a delimitare diritti, frontiere, e
zone d'influenza.

L'isola di Zanzibar la cui importanza dal punto
di vista commerciale e politico crebbe enorme-
mente dopo il taglio dell'istmo di Suez, è sempre
stato il punto di partenza di tutte le spedizioni
dirette alle regioni dei Laghi. L'uno dopo l'altro
vi hanno organizzato le loro esplorazioni tutti i
grandi viaggiatori inglesi, tedeschi ed italiani. Un
curioso proverbio arabo per mettere in rilievo
quale e quanta sia l'importanza di quest'isola, dice
che « quando si suona il flauto a Zanzibar tutta
l'Africa si mette a ballare ».

Per parecchi secoli Zanzibar fu sottoposta al-
l'*Imman* di Mascate (nel Golfo Persico): tanto che
fino a una ventina d'anni fa il Sultano era un pa-
rente di quest'ultimo, e quasi sempre un fratello;
il quale aveva la sovranità di un lunghissimo
tratto della costa del Mar Rosso fino ai possessi
portoghesi e di tutta la regione posta fra la costa e i laghi Tanganica e Vittoria. Nell'interno,
per dire il vero, codesta sovranità era più che altro nominale, perchè il Sultano non vi riscuoteva

i tributi... altro che quando mandava una spedizione a prenderli. Ma, sia pure nominale e per tradizione, tale sovranità era riconosciuta.

Zanzibar era poi anche il solo porto di tutta quella parte dell'Oceano Indiano nel quale potessero entrare le navi di un certo tonnellaggio per cui vi affluiva e vi affluisce, allora esclusivamente, ed oggi ancora in parte, il commercio e i prodotti di quella vasta zona dell'Africa Orientale. L'Inghilterra che intuì l'importanza grandissima di questo punto, fin dalla prima metà del secolo scorso, vi stabilì un agente consolare, e prese parte alle lotte del Sultano col suo legittimo signore l'*Imman* di Mascate incoraggiando apertamente il primo a ribellarsi... e a proclamarsi indipendente. Crebbe più che mai, come ho già avvertito, codesta importanza di Zanzibar che diventò la grande metropoli commerciale e politica dell'Africa Orientale, dopo il taglio dell'istmo per cui, quando la Germania incominciò a spiegare la sua attività coloniale in quella parte del mondo, pensò prima di tutto di assicurarsi un punto d'appoggio a Zanzibar, cercando, fin dove era possibile, di scalzarvi l'influenza britannica. Il còmpito difficile fu affidato al Rolfs, mandato allo Zanzibar come console. Se l'Inghilterra si poteva reputare fortunata nella scelta del suo console nella persona del Portal, che qualche anno dopo fu il capo di quella missione mandata dal Governo di Londra al Negus Johannes per vedere se era ancora possibile evitare la guerra alla quale l'Italia si era preparata con la spedizione San Marzano, la Germania ebbe essa pure la mano felice. Nel Rolfs aveva trovato il suo uomo.

Uno degli episodi più caratteristici di questa lotta fra gl'inglesi e i tedeschi fu il modo col quale i delegati della Società coloniale tedesca, fra i quali vi era il conte Pfeil e il dott. Peters — che diventò celebre dippoi e la cui brillante carriera è stata recentemente troncata dalle risultanze del processo che si è rifatto qualche mese fa con esito un po' migliore per lui — fecero la loro prima apparizione a Zanzibar per organizzare la spedizione che doveva dare al loro paese il protettorato su una vastissima regione africana. Le più grandi precauzioni erano indispensabili perchè gl'inglesi, insospettiti dalla attività degli agenti germanici, dallo sviluppo che già fino da allora prendeva la loro marina commerciale, sorvegliavano assiduamente ogni mossa della polizia tedesca e dei suoi agenti.

Il 4 novembre del 1884 dava fondo nel porto di Zanzibar un vapore proveniente da Trieste, che non aveva suscitato alcuna diffidenza da parte delle autorità inglesi. Ne erano scese parecchie diecine di persone di tutti i paesi e di tutte le nazionalità, mal vestite, lacere; gente in cerca di fortuna e che sperava come al solito di trovare almeno qualche cosa da fare in un paese al quale tutti presagivano un rapido sviluppo. In mezzo a quella folla strana che circonda sempre in questo porto di mare i nuovi arrivati, quattro disgraziati, laceri e malvestiti come tutti gli altri, si tenevano un po' in disparte, e avendo l'aria un po' preoccupata non si scambiavano fra loro che qualche parola. Avevano tutto l'aspetto di poveri emigranti tedeschi — e domandarono subito del loro console facendosi indicare la strada. Ma appena la porta del Consolato si richiuse dietro di essi, il console Rolfs, che pareva attenderli con impazienza, li abbracciò uno per uno dando loro il benvenuto con grande effusione. I quattro emigranti erano, nientemeno che i delegati della Società coloniale tedesca! Poche ore dopo, perfettamente equipaggiati, e deludendo la sorveglianza degli agenti inglesi, su di una barca passavano sulla costa del continente dove il Rolfs aveva preparato la carovana. Nessuno

seppe allora nè del loro arrivo nè della loro partenza. Ma tre mesi dopo, gli inglesi seppero che
il conte Pfeil aveva firmato una dozzina di trattati con capi indigeni e l'Imperatore di Germania
notificava ufficialmente a Londra che assumeva
il protettorato di una vasta zona di circa 150.000
chilometri quadrati.

Tra gli episodi di questa lotta non è mancato
nemmeno il romanzo. La politica tedesca, a un
certo momento, credette di potersi valere anche
di una sorella del Sultano — il predecessore del-
l'attuale — diventata suddita dell'Impero pel suo
matrimonio con un ufficiale tedesco, improvvi-
sandone una pretendente... al trono dello Zanzibar. Una trentina d'anni fa, un grosso scandalo
aveva cagionato grande emozione alla corte zanzibarese, e fra i fedeli sudditi del Sultano. Una sorella di quest'ultimo, la bella e simpatica principessa Salmè, che si era innamorata di un giovane tedesco, una bella mattina scomparve e
sotto il nome di signora De Ruete diventò la moglie del suo rapitore. Due anni fa, la signora De
Ruete, che perdette dopo due o tre anni il marito, schiacciato da un tramvay ad Amburgo,
pubblicò a Berlino col titolo: *Memorie di una
Principessa araba*, un libro veramente interessante che fu tradotto anche in francese, e nel
quale racconta le avventure della sua vita, e descrive la corte dello Zanzibar del suo tempo. Un
libro interessantissimo, ripeto, perchè, credo sia
l'unico libro scritto da una donna che ha veramente vissuto nella vita mussulmana, apparte-
nendo ad una grande famiglia e che ha saputo
poi formarsi una educazione ed una istruzione
europea. Ella vi racconta anche la storia del suo
amore ma con molto tatto e con una grande misura, come si conviene in un libro dedicato ai
suoi figli, dei quali uno è attualmente ufficiale
nell'esercito tedesco.

Interessante quanto mai è il racconto del suo ritorno in patria dopo tanti anni di assenza, quando, come dice, il Govérno tedesco pensò di presentarla agli zanzibaresi come una legittima principessa che avrebbe dovuto prendere alla corte zanzibarese il posto che le spettava per il suo rango ed esercitarvi tutta l'influenza... a beneficio della politica di Berlino. Il sultano Said Hamond a quell'epoca era completamente dominato dagli inglesi. Il Governo tedesco pensò che mandando allo Zanzibar una principessa autentica, protetta dalla Germania e la quale poteva vantare dei diritti che la Germania sarebbe stata sempre pronta a sostenere, il Sultano avrebbe finito per avere un altro atteggiamento.

La signora De Ruete, ridiventata per la circostanza la principessa Salmè, fu quindi condotta allo Zanzibar su una nave da guerra tedesca... ricevuta e trattata a bordo con onori sovrani. Quando giunse nella sua patria vi fu accolta da una dimostrazione di simpatia che gli agenti tedeschi avevano abilmente organizzato. Ma, per quanto figlia e sorella di sultani, i mussulmani non potevano perdonare una così grande infrazione alle leggi della loro religione con la sua fuga dall'*harem*, e di essere anzi divenuta una cristiana... Il giorno dopo, quando gli organizzatori della dimostrazione non vi erano più, questa mussulmana vestita all'europea e circondata da ufficiali tedeschi, sembrò rinnovare, in una forma ancora più grande, lo scandalo di venti anni prima, e l'accoglienza fu fredda ed ostile. Il Sultano, approvato in questo dalla grande maggioranza dei suoi sudditi, ricusò di riceverla, cosicché dopo pochi giorni, visto che l'effetto sul quale avevano contato era completamente fallito, i tedeschi riaccompagnavano la signora De Ruete ad Amburgo, dove visse di poi ritiratissima, fino a che, maritata una delle figlie, andò a stabilirsi con lei a Beyrout.

La lotta fra le due grandi potenze rivali condusse, come ho detto, alla divisione amichevole di tutte le regioni sulle quali il Sultano aveva la sovranità effettiva o nominale. La Germania con l'attività dei suoi esploratori, dei suoi consoli e dei suoi uomini politici, aveva saputo assicurarsi un vasto impero nell'Est africano. Aveva cominciato per mandare innanzi dei privati, e con gli stessi delegati della Società coloniale tedesca, fu creata la *Società dell'Est Africa* (1885) alla quale l'Imperatore conferì una carta di sovranità. Si comprende facilmente che uomini come il conte Pfeil e il Peters dopo ottenuto un tale resultato avrebbero voluto andare ancora più in là, impossessandosi cioè di altre regioni, e come, sempre secondati dal loro Governo, hanno continuato a spiegare in questo senso l'attività loro. Difatti la Società dell'Est Africa era appena costituita che il Peters concludeva nuovi trattati coi capi dei Migiurtini e col Sultanato di Obbia ed estendeva anche da quella parte il dominio della Società. Pochi sanno o ricordano che tutta quella costa ora sottoposta al protettorato italiano fu per parecchi mesi tedesca.

Data una situazione così complicata e l'incertezza nella quale doveva svolgersi la politica del Sultano fra i due contendenti, è naturale che il Cecchi non abbia creduto opportuno d'insistere per ottenere delle concessioni territoriali. Si limitò nelle sue visite alla costa, e nelle relazioni che ebbe con quei capi o sultani, a cercare di far conoscere il nome del nostro Paese in modo che potesse ispirare delle simpatie. E non fu lavoro inutile, poichè, come si vedrà in seguito, fu per una domanda spontanea di protettorato da parte di un sultano della costa, che l'azione nostra incominciò a svolgersi in quelle regioni.

Questa presa di possesso, per mezzo di protettorati o di concessioni, di coste e territori nell'Oceano Indiano, rappresenta quella che chiamerò la seconda fase della nostra politica africana. La prima si è svolta nel Mar Rosso, ed ebbe il suo inizio lontano con l'acquisto della baia di Assab, che in principio non doveva essere altro che una stazione per rifornire di carbone le nostre navi. L'apertura del Canale veniva a dare d'un tratto importanza grandissima ai porti del Mar Rosso che si trovano sulla via delle Indie. La Francia, allo stesso modo e con lo stesso intendimento, aveva acquistato parecchi anni prima Obock, nel golfo di Tadjura, e si decise a dargli un certo sviluppo, sopratutto quando l'esperienza le dimostrò la assoluta necessità di avere in quei paraggi un posto di rifornimento, giacchè durante la guerra del 1870 le autorità inglesi di Aden si erano rifiutate di dare carbone ad una nave che ritornava dall'Estremo Oriente.

Quanto all'Inghilterra aveva già da molti anni Aden, e più tardi occupò anche Zeila.

Assab, sebbene abbia ora perduto della sua importanza, Obock (che è poi stato soppiantato da Gibuti più comodo e ora testa di linea della ferrovia per l'Harrar) e Zeila, oltre ad essere delle stazioni lungo la via delle Indie, sono anche i punti di partenza delle vie di penetrazione verso lo Scioa, l'Harrar e i paesi Galla. Quindi è stata continua la lotta fra queste tre potenze, i cui possedimenti confinano gli uni con gli altri in quel punto del Mar Rosso e del golfo di Aden. Difatti fu superando molte difficoltà che si addivenne alla delimitazione dei confini delle rispettive zone d'influenza, in un'epoca relativamente recente.

L'occupazione di Massaua venne dopo. Certo, nè Assab, nè Massaua, sono degli Eldoradi. Arrivando ultimi in quella corsa alla ricerca di colonie africane, a cui si abbandonarono le potenze europee, specie dopo il Congresso di Berlino, era naturale che l'Italia dovesse accontentarsi di prendere quello che era rimasto. Ma non bisogna esagerare nel credere che tutte le altre nazioni abbiano sempre messo la mano su territori migliori. Hanno saputo fare una politica che ha dato migliori risultati: ecco la triste verità!

Del resto, Massaua vale — sopratutto valeva prima degli ultimi accordi, e quando non esisteva la ferrovia Berber-Port Sudan e questo nuovo porto sul Mar Rosso — forse più di tanti altri territori africani occupati prima, come punti di partenza per una vasta azione nell'interno.

L'Italia seguì forse in questo l'indicazione che le veniva dal piccolo Piemonte, poichè fino dal 1857, sotto il Ministero Cavour, Cristoforo Negri, nome caro agli studii geografici e che allora dirigeva una divisione al Ministero degli Esteri (altri tempi!), si era occupato con monsignor Massaia onde concludere un trattato di commercio con l'Abissinia e nominare console del Piemonte un nostro connazionale, certo Rizzo, da molti anni stabilito laggiù e che aveva saputo guadagnarsi la fiducia del ras del Tigrè. Anzi, a quell'epoca — cosa poco nota o per lo meno dimenticata — Asmara, l'attuale capitale dell'Eritrea, era già italiana perchè il ras l'aveva conceduta al Rizzo.

Nei primi anni, dopo l'occupazione di Massaua, come ho già avvertito, i francesi non avevano ancora dato un grande sviluppo al loro possedimento di Obock, e non avevano grandi relazioni con lo Scioa perchè Menelik era a noi fidatissimo. Difatti non era circondato che da italiani, a cominciare dal vecchio marchese Antinori, il quale aveva fatto della stazione geografica di Left Marefia un piccolo centro europeo allo Scioa. L'Italia, da Massaua e da Assab, per la via che conduce allo Scioa e che si sperava allora di poter rendere col tempo più facile e praticabile, aveva in mano gli sbocchi dell'Abissinia

— per quanto fosse conosciuta e spesso seguita anche la via di Zeila. Ma dalla parte dello Scioa, al sud, specie dopo la conquista dell'Harrar per parte di Menelik, l'Abissinia e le popolazioni amariche si estendevano sempre più verso l'Ogaden e Uebi Scebeli. Basta dare un'occhiata alla carta per vedere come l'occupazione nostra delle coste dell'Oceano Indiano, suggerita dal Cecchi, rispondesse a quello che fu allora il vasto programma della nostra politica coloniale: di creare cioè col tempo, sotto il protettorato diretto dell'Italia, un vasto impero africano che comprendesse tutta la regione fra la costa somala fino al Giuba e il Mar Rosso, eccezion fatta per il piccolo possedimento francese e per la Somalia inglese.

Purtroppo, quel sogno è oramai svanito da un pezzo!

Invece di spingerci innanzi tanto dalla parte del Mar Rosso che da quella dell'Oceano Indiano, abbiamo dovuto ritirarci e limitare le nostre occupazioni e le nostre pretese. Da una parte, nell'Eritrea si addivenne finalmente, cinque anni fa, alla delimitazione dei confini in un modo relativamente vantaggioso per noi, mentre dalla parte della Somalia la questione dei confini è rimasta, purtroppo, sospesa, e solo ora dopo il combattimento di Bardale, nel quale lasciarono la vita i capitani Bongiovanni e Molinari, si è pensato a risolverla e sono state avviate trattative col Negus.

Ma appena insediati a Massaua incominciarono le nostre sventure africane, dovute in gran parte alla leggerezza con cui ci accingemmo all'impresa, alla mancanza di preparazione e — perchè non dirlo, oggi, vedendo che la triste esperienza a nulla ha giovato e che ci troviamo di fronte a nuovi pericoli? — alla assoluta mancanza di ogni cognizione da parte di Ministri degli Esteri improvvisati dall'oggi al domani e che quindi sono costretti a lasciar fare ogni cosa ad una burocrazia inetta ed incapace.

Per tre anni circa, cioè durante tutto il periodo nel quale ci trovammo impegnati, prima con ras Alula e poi con Re Giovanni fin dopo la spedizione San Marzano, il Governo non si occupò più dell'Oceano indiano. Almeno secondo quanto appare dalla raccolta dei documenti ufficiali relativi alla Somalia, giacchè, mentre il primo documento è quello della missione Cecchi dell'aprile 1885, al quale abbiamo alluso, il secondo documento è quello che si riferisce alla domanda di protettorato formalmente fatta all'Italia per mezzo del nostro Console di Zanzibar dal Sultano di Obbia nel dicembre del 1888.

Cosicchè, fra le tante stranezze della nostra politica africana, è accaduto anche questo, che per rendere servizio agli inglesi durante la loro campagna contro il Mad Mullah, abbiamo con un inganno arrestato e trasportato prigioniero ad Aden, proprio quell'Jusuf, Sultano di Obbia, la cui domanda di protettorato, è stata il punto di partenza della nostra azione nell'Oceano Indiano.

Poco tempo dopo (1889), il protettorato italiano veniva esteso anche ai Migiurtini. Il loro Sultano Osman Mahmud accettò allora il nostro protettorato — e i 1800 talleri all'anno che gli paghiamo — senza un grande entusiasmo; a ciò spinto e persuaso dal Sultano di Obbia, suo suocero, che era già un protetto nostro. Partendo da Obbia sul *Rapido*, per andare a Bargal, dove era Osman Mahmud e definire ogni cosa, il Sultano disse al comandante Porcelli che era stato incaricato di queste trattative insieme al Filonardi, nostro console a Zanzibar:

— Nessun sultano ha mai messo il piede su una nave degli infedeli; ma io vengo con te perchè siamo fratelli e voglio che anche Osman Mahmud sia fratello con gli italiani.

Quel povero Sultano non aveva poi torto se nutriva una certa diffidenza per le navi degli infedeli. Molti anni dopo, come si è visto, è salito un'altra volta a bordo di una nostra nave, e noi lo abbiamo fatto prigioniero.

Fu in seguito a questa intervista che passò sotto il nostro protettorato tutta la costa del Sultano dei Migiurtini che incomincia a poche miglia da quello di Obbia e va fino al capo Guardafui nell'Oceano Indiano e quindi nel golfo di Aden fino a Bendar Ziade, dove incomincia la costa della Somalie inglese che va fino a poche miglia da Gibuti.

Sulle carte lungo tutta questa costa sono segnati i nomi di molti paesi, ma errerebbe chi credesse che codesti nomi corrispondano a veri centri di popolazioni o a città anche piccole. Tranne Bender Cassen, Alula ed Afun che hanno da 500 a 800 abitanti, tutti gli altri villaggi hanno popolazioni che non superano mai le tre o quattrocento persone divise in qualche decina di capanne, fra le quali raramente sorge qualche piccola casa in muratura. E ancora case in muratura è un modo di dire, poichè si tratta di case assai male costruite con delle pietre e terra argillosa che non sempre resistono alle intemperie e ai forti venti di quelle regioni. L'ubicazione di questi piccoli villaggi è determinata da due condizioni: dalla esistenza di qualche pozzo e nel tempo stesso dalla configurazione della costa che permette ai velieri indigeni di porsi a riparo almeno per alcuni mesi dell'anno, e la possibilità quindi di un certo traffico.

Il comm. Pestalozza, che fu per parecchi anni console generale d'Italia a Zanzibar e che più volte per incarico del Governo visitò uno per uno i 31 punti abitati del litorale migiurtino e mandò al Governo una preziosa relazione, accennando al

commercio di quei paesi, crede di poterlo cal-
colare, fra importazione ed esportazione, nella cifra complessiva di tre milioni, dei quali quasi due
sarebbero rappresentati dalla esportazione di ciò
che il Sultanato produce e dalla pesca. Una pesca
molto variata, poichè va dalla madreperla... al
pesce-cane, che disseccato mandano sulla costa
opposta. I principali prodotti sono gli ovini, i
cammelli, una razza di cavalli molto piccoli, ma
assai resistenti che si trova per l'appunto nei dintorni di Illig, burro che serve al consumo sulla
costa araba, gomma, la foglia di palma per le
stuoie e per fare sacchi, l'incenso e poche altre
cose.

Il commercio, tanto per l'esportazione come per
l'importazione, è tutto in mano dei capi — e
principalmente del Sultano che dispone fra lui
e tutti i suoi parenti di parecchie e parecchie decine di velieri.

Essi continuano così sulla costa somala le tradizioni del loro antico sovrano, l'Imman di Mascate, che è ad un tempo stesso oltrechè uno dei
gran preti dell'islamismo — *Imman* vuol dire
per l'appunto prete o qualche cosa di simile —
il Sultano ed il principale negoziante del suo
paese.

In fondo, quando il Sultano di Obbia e quello
dei Migiurtini accettarono il nostro protettorato
non si decisero a questo passo proprio perchè
da un momento all'altro si sono sentiti animati
da uno sviscerato amore per la nostra bandiera
e per gl'italiani dei quali non dovevano avere allora che delle idee molto confuse...

Erano accaduti in quel momento, e in quella
parte dell'Africa, avvenimenti i quali non potevano a meno di far loro pensare che presto o
tardi avrebbero perduto la loro indipendenza.
Quei sultani non vivono nel centro dell'Africa, e

SEID AHMED BEN THUAN, SULTANO DI ZANZIBAR.

ALL'ISOLA DI ZANZIBAR.

per ragione dei loro commerci sono abbastanza a contatto col resto del mondo per sapere ciò che accade anche ad una certa distanza da loro, nel mare che bagna la loro costa. Essi chiesero od aderirono al nostro protettorato con la convinzione di fare un buon affare, non solo per la questione del canone annuo, che altri, del resto, avrebbe potuto offrir loro anche in misura maggiore, ma perchè contavano su questa protezione nostra per poter continuare indisturbati i loro traffici — la sola cosa che li interessa veramente. Sull'esempio di quello che inglesi e tedeschi hanno fatto in altri punti delle coste d'Africa sull'Oceano Indiano, credevano anzi che questo commercio avrebbe preso un grande sviluppo.

Invece, l'Italia dopo aver proclamato con una certa solennità questo suo protettorato sul Sultanato dei Migiurtini, dopo aver tanto parlato della Somalia italiana, non se ne è più curata. Ha creduto di aver fatto tutto consegnando qua e là a un certo numero di capi una bandiera italiana... che non sempre, come si è visto, vogliono innalzare, dal momento che la nostra bandiera tira loro addosso dei nemici come il Mad Mullah, mentre noi non ci siamo mai curati di difenderli, malgrado le promesse.

Dopo il primo viaggio del capitano Cecchi sulla *Barbarigo*, e quando questi ritornò in Italia per rendere conto della sua missione, e nel tempo stesso per essere più vicino al Governo che, essendo incominciate le prime difficoltà a Massaua spesso ricorreva a lui per consigli ed informazioni, rimase a Zanzibar come console d'Italia il capitano Filonardi il quale proseguì l'opera iniziata dal Cecchi.

Colla fine del 1889, ministro il Crispi, questi notificava ai nostri rappresentanti all'Estero che l'Italia assumeva il protettorato « di quei tratti della costa orientale d'Africa dal limite nord del territorio di Kisimayo, al 2° di latitudine nord, che sono intermedi fra le stazioni riconosciute come appartenenti al Sultano di Zanzibar ».

Per ben comprendere il significato e l'importanza di questo nuovo protettorato, il cui limite nord coincide col limite sud del Sultanato di Obbia, del pari nostro protetto, bisogna riferirsi al trattato del 1896, col quale la Germania e l'Inghilterra si erano messe d'accordo per regolare tutte le questioni riguardanti il Sultano di Zanzibar e la vicina costa di terraferma dell'Africa Orientale. Naturalmente, e come al solito, chi pagò le spese di questa contesa, fu il povero Sultano, le cui spoglie furono divise fra la Germania e l'Inghilterra, ben inteso proclamando ancora una volta la indipendenza del sultanato, che qualche anno dopo — nel 1890 — passò viceversa sotto il protettorato britannico.

In quel trattato, le parti contraenti riconobbero come appartenente al Sultano le stazioni di Kisimaio alla foce del Giuba (passata poi all'Inghilterra), di Brava, Merca e Mogadiscio, con un raggio verso l'interno di 10 miglia marine, e di Warscheik con un raggio di 5. Questo possesso aggiunto ad ogni porto per un raggio di 10 o di 5 miglia è la spiegazione di quei semicerchi intorno a queste stazioni che figurano sulle carte e che non hanno più ragione d'essere ora, dopo che queste stazioni sono diventate possedimenti italiani. La notificazione fatta dal Crispi riguardava i terreni intermedi a queste stazioni.

Fu stabilito così il nostro protettorato anche sulla costa del Benadir o Somalia meridionale, cioè dalla foce del Giuba al Sultanato di Obbia. Da questo punto in su, fino al capo Guardafui e al confine con la Somalia inglese nel golfo di Aden, la costa appartiene alla Somalia settentrionale. Nell'uso comune Benadir e Somalia meridionale hanno finito per diventare sinonimi. Ma

questo ultimo protettorato non avrebbe mai potuto avere alcun valore, se, in qualche modo,
non si fosse pensato ad esercitare un'azione, sia
pure commerciale, sulle stazioni rimaste al Sultano. Intanto la prima cosa da farsi era di visi-
tarle. Ed il capitano Filonardi, imbarcato sul
Volta, ebbe prima l'incarico di raccogliere tutte
le notizie che potevano interessare, e di stabilire
nel tempo stesso delle buone relazioni con i capi
stazioni zanzibaresi (1); e qualche tempo dopo
in una seconda visita, la missione di preparare
il terreno per l'eventuale insediamento nel Benadir d'una compagnia italiana, guadagnando alla
nostra causa i governatori e capi influenti del
paese, e di prendere accordi coi capi somali allo
scopo di rendere effettivo il nostro protettorato
sui tratti del litorale interposti fra i territori dei
porti e possibile la nostra espansione nell'interno.

---

(1) Fu in una di queste visite che trovarono la morte
il tenente di vascello Carlo Zavagli e il macchinista
Angelo Bertorello. Il Filonardi, mentre faceva questa
crociera col *Volta*, ebbe ordine di andare a Warscheik che fino allora non era stata ancora visitata.
Siccome è il centro principale della numerosa tribù
degli Argal, era importante mettersi in relazione coi
capi di Warscheik. Il capitano Filonardi e il comandante del *Volta* diedero ordine al tenente di vascello
Zavagli, che era di comandata, di recarsi a terra
(alla distanza di circa 4 chilometri) e « in via amichevole di cercare di vedere se quegli indigeni avevano
bisogno di qualche cosa, dire che erano amici del
Sultano di Zanzibar, offrire caffè, zucchero per i capi,
biscotto e formaggio per i poveri. Che se volevano
detti doni, mandassero una canoa a prenderli ».
« Alle 12, scrive il comandante il *Volta*, nel suo
rapporto, si vede tornare indietro la barca tenendo
a riva il segnale convenzionale, ritenni che la barca
avesse qualche avaria, ordinai ammainare una lancia, mandarla incontro, ma la barca veniva a tutta
forza verso il bordo, rimandava indietro la lancia e
via via che si accostava alla nave scorgo sulla tenda
infilzate due freccie, e a poppa tre persone sdraiate.
Avvicinatasi la pirobarca, apprendo succintamente

Ma il Governo italiano dovette ben presto accorgersi che nulla sarebbe stato mai possibile di tentare per l'espansione nell'interno se non si avevano in mano in un modo o nell'altro le stazioni zanzibaresi verso le quali era avviato il traffico. Sempre in cerca di un porto che potesse rispondere a questo scopo fu occupata la stazione di Itala, più a nord di Mogadiscio e di Warscheik. Ma dopo aver magnificato per un pò di tempo questa occupazione, ci si dovette persuadere che di Itala non se ne sarebbe mai fatto nulla, e la stazione fu abbandonata. L'unica via da seguire era quella di cercare di mettersi d'accordo in qualche modo col sultano di Zanzibar per insediarsi in tutte o in alcuna delle sue stazioni. Il che ci fu facilitato dalle nostre buone relazioni con l'Inghilterra che in quel volgere di tempo, d'accordo con la Germania, compensata in altro modo,

---

quando era accaduto, cioè che il signor Zavaglia coll'interprete ed il sotto nocchiere erano scesi senza armi sulla spiaggia in prossimità della barca per conferire con tre individui: uno sembrava arabo e due indigeni somali. Dopo i saluti d'uso, risposero alla loro domanda se fossero tedeschi, « *coll'osservare essere italiani, amici loro, provenienti dallo Zanzibar, del cui Sultano eravamo amici. Che eravamo venuti per sentire se avessero bisogno di qualche cosa, ed intanto il comandante offriva loro caffè, zucchero, biscotto, e che mandassero a prenderli con una canoa od un dau che la barca avrebbe rimorchiato a bordo.* »

Il capo indigeno rispondeva che andava a cercar la barca, e così dicendo si avviava verso la città, e nello stesso tempo alzava in aria il turbante. A questo, che parve un segnale, tutta la popolazione che era riunita a gruppi più in là o dietro le case, sbucando, assalì i tre inermi, lanciando freccie e giavellotti. I tre si ritirarono verso la barca, e per raggiungerla si dovettero buttare in acqua. In questo tragitto fu ferito lo Zavagli mortalmente; spirando poco dopo essere stato ricoverato nella barca, ricordando però in quell'istante supremo di *alzare il segnale di soccorso convenuto e col santo nome della Patria sulle labbra.*

aveva assunto il protettorato del Sultanato di Zanzibar, e con la quale l'Italia firmava il celebre protocollo del 4 marzo 1891 (che porta la firma dell'on. Rudinì) per la delimitazione delle rispettive zone d'influenza in Africa. In forza di questo protocollo, la costa a nord della foce del Giuba rimase assicurata all'Italia, ed essendo quindi compresi nella nostra zona d'influenza, territori che erano soggetti alla sovranità del Sultano, cioè le stazioni di Brava, Merca, Mogadiscio e Warscheik. Quindi il Governo Italiano potè trattare direttamente col Sultano... per mezzo dell'agente consolare e residente britannico signor Portal, ritornato a Zanzibar dopo varie peregrinazioni. Il nostro Console Filonardi aveva già da parecchio tempo lasciato la carica, quando alla testa di un gruppo di capitalisti, espresse il desiderio di assumere in appalto le dogane del Benadir con l'aiuto di una sovvenzione del Governo. L'on. di Rudinì, che era allora alla Presidenza del Consiglio e ministro degli Esteri, e che pareva tenere moltissimo, sopratutto dopo la firma del protocollo anglo-italiano che ci aveva assicurato il protettorato di quella costa, ad iniziare un'azione seria, scriveva il 9 aprile 1892 al reggente il nostro Consolato di Zanzibar dandogli delle istruzioni tassative, e spingendolo ad agire con una certa energia.

« La Signoria Vostra, scriveva l'on. di Rudinì, potrà avere una franca spiegazione col signor Portal (il console inglese) dichiarandogli che *l'Italia desidera vivamente insediarsi in quei territori, ed è perciò che si accinge a negoziare col Governo zanzibarese.*

« La concessione dovrà farsi dal Sultano al Governo del Re, con facoltà di cederne l'esercizio ad un'associazione italiana. Nei quattro porti rimarrebbe la bandiera del Sultano, ed in nome di lui si eserciterebbe l'autorità politica e si amministrerebbe la giustizia. I governatori, i cadì e gli altri funzionari, nonchè le milizie, sarebbero, però, sotto gli ordini del Governo o dell'Associazione italiana, e riceverebbero da questi i loro stipendi e salari; condizioni analoghe a quelle stipulate da Said Bargasc e da Said Califa colla Compagnia britannica dell'Africa Orientale. La concessione poi sarà da farsi per un tempo determinato e per un canone fisso, con facoltà al Governo italiano di rinnovarla alle scadenze per uguale periodo ».

Ho sottolineato alcune frasi delle istruzioni date dall'on. di Rudinì al nostro console a Zanzibar, per mettere in rilievo una volta di più come l'onorevole Rudinì, che è passato per tanto tempo come un anticoloniale convinto, sia stato l'uomo di Governo che più ha spinto per l'occupazione del Benadir. Le sue parole non permettono il menomo dubbio sulle intenzioni del Governo, secondo il quale, la concessione del Sultano non doveva essere che il primo passo verso la presa di possesso quando le circostanze lo avrebbero consentito. Come il lettore avrà notato, vi è una certa intonazione di energia in questo documento. Del resto, anche un altro documento, partito da Roma nello stesso giorno, cioè la nota mandata al nostro ambasciatore a Londra, per avvertirlo e mandargli copia delle istruzioni date al console di Zanzibar, ha la stessa intonazione « Le trattative a Zanzibar — dice — saranno certo lunghe; ma non ho esitato ad ordinarle, anche per mettere in chiaro che l'Italia non intende disinteressarsi del Benadir; e, in un tempo relativamente prossimo, mira ad occuparsi di quelle regioni e ravvivarvi a suo profitto i commerci ».

Le trattative furono meno lunghe di quello che si credeva da principio. Tantochè, il 14 agosto dello stesso anno il nostro console a Zanzibar, il cav. Cottoni, poteva già trasmettere al Governo le copie firmate della convenzione per la concessione delle città e porti del Benadir all'Italia. Quando il Governo ebbe in mano la concessione, tutto era già preparato per la subconcessione alla Ditta Filonardi & C., a partire dal 16 luglio 1893, dall'amministrazione dei porti e città del Benadir. La Società Filonardi, mediante una sovvenzione annua di trecento mila lire, si obbligava ad amministrare le stazioni del Benadir, ed a pagare il canone di 120 mila rupie all'anno (rappresentavano allora circa 220 mila lire) al Sultano e in nome dell'Italia, secondo quello che era stato stabilito nell'atto di concessione.

Della convenzione fra il Governo italiano e il Sultano furono fatte sei copie: due in inglese, due in arabo, e due in italiano.

Ecco il testo degli articoli II, IV e VII che sono i più importanti:

Art. II. — Il Governo di S. A. il Sultano (1) dello Zanzibar autorizza il Governo di S. M. il Re d'Italia a cedere l'amministrazione delle città e porti del Benadir, che sono oggetto della presente convenzione, a una Società italiana che sarà incaricata di amministrare queste città, porti e territori a nome del Governo di Sua Altezza e sotto la sua bandiera, ma sempre sotto la responsabilità del Governo di Sua Maestà il Re d'Italia. I commissari della Società italiana potranno esercitare, in nome e con l'autorizzazione del Governo italiano, tutti i diritti stipulati dalla presente convenzione: potranno nominare tutti gli ufficiali e gli impiegati subalterni; stabilire delle corti di giustizia e adottare tutte le misure che saranno riconosciute necessarie o utili per la protezione e nell'interesse delle città, porti e territori summenzionati.

Il Governo di Sua Altezza il Sultano consente a dare al Governo di Sua Maestà il Re d'Italia o ai suoi rappresentanti tutti i forti e stabilimenti pub

---

(1) Per chi volesse leggere l'atto nella sua integrità, esso è pubblicato nel *Libro Verde, La Somalia Italiana*, presentato alla Camera il 25 luglio 1895.

blici esistenti al momento nel quale l'amministrazione italiana occuperà le città del Benadir, come tutti
i diritti di proprietà che può avere sui territori di
dieci miglia marine di raggio verso l'interno per le
città di Brava, Merca e Mogadiscio e di cinque miglia
marine per il villaggio di Warscheik.

Il Governo di Sua Altezza il Sultano autorizza inoltre il Governo di Sua Maestà il Re d'Italia o i suoi
rappresentanti a imporre tutte le tasse, tributi, impo-
ste, patenti, diritti di importazione e di esportazione
e a prendere tutte le misure riconosciute necessarie
per provvedere alle spese del Governo locale, al mantenimento della forza pubblica, all'amministrazione
della giustizia, alla costruzione di strade, di porti e
altri lavori pubblici o di difesa, come per la liquidazione delle passività, e il pagamento degli interessi
sul capitale speso.

I governatori, tutti gli ufficiali giudiziari, e gli impiegati di qualunque grado saranno nominati dal Governo di Sua Maestà il Re d'Italia o dai suoi rappresentanti.

Gli emolumenti ai governatori, ai giudici arabi o
indigeni, gli stipendi di tutti gli ufficiali ed impiegati, come il soldo delle truppe saranno pagati dal
Governo di Sua Maestà il Re d'Italia o dai suoi rappresentanti.

Art. IV. — Il Governo di Sua Altezza il Sultano di
Zanzibar cede al Governo di Sua Maestà il Re d'Italia
o ai suoi rappresentanti il privilegio esclusivo d'imporre delle tasse sugli abitanti e il potere di regolare
il commercio e le transazioni, come la navigazione, di
contrattare la pesca, di costruire strade, tramways,
ferrovie, canali, porti, telegrafi, ecc., e di prelevare
tasse o diritti su questi stabilimenti di pubblica utilità, come di controllare o interdire l'importazione di
qualunque merce, armi, munizioni d'ogni genere, li-
quori alcoolici o di tutte le altre merci che, secondo
l'opinione di Sua Maestà il Re d'Italia o dei suoi rappresentanti, potesse essere pregiudicevole alle leggi,
all'ordine, e alla moralità pubblica e per le quali il
Governo di Sua Altezza il Sultano non è legato con
altri Governi. Ma è ben inteso che l'esercizio di questi diritti e privilegi, sarà conforme ai trattati esistenti fra il Sultanato di Zanzibar e le potenze estere,
come agli obblighi che sono o potessero essere imposti per l'adesione all'atto generale di Berlino del
1885, e all'atto generale della Conferenza di Bruxelles del 1890.

Art. VII. — Tutti i poteri, diritti e privilegi suddetti, sono accordati al Governo di Sua Maestà il Re
d'Italia o ai suoi rappresentanti per un periodo di 25
anni europei, che incominceranno dal giorno nel
quale la presente concessione sarà approvata dal
Governo di Sua Maestà la Regina della Gran Bretagna e d'Irlanda, imperatrice delle Indie e dal Governo di Sua Maestà il Re d'Italia.

Allo spirare di questo periodo di 25 anni europei,
la presente concessione potrà essere rinnovata per un
periodo di tempo uguale di 25 anni nelle stesse condizioni e con una semplice dichiarazione da parte del
Governo di Sua Maestà il re d'Italia. Allo spirare del
periodi di tempo di 25 anni o di 50, tutti i lavori pubblici, costruzioni, ferrovie, ecc., ecc., ritorneranno al
Governo di Sua Altezza il Sultano, se lo desidera, e
per il loro valore, che sarà stimato da arbitri scelti
dalle due parti.

In altri articoli si stabilisce la somma da pa-
garsi come canone annuo, le modalità per il pagamento, la responsabilità del Governo nel caso
che la Società non effettuasse il pagamento ed è
preso atto del gradimento da parte del Sultano,
che non ha obbiezioni da fare a questa convenzione che è firmata dal console inglese e commissario britannico a Zanzibar e dal console italiano.

Ma le dogane del Benadir non davano allora
gl'introiti che hanno dato talvolta in questi ultimi anni, e le condizioni del commercio non erano tali da poter far florire la Società. La quale si
era costituita con un capitale troppo modesto per
poter fare qualche cosa di serio. Malgrado tutto
il buon volere, l'attività, e lo spirito di intrapresa
del cav. Filonardi che conosceva da lungo tempo
quei paesi e quei commerci, essendo stato per
molti anni a capo di una casa commerciale a
Zanzibar, la Società non potè prendere quello sviluppo che si era sperato. Era stata costituita con
un capitale troppo esiguo, e aveva dovuto affrontare molte spese che non erano state prevedute.

Il Filonardi, del resto, con la sua Società si era

impegnato soltanto per un semplice esperimento
di tre anni. Dopo un anno si vide chiaro che l'e-
sperimento non sarebbe riuscito, e si cominciò a
pensare a ciò che si sarebbe dovuto fare allo spirare del termine stabilito. In altre condizioni, con
altri mezzi il cav. Filonardi sarebbe stato forse
l'uomo che avrebbe ottenuto dei risultati pratici,
e il successo dell'impresa, malgrado le difficoltà
di ogni genere contro le quali vi era allora da lottare. Ma coi mezzi coi quali si accinse all'opera
— nè deve meravigliare se con la diffidenza che
in Italia circondava allora qualunque iniziativa
coloniale, e la campagna che contro di esse faceva una gran parte della stampa non abbia potuto
raccoglierne di più — l'impresa era inevitabil-
mente destinata all'insuccesso.

Pur troppo, come vedremo, l'esperienza di questo primo insuccesso a nulla servì poichè lo stesso
errore si ripetè nel nuovo assetto, o per meglio
dire con l'altra società che prese il posto della Società Filonardi.

II.

L' ECCIDIO DI LAFOLÈ.

In quel volgere di tempo il capitano Cecchi, che da qualche anno era console generale d'Italia ad Aden, era stato trasferito con la stessa carica a Zanzibar. Il Governo, con questa scelta, mostrava di voler seguire l'esempio dato dall' Inghilterra e dalla Germania, le quali sogliono destinare ai consolati dove si svolge la loro azione coloniale, persone all'infuori della carriera, ma che hanno su queste il vantaggio di conoscere il paese e le popolazioni. Con tale criterio, sovente hanno nominato consoli degli esploratori o dei viaggiatori africani. Per il posto di Aden prima, e poi per quello di Zanzibar, l'Italia aveva fatto cadere la sua scelta sul più illustre de' suoi esploratori africani. La sua opera in tre volumi: *Da Zeila alla frontiera del Caffa*, pubblicata nel 1866 a cura della Società Geografica con una prefazione di Cesare Correnti, nella quale è detto, che « quei sessanta capitoli del fortunoso viaggiatore voglionsi leggere per intero da chi li consulti per ragione di studio; e a chi li cerchi per novità di svago, non parranno lunghi nè meno piacevoli di un romanzo ». È in questa prefazione, dettata con quella eleganza di stile della quale il Correnti aveva il segreto anche nei documenti ufficiali, per cui rimasero senza seguito certe sue relazioni parlamentari, che scrisse una frase ripetuta spesso dipoi nella stampa e nell'aula parlamentare.

In Africa, scriveva già fino da allora il Correnti,

la fortuna non è italiana! E, pur troppo, le sorti
non sono mutate. Finora non abbiamo raccolto
nel Continente Nero che la tragica gloria delle
necrologie.

Belzoni, Brocchi, Miani, Dal Verme, Piaggia.
Gessi, Comboni, Chiarini, Antinori, Matteucci,
Sacconi, Giulietti, Bianchi, Licata, Bottego, Ruspoli, e finalmente il povero Cecchi, vi lasciarono
la vita. Ed il Cecchi che nei suoi viaggi era passato incolume attraverso tanti pericoli, solo europeo in mezzo a genti così diverse da noi che cento volte aveva sfidato la morte, doveva cadere
anche lui vittima di una imboscata, a poche miglia da Mogadiscio, quando sperava d'aver raggiunto lo scopo che si prefiggeva ed al quale
aveva dedicato da parecchi anni tutta la sua attività: quello di dare un assetto stabile al Benadir
preparando all'Italia una colonia che avrebbe
forse potuto diventare florente in un periodo di
tempo non eccessivamente lungo!

L'opera del Cecchi, — sebbene il suo autore con-
fessi con molta sincerità che l'esplorazione non
ha toccato la mèta, non sia anzi nemmeno entrato
nel Caffa secondo il programma che era stato
stabilito, e di dove avrebbe dovuto prendere le
mosse per la plaga allora veramente incognita, —
rimane ugualmente un'opera di un valore grandissimo. È anzi considerata come l'opera più
completa che sia stata scritta sull'Abissinia e su
una parte dei paesi Galla. A questi tre volumi
hanno dovuto ricorrere sempre tutti quelli che
hanno scritto sull'Abissinia, e, ancora adesso, rimane la fonte più copiosa di notizie e di informazioni sulla storia, l'etnografia, i costumi e per
tutto ciò che riguarda gl'idiomi di tutti quei paesi.

Antonio Cecchi, che prima di dedicarsi alle
esplorazioni africane aveva viaggiato per parecchi anni come capitano di lungo corso, non era
uomo da rassegnarsi alla inazione e a una vita

troppo tranquilla. Epperò fu con entusiasmo che accettò di mutare residenza lasciando Aden; dove non aveva campo di svolgere il suo programma, nè le sue iniziative, per andare a coprire la stessa carica a Zanzibar. Da Zanzibar sentiva di poter fare di più, e poichè era stato il primo ad additare al Governo italiano quella costa somala, e il suo *hinterland*, che avrebero dovuto far parte del nostro grande Impero Africano dal mar Rosso all'Oceano Indiano, se la fortuna non ci avesse tradito, egli sperava di poter contribuire col suo ingegno, con la sua attività, ad affermare seriamente l'autorità e il prestigio dell'Italia in quelle regioni. Ma dopo poco tempo si accorse, come ho già detto, che con la Compagnia Filonardi e gli esigui mezzi dei quali questa poteva disporre, la nostra occupazione era destinata ad un insuccesso. In ogni modo si perdeva del tempo in una deplorevole inazione, mentre nelle due colonie britanniche, che a nord e a sud limitano la nostra, gl'inglesi spiegavano un'azione seria, continua, efficace. D'altra parte, la Società stessa del Filonardi aveva detto chiaramente che alla scadenza del contratto — finiti cioè i tre anni di esperimento — non intendeva assolutamente di continuare. Per cui si manifestò la necessità di provvedere in tempo, onde alla scadenza del contratto — visto che la Camera ed il Governo erano assolutamente contrari a che lo Stato assumesse direttamente l'amministrazione della colonia — un'altra Società si sostituisse alla Compagnia Filonardi. Ma alla scadenza del contratto nulla era stato ancora concluso, sebbene molto si fosse parlato di una costituenda società, per cui il Governo dovette assumersi, in via provvisoria, la gestione della colonia. In quel tempo, nel quale il Cecchi ebbe momenti di grande scoramento, vedendo sopratutto l'ostilità che tutte le iniziative coloniali incontravano nel nostro paese, ebbe l'immenso dolore di perdere la moglie, una gentile signora milanese che egli, vedovo con due figli, aveva sposato pochi anni prima e che animosamente lo aveva sempre seguito, tanto ad Aden che a Zanzibar. Ma, a Zanzibar, la povera signora Cecchi ammalò di febbri, ribelli a qualunque cura ed a qualunque rimedio. Inutilmente il marito l'aveva pregata e scongiurata di partire, di ritornare in Italia, sperando che col cambiamento del clima le febbri scomparissero e potesse rimettersi. Insisteva tanto più inquantochè si sono visti alle volte dei miracoli ottenuti dopo qualche giorno di navigazione. Rammento io pure di aver veduto imbarcare a Massaua su un vapore col quale ritornavo in Italia, due ufficiali che parevano addirittura in fin di vita. Sono rimasti in condizioni stazionarie o quasi fino a che si fu nel mar Rosso; ma appena passato Suez ed entrati nel canale, hanno cominciato a migliorare, e a Napoli sono sbarcati quasi completamente guariti. Ma la buona signora che non credeva di essere in uno stato così grave, non volle assolutamente lasciare Zanzibar. Il suo posto, diceva, era lì, vicino a suo marito. Quando il male divenne più grave e dovette arrendersi all'evidenza, era troppo tardi. Morì a bordo a poca distanza da Suez.

L'ultima volta che il Cecchi ritornò in Italia, era riuscito a gettare le basi, anzi a concludere per la costituzione della nuova Società. Ma la notizia di Adua — ed egli era ancora a Milano — mandò a monte ogni cosa. Del resto, le vittorie abissine potevano rappresentare un pericolo anche per il Benadir, se gli ahmara si spingevano verso il mare che poteva essere la loro mèta da quella parte, come lo fu per molto tempo dalla parte del mar Rosso. E fu col cuore angosciato, — pensando all'avvenire dell'Italia in Africa, che dopo la battaglia d'Adua pareva distrutto **per sempre**

— che il compianto esploratore ripartì per Zanzibar, col mandato di prendere in consegna la colonia della Compagnia Filonardi.

Un'altra sventura ci aspettava in Africa! Il 26 novembre 1896 (la notizia non giunse in Italia che ai primi di dicembre) il Cecchi, i comandanti delle due navi, il *Volturno* e la *Staffetta*, il cavalier Mongiardini e il cav. Maffei, il sottotenente di vascello Baraldi, il commissario di seconda classe Baroni, i sottotenenti di vascello San Felice e De Cristoforo, il medico Smeraglia, il commissario Gasparini, il guardiamarina Guzzolini, il macchinista Olivieri, il capo-fuochista Rolfo, e il ragioniere geometra signor Quirighetti, direttore delle dogane, furono uccisi in una imboscata, a distanza di pochi chilometri da Mogadiscio. Tre sole persone che facevano parte della carovana si salvarono, e arrivarono l'indomani a Mogadiscio, affrante dalla fatica, coperte di sangue e di polvere, in uno stato miserevole: il capo-timoniere Vianello e i marinai Gugante e Buonasera.

Il console Cecchi da parecchio tempo aveva in animo di organizzare una ricognizione fino a Gheledi, posto al di là dell'Uebi Scebeli, e la ragione che ve lo spingeva era quella di stringere amicizia con quel sultano ed intendersi nel caso di una invasione di amhara che era in quel momento la preoccupazione di quanti si occupavano delle nostre colonie. Secondo il rapporto mandato al governo dal comm. Dulio (1) appare, che avendo quest'ultimo fatto le indagini necessarie per avere informazioni sulla situazione della regione da attraversare, queste informazioni erano state incerte e contraddittorie. Da una parte si era assicurato essere la regione perfettamente tran-

_____

(1) Che era allora a Mogadiscio come delegato della Società per il Benadir in formazione, e nel tempo stesso Commissario Civile sotto gli ordini del Cecchi.

quilla ed esclusa l'ipotesi di qualche pericolo perchè il territorio da Mogadiscio a Gheledi era in mano di tribù amiche; dall'altra invece si accennava a qualche sintomo di ostilità o di diffidenza. Non però da parte di queste tribù, ma da Gheledi. Essendo assente il sultano, lo zio di questi aveva risposto con una lettera un po' sibillina a quella direttagli dal Dulio per domandargli di riceverlo: giacchè prima era stato stabilito che questa gita l'avrebbe fatta il Dulio. Solamente, in seguito a questa risposta, tanto il Dulio che il comandante della *Staffetta* che era allora a Mogadiscio, avevano stabilito di rinunziare per il momento alla gita di Gheledi, ma di fare però una piccola ricognizione fino al fiume fermandosi sulla sponda sinistra. Stavano facendone i preparativi, quando col *Volturno* ritornò a Mogadiscio il Cecchi che era stato per qualche tempo a Brava, e decise di partire qualche giorno dopo, secondo il primo progetto per Gheledi; non dando una grande importanza alle informazioni raccolte durante la sua assenza.

Per quanto piccola, si trattava però sempre di una spedizione e la carovana composta del Console, dei due comandanti, e delle altre persone che ho indicato, partì il 25 dopo mezzogiorno. La carovana giunse nella località indicata col nome di Lafolè alle otto di sera ed ivi si accampò in terreno piuttosto coperto, piantando due tende: una delle quali più piccola per il console e i due comandanti, e l'altra più grande per tutti gli altri europei. Naturalmente intorno all'accampamento furono poste delle sentinelle.

Verso la mezzanotte il campo fu svegliato da grida disperate. Tutti balzarono in piedi. Si sentirono da tutte le parti degli spari di fucile. Gli ascari che erano di sentinella erano stati tutti quanti pugnalati da somali i quali, approfittando del terreno coperto, o forse del sonno, avevano potuto avvicinarsi fino a loro senza essere avvertiti. Contemporaneamente una vera pioggia di freccie, diretta specialmente sulle due tende, cadde nel campo. I somali, malgrado fossero presi di mira dalle fucilate dei nostri ascari, continuarono ancora per un quarto d'ora a lanciare freccie, poi si allontanarono facendo sentire tutta notte il loro lugubre grido di guerra. In queste condizioni sarebbe stato assolutamente temerario il proseguire con una scorta così poco numerosa, per cui, tanto il Cecchi che i due comandanti, furono concordi nel ritenere che non rimanesse altro da fare che aspettare l'alba e poi ritirarsi su Mogadiscio. Disgraziatamente, alla mattina, per non abbandonare gli effetti della carovana, se ne caricarono i cammelli da sella, così quasi tutti gli europei rimasero senza cavalcatura e dovettero incamminarsi a piedi. Senza questo contrattempo forse la spedizione non avrebbe avuto una così triste fine: certo molti si sarebbero potuti salvare. Appena la carovana si pose in moto, ai lati della strada che percorreva, i somali appiattati, protetti dalla boscaglia, cominciarono a tirar freccie. Gli ascari tiravano all'impazzata, malgrado le continue raccomandazioni dei nostri ufficiali di non sciupare a quel modo le munizioni. A un certo punto fu deciso di abbandonare ogni cosa e di accelerare la marcia, anche per vedere se era possibile trovare un posto adatto per trincerarvisi e opporre una difesa. Ma quando giunsero in una località che essendo recinta da siepi poteva permettere questa fermata, i nostri si accorsero che degli ascari parecchi erano caduti, altri si erano sbandati, talchè non ne rimanevano che pochissimi, e quei pochi non avevano più munizioni. Fino a quel momento, eccetto il dottor Smeraglia che aveva ricevuto una freccia in un fianco, nessun europeo era rimasto ferito.

A questo punto credo meglio riprodurre testualmente il brano del rapporto del Dulio mandato il giorno stesso a Roma, e compilato sulle informazioni avute dai superstiti:

« Proseguirono uniti — dice il rapporto — per qualche tempo ancora, ma il caldo crescente, l'arsura, la fatica del cammino cominciarono ad aver ragione di quei poveretti, tantochè alcuni si arrestavano frequentemente nonostante le esortazioni dei compagni, che perdevano tempo ed energia per soccorrere i più deboli.

« Venne anche il momento che ognuno fu costretto a pensare per sè, perchè la fatica della marcia aumentava e la persecuzione delle freccie era sempre più insistente, tanto che ormai parecchi erano feriti. E allora chi si sentiva sfinito dalla perdita del sangue cominciò ad arrestarsi ed a lasciarsi cadere ai lati della via per riposarsi; ma non erano neppure a terra che subito si slanciavano dai lati del sentiero, come belve sitibonde di sangue, otto o dieci somali, che con i pugnali facevano scempio del poveretto. Così caddero ad uno ad uno lungo uno spazio di quasi 6 chilometri tra il primo e l'ultimo, di mano in mano che avevano esaurito tutta la energia di cui erano capaci. Ho già detto che soli tre si salvarono ».

Il comm. Dulio, che necessariamente dovette assumere il governo della Colonia, diede subito le disposizioni opportune per vedere se era possibili rintracciare i corpi degli uccisi, e trasportarli a Mogadiscio, e, nel tempo stesso, per portare dei soccorsi nel caso vi fosse ancora per la strada qualche ferito. Fortunatamente però, mentre dava questo incarico ai due tenenti Caccia e Mellana i quali avevano riunito due plotoni della forza complessiva di 60 uomini, dava loro altresì l'ordine tassativo di ritirarsi se fossero stati attaccati dai somali; e, in ogni modo, di rientrare in città prima del tramonto. Fu grazie a questo ordine reciso, che un'altra sciagura potè essere evitata. I due plotoni, al comando del Caccia che era il tenente più anziano, si recarono due volte sulla strada di Lafolè. La prima, il giorno 26: partendo verso la una arrivarono verso le cinque in una località dove doveva aver avuto luogo un combattimento, e ritornando, secondo gli ordini ricevuti, per un sentiero battuto, s'incontrarono nei cadaveri dei sottotenenti di vascello Sanfelice e Baraldi, del maestro di casa del *Volturno*, e più in giù, verso Mogadiscio, nei cadaveri dei commissari Gasparini e Baroni, del sottotenente di vascello Cristoforo, del console Cecchi, del signor Quirighetti e di tutti gli altri, disseminati lungo una estensione di circa cinque o sei chilometri.

Erano, ad eccezione di alcuni che conservavano la camicia in brandelli, completamente nudi. I loro corpi erano pieni di ferite. Tutti avevano la gola tagliata. La seconda volta la piccola colonia, partendo alle otto del mattino e prendendo una strada un po' diversa, trovò altri tre cadaveri. Ma, dopo meno di due ore di marcia, s'incontrò con parecchi gruppi di somali che appiattandosi nei cespugli e facendo sentire il loro grido di guerra cominciarono a lanciare delle freccie. I nostri soldati aprirono il fuoco, riuscirono a tenere i somali a distanza, e la colonna, secondo le tassative istruzioni ricevute, potè ritirarsi a Mogadiscio rientrando in città verso mezzogiorno e mezzo con soli due uomini leggermente feriti.

Nel citato rapporto il Dulio manifesta la sua meraviglia nel constatare che gli assalitori appartenevano alle tribù degli Uadan, Daud, Uadalan, Helib Mursada, e sono precisamente quelle che maggiori vantaggi traggono dallo stabilimento di un'amministrazione civile, essendo in vicinanza della città, e vivendo della prosperità di questa.

« E' impossibile — prosegue — che io possa oggi dire all'Eccellenza Vostra, con certezza, quali furono i moventi per cui, popolazioni che non avevano mai fatto nulla contro l'amministrazione italiana, che nessun torto avevano mai ricevuto da noi, specialmente dopo l'insediamento dell'amministrazione governativa, si siano indotte ad un tratto, senza provocazione di sorta, in tanto numero, a compiere un atto di barbarie, che tanto lutto sparse sui nostri cuori.

« Nulla faceva prevedere quanto è accaduto; lo stesso figlio dell'*imam* (capo religioso di Mogadiscio, il cui nome gode un certo prestigio fra i beduini), che seguiva il console, si salvò a stento; dei tre interpreti somali uno solo ne uscì illeso, gli altri hanno parecchie ferite. Purtroppo però non posso scacciare dalla mia testa il sospetto che, almeno in qualche parte, vi abbia avuto una mano qualche indigeno della città, che sapeva quello che si faceva, e che volle forse contro l'autore principale del nuovo ordine di cose trarre vendetta di vantaggi mancati. Il Sultano di Gheledi deve avere certo sospettato, non ostante tutte le lettere scrittegli, e tutte le ambasciate mandategli, che si volesse tentare una spedizione armata contro di lui, come lo proverebbe la presenza di suo zio frammezzo alle tribù assalitrici il giorno della strage e i due giorni precedenti.

« E' grave il mio sospetto, ma non posso nasconderlo. Ponendo termine al doloroso argomento, confermo quanto già dissi nel mio telegramma, che stante l'avvenute diminuzioni nel presidio della città, mi occorrono 150 o 200 ascari dall'Eritrea, mancando oggi il tempo di arruolare ed istruire dei nuovi, ed essendo i pochi rimasti molto demoralizzati.

« Persistendo la minaccia degli Ahmara non è possibile garantire la costa da un assalto di alcune migliaia di fucili, senza mantenere al Benadir due stazionari ».

La Colonia dopo questo doloroso avvenimento, attraversò un periodo difficilissimo. Da una parte esisteva sempre il pericolo di un'incursione degli ahmara, dall'altra vi era quello di una sollevazione generale delle tribù somale dei dintorni, alle quali si era fatto credere che con l'insediamento della nuova Società sarebbe stato inaugurato un nuovo sistema del quale doveva essere fondamento l'abolizione della schiavitù e l'aumento dei tributi, perchè la Società si costituiva unicamente per far denari e il Governo italiano si disinteressava di ogni cosa. È opinione generale che l'agguato sia stato organizzato e preparato a Mogadiscio, dove, chi era riuscito ad essere al corrente del modo col quale si sarebbe organizzata la spedizione, deve avere informato i capi di Gheledi, di Lafolè e delle tribù Uadan e Mursada. Ciò secondo l'impressione di molti; e i signori Chiesi e Travelli, che si recarono parecchi anni dopo in Colonia per conto della Società quando, per la questione della schiavitù, vi furono discussioni vivissime nella stampa e nel Parlamento, sono essi pure di questo avviso. Essi mostrano anzi di credere che il piano di tutta questa gente fosse molto più vasto e che mirassero ad una sollevazione generale, per uccidere tutti gli italiani e gettarli, come si dice laggiù, in mare.

Il fatto di Lafolè fu un gran colpo per il nostro prestigio in quei paesi, e non valsero davvero a rialzarlo le fucilazioni di qualche indigeno delle tribù che avevano preso parte all'eccidio e la devastazione e l'incendio di qualche loro villaggio, da parte di due o tre compagnie dei nostri ascari dell'Eritrea arrivate qualche mese dopo. Non vi era che una risposta da dare: ed era la occupazione di Gheledi, e la destituzione del Sultano. Ma il Governo non si sentì allora di organizzare una spedizione che non poteva presentare rischi, e per la quale sarebbe bastata una spesa molto modesta. Esitò allora, come esitò dopo in qualche altra circostanza consimile, come esita ancora dopo l'eccidio di Bahalle, nel quale trovarono la morte due capitani e un centinaio di ascari, malgrado che, più si ritarda, maggiori diventino le difficoltà.

Il capitano di vascello Sorrentino comandante dell'*Elba*, mandato in Colonia con il titolo di R. Commissario straordinario e con poteri assoluti, non poteva fare di più di quello che ha fatto per la punizione delle tribù responsabili, e non si può davvero biasimarlo se, d'accordo col Dulio, che egli nominò Commissario civile, in questo periodo nel quale tutto era ancora provvisorio, e quest'ultimo rappresentava la nuova Società che non si era ancora costituita regolarmente, cercò di addivenire ad accordi con le tribù vicine. Dal momento che la forza non v'era e che il Governo era recisamente contrario a una politica energica, non era possibile seguire altra via.

Alla Camera, nella seduta del 3 dicembre, le interrogazioni presentate dagli onorevoli Rubini e Donati, dal Deputato San Giuliano, dal deputato Macola e dal deputato Canzi, per avere maggior particolari sull'eccidio e per conoscere le intenzioni del Governo, sollevarono una breve discussione, alla quale prese parte l'on. Visconti-Venosta, che era allora agli Esteri, e il Presidente del Consiglio, on. Di Rudinì.

Dei vari oratori l'on. San Giuliano, oggi nostro ambasciatore a Londra, fu il solo che consigliò un'azione energica. Egli mostrò di ritenere che il fatto accaduto a poca distanza dalla costa, fosse molto più grave che non un fatto isolato, che come tale non si poteva considerare, e che le misure energiche fossero necessarie per evitare nell'avvenire avvenimenti ancora più gravi. A suo avviso la causa dell'eccidio è stata la diffidenza non giustificata degli indigeni in generale e dei

CAPITANO ANTONIO CECCHI.

Lo Stato maggiore del " Volturno ".

Conte Ferdinando Maffei
Comandante la "Staffetta".

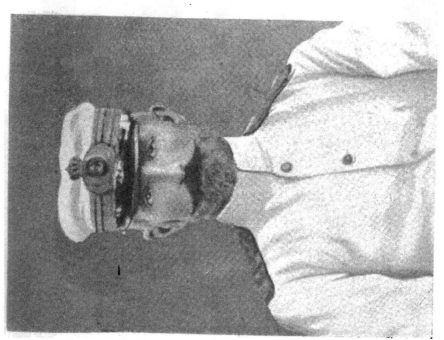

Il comandante F. Mongiardini.

SOMALI.

somali in specie, verso tutti i bianchi che si addentrano nel loro paese — l'incoraggiamento all'eccidio, la diminuzione del nostro prestigio in seguito ai disastri subiti in Africa e la conseguente certezza della impunità. Il Governo adunque, continuò il deputato San Giuliano, s'è possibile, deve severamente punire, e non certo coi criterii europei, punendo i singoli individui; ma, il reato essendo stato commesso da una intera tribù, punendo la tribù intera. Nè la punizione può essere difficile; il fatto essendo avvenuto a poca distanza dalla costa. Senza dare un esempio, quale sarà la sorte degli altri italiani residenti negli altri porti o nell'interno? Una severa punizione, conchiudeva l'oratore, significa nei suoi resultati ultimi una economia di sangue e di denaro.

Il Presidente del Consiglio on. Di Rudinì, era ancora nel periodo del suo antiafricanismo acuto, sebbene, per una strana contraddizione, come si è veduto nel capitolo precedente e come si vedrà in seguito, sia stato tra quelli che hanno più incoraggiata la nostra espansione coloniale nell'Oceano Indiano. Tanto che non si capisce come, prendendo egli pure la parola dopo il discorso di Visconti Venosta, abbia potuto dire di aver alzato la voce in senso di diffidenza quando l'Italia si accinse ad occupare la costa del Benadir. Egli disse anzi di non essere stato nemmeno troppo favorevole alla spedizione Bottego; non vedendo senza apprensione alcune esplorazioni dirette da Società geografiche, quando oltrepassano i limiti di esplorazioni scientifiche e possono anche impegnare la madre-patria. Dichiarò poscia che il Governo non intendeva uscire dai confini nei quali si trovava: ma solo di proteggere e difendere i nostri stabilimenti sulla costa. Conchiudendo, l'onorevole Di Rudinì disse, che sperava gl'interroganti sarebbero rimasti interamente rassicurati, perchè se è vero che una punizione esemplare do-

veva essere inflitta ai colpevoli che erano vicini e
intorno alle mura di Mogadiscio, era altrettanto
vero che sarebbe stato errore fatale per l'Italia,
l'impegnarsi in nuove imprese, solo in seguito ad
un incidente, per quanto doloroso, nè voluto nè
provocato dal Governo.

È questa la nota sulla quale l'on. Rudinì insistè
ripetutamente nel suo discorso, e avendo anch'io
assistito a quella seduta rammento benissimo,
come questa insistenza fosse male accolta dalla
Camera e come un mormorio di non dubbio significato abbia sottolineato le parole dell'on. Di
Rudinì quando, per gettare tutta la responsabilità
dell'accaduto sul compianto esploratore, disse
queste precise parole:

« Il Governo non ha voluto turbare nulla, e non
ha incoraggiato imprese di qualsiasi natura. Il
capitano Cecchi e i suoi compagni, non avevano
da compiere alcuna missione politica: sono caduti nel fare una escursione nè imposta nè autorizzata dal Governo. Un telegramma poi giunto
dall'Inghilterra, conferma che si trattava, o di
una escursione d'indole geografica e scientifica o
di una gita a caccia o di qualche cosa di simile. »

E questo fu l'elogio funebre che il più illustre
dei nostri esploratori africani ebbe alla Camera
da parte del capo del Governo; mentre si era sa-
crificato per compiere una ricognizione assolutamente necessaria e indispensabile per l'assetto e
la sicurezza della Colonia in un momento dei più
difficili!

L'esempio dell'on. di Rudinì ha avuto degli imi-
tatori. Parecchi anni dopo, quando accadde l'incidente di Durbo nel quale un valoroso ufficiale
della nostra marina, il tenente Grabau, cadeva,
eroicamente, comandando il fuoco dalla tolda del
suo piccolo sambuco armato in guerra, contro un
villaggio, il cui capo si era rifiutato di obbedire
alla sua intimazione d'alzare la bandiera italiana,

la sua morte, ministro l'on. Tittoni, fu annuncia-
ta da un comunicato della *Stefani*, redatto alla
Consulta, che sollevò lo sdegno di tutta la stampa.
L'unica preoccupazione che traspariva evidente da
questo comunicato era quella di togliere importanza al fatto; asserendo che si trattava di un caso
isolato, senza relazione alcuna con gli avvenimenti che stavano svolgendosi in quella parte
del Continente nero.

Che se fu temerità quella del Grabau nel rimanere impavido sulla tolda del piccolo sambuco,
non curante del pericolo, chi sa ch'egli non abbia
voluto mostrare una volta di più, come gli ufficiali
della nostra marina sanno affrontare, sorridendo,
la morte, per compiere il loro dovere: chi sa se
a quel modo egli non ha voluto protestare contro
la taccia di viltà, che ci siamo fatta — come egli
diceva in una sua lettera, giunta in Italia dopo la
sua morte!

Del resto, per i nostri ministri è diventato addirittura un sistema quello di commemorare a questo modo coloro che muoiono per la patria in terra
africana. Qualche mese fa, lo stesso on. Tittoni,
ridiventato ministro, rispondendo alle interrogazioni sulla morte del capitano Bongiovanni, non
parlò in modo da generare la convinzione che
la catastrofe sia avvenuta per la imprudenza del
capitano stesso, mentre, come vedremo in seguito, egli aveva avuto, non l'autorizzazione soltanto, ma l'ordine tassativo di fare con la sua truppa, una punta fino alla località dove furono sorpresi dagli ahmara?

In quello stesso discorso nel quale l'on. Rudinì
rispose alle interrogazioni per l'eccidio di Lafolè,
dopo avere accusato di leggerezza proprio il Cecchi che in molte circostanze aveva dato esempio
della più grande prudenza non disgiunta da un
coraggio a tutta prova, esprimeva il più grande
rimpianto per le vittime e sopratutto per il Cec-

chi che — disse l'on. di Rudinì — aveva ammonito
costantemente l'Italia di non impegnarsi in imprese di conquista nel territorio africano, dimostrando vane le idee e le aspirazioni di coloro che
avrebbero voluto fondare in Africa un Impero Italiano. Da quali scritti o da quali parole del compianto viaggiatore l'on. Presidente del Consiglio
d'allora abbia potuto dedurre che il Cecchi era
contrario ad una politica energica, non mi pare
possibile indicare. Evidentemente l'on. di Rudinì
deve aver dato alle parole o agli scritti del Cecchi,
che raccomandavano la prudenza quando la situazione era difficile, un significato che non hanno
mai avuto. Chi scrive, e che fu legato al Cecchi
da una cordiale amicizia incominciata all'epoca
della spedizione San Marzano, ebbe occasione di
discorrere a lungo ed in varie circostanze delle cose nostre in Africa, anche quando ritornò per l'ultima volta al Benadir e si trattenne parecchio tempo a Roma onde prendere gli accordi necessari col
Governo per la consegna della Colonia.

Non aveva mutato davvero opinione sull'avvenire di quei nostri possedimenti e sull'azione che
vi avremmo ancora potuto esercitare, secondo
ciò che ne aveva scritto da Aden in una relazione al Ministro nel 1893.

« La luce portata dalle recenti esplorazioni compiute dai nostri Italiani in una parte di quel territorio, egli scriveva, mi ha maggiormente convinto della necessità e della convenienza della
nostra azione laggiù:

« Fra le ragioni che m'indussero a consigliare il
Governo ad estendere il protettorato italiano sul
litorale Benadir, e a promuovervi l'impianto di
una grande Società commerciale italiana, non fu
ultima la persuasione che essa avrebbe potuto da
quelle stazioni signoreggiare tutto, o almeno la
parte maggiore del traffico dei paesi Galla e Sidama. Aggiungerò che da questo primato com-

merciale dipenderanno la nostra influenza politica nell'Etiopia meridionale e lo smercio maggiore della nostra industria ne' suoi mercati ».

Naturalmente anche il Cecchi reputava necessario un periodo di raccoglimento e una grande prudenza in tutta l'azione nostra. Ma era profondamente addolorato dal triste spettacolo al quale aveva dovuto assistere in Italia dopo i nostri rovesci, e dalla politica di rinunzie del Ministero Rudinì. Ne fa fede, fra gli altri documenti, anche una lettera che, da Zanzibar, poco dopo arrivato, e qualche mese prima di morire, scriveva al commendator Primo Levi, l'antico direttore della *Riforma* che fu per tanti anni l'interprete autorevole del pensiero dell'on. Crispi e della sua politica — e che è ora un funzionario di fiducia dell'on. Tittoni anche per la politica coloniale:

« Delle nostre cose d'Abissinia non si può parlare senza vergogna e senza dolore, egli scriveva, ed io preferisco starmene muto e lontano perchè così almeno non assisto e non odo il triste spettacolo che offre la demolizione della nostra impresa coloniale.

« Vorrei potere salvare il Benadir. Ma vi riuscirò? Io lo dubito fortemente ed ho le mie ragioni per dubitarne.... »

III.
LA SOCIETÀ MILANESE
LA QUESTIONE DELLA SCHIAVITÙ.

In una seduta della Camera (1), discutendosi sulla questione del Benadir, in seguito alla presentazione di parecchie interpellanze rivolte al ministro degli esteri, a proposito delle relazioni esistenti fra il Governo e la Società; e fra le altre anche quella del generale Dal Verme « per conoscere gli intendimenti del Governo in ordine al Protettorato del Benadir », quest'ultimo narrò come aveva avuto origine la Società del Benadir, e indicò chi ne era stato in certo modo l'iniziatore, d'accordo col compianto Cecchi. Un giovane signore milanese, il cav. Giorgio Mylius, legato da vincoli di parentela al Cecchi, ritornando da un lungo viaggio nell'Africa australe, si recò a Zanzibar e di là volle fare una visita, tanto ai porti della nostra Colonia, che a quelli dell'adiacente territorio della « Imperial Britisk East Africa Co., » che poco dopo passavano sotto la diretta sovranità del Governo Inglese (2). Il cav. Mylius riassunse le impressioni di quella sua visita in una lettera, che, essendo ancora sulla costa, mandò al Cecchi, il quale la trasmise al Ministero degli Esteri. Dalla Consulta pregarono il generale Dal Verme, milanese come il Mylius, di vedere se si poteva entrare in rela-

_____

(1) 2 aprile 1903.
(2) La Imperial Britisk East Africa Co. è conosciuta col nome di *Ibea* dalle iniziali delle quattro parole della sua ragione sociale.

zione con quest'ultimo appena fosse di ritorno a
Roma. Ritornato il Mylius in Italia, fu il generale
Dal Verme che lo presentò alla Consulta, dove lo
pregarono di fare una relazione del suo viaggio
sulla costa della nostra Somalia meridionale. Dopo presentata la relazione, il Ministero pregò il
Mylius di vedere se vi era modo di mettere insieme una Società.

È questo il punto di partenza per la costituzione
della Società, la cui opera ha sollevato tante
e così appassionate polemiche, e che è ora in liquidazione.

Oltre alla relazione presentata al Ministero degli
Affari Esteri, il Mylius pubblicò nell'estate del
1895 un breve opuscolo nel quale rendeva conto
degli incoraggiamenti avuti dalla Consulta, e nel
tempo stesso dava alcune notizie sui traffici della
regione, sulla possibilità d'avviarvi dei commerci,
e sulla coltivazione del cotone che pareva dover essere una delle grandi risorse della Colonia; e
della quale, pur troppo, si continua a discutere
ancora adesso, senza aver fatto mai nulla di con-
creto. Il breve scritto del cav. Mylius era un ap-
pello ai capitalisti, poichè manifestava la più assoluta convinzione che una società privata, seria,
ed eminentemente commerciale, sul tipo di quella
inglese, ed anche con un capitale relativamente
poco rilevante, avrebbe avuto dinnanzi a sè un avvenire promettente.

Si era nell'estate del 1895, e il contratto con la
ditta Filonardi scadeva nell'estate dell'anno sus-
seguente. Vi era quindi tutto il tempo.

Intanto l'attenzione del pubblico era richiamata
nuovamente sull'Africa dal combattimento di Coa-
tit, dal cannoneggiamento di Senafè che aveva
messo in fuga ras Mangascià, e pareva averci liberati da questo nemico pericoloso, e dalla occupazione del forte d'Adigrat. Il Barattieri era appena stato promosso per merito di guerra. Fino

allora la fortuna pareva assisterci, e l'Eritrea sembrava così tranquilla che il Barattieri ritenne di poter prendere un congedo e venire a passare qualche tempo in Italia. Ma nel paese cozzavano l'una contro l'altra due correnti: una assolutamente ottimista, che non vedeva oramai più alcuna difficoltà per la conquista di quel vasto Impero Africano che era stato il programma col quale si era proceduto, prima all'occupazione di Massaua e a poca distanza di tempo a stabilire i nostri protettorati nell'Oceano Indiano; l'altra che, invece continuamente additava i pericoli di una politica troppo audace e che, per principio, era avversa a qualunque espansione. Questa corrente aveva rappresentanti autorevoli e battaglieri anche alla Camera, e non solamente all'Estrema sinistra. Per cui il Governo, allora, e più che mai in seguito, dopo i nostri rovesci sulle ambe etiopiche, cercò di favorire la costituzione di una Società, rifuggendo assolutamente dall'idea di impegnarsi direttamente come nell'Eritrea.

La nuova Società, che, virtualmente, si costituì nel 1895, poco dopo il ritorno del cav. Mylius, firmò una convenzione col Governo. Ma, il giorno dopo, giungevano i dispacci da Massaua con la notizia della fine del battaglione Toselli ad Amba Alagi!

Alcuni di coloro che avevano sottoscritto per la formazione del capitale, di fronte alla eventualità di una guerra, si ritirarono, manifestando l'opinione che, in ogni modo, era meglio aspettare che la situazione si chiarisse prima di lanciarsi in una impresa di questo genere. La maggior parte però dei sottoscrittori non credette di abbandonare la cosa. Tantochè, poco dopo, si firmava per una seconda volta la convenzione fra il Governo e la Società, composta — tranne che per qualche nome — delle stesse persone. Ma, una specie di iettatura pareva pesare su questa convenzione, la quale non potè essere ratificata che tre anni dopo, poichè appena firmata la seconda volta, una terribile sciagura colpì il nostro paese: Adua.

Non è qui il caso, in un libro sul Benadir, di discutere se quella sciagura, per quanto terribile, fosse riparabile o no, nè di giudicare l'opera del Ministero di quel tempo. Ma è cosa a tutti nota che il Ministero Rudinì non mirava soltanto ad una politica di raccoglimento, ma aveva da principio vagheggiata anche l'idea di abbandonare completamente l'Eritrea, progetto che non fu messo in esecuzione per ragioni ancora non ben note. In Lombardia, e specialmente a Milano, l'opinione pubblica era vivamente antiafricanista, almeno apparentemente, sebbene fossero sempre partite da Milano tutte le iniziative africane.

Tutti rammentano il doloroso episodio di dimostranti che andarono a togliere le rotaie sulla linea ferroviaria per impedire la partenza dei soldati per l'Africa, la campagna fatta da parecchi giornali per incoraggiare e spingere il Governo a lasciare anche Massaua, e il plauso con cui fu accolta la notizia della cessione di Kassala, considerata come un primo avviamento a questa politica di abbandoni.

Con un simile ambiente e una situazione politica sempre incerta, si spiega perfettamente come, i capitalisti che avevano sottoscritto per la seconda volta per la Società, si sieno tirati in disparte; e non abbiano, per un pezzo, dato più segno di vita; convinti, che se qualcuno di loro fosse andato a parlare al capo del Governo del Benadir e delle convenzioni, rischiava molto probabilmente di essere messo alla porta...

Senonchè, quando meno se lo aspettavano, i promotori della Società furono richiamati dallo stesso on. Rudinì che li sollecitò a mantenere gli impegni, tanto che si venne ad una convenzione definitiva nella quale però, per condizione espressa, posta dalla Società, rimase stabilito che, per un certo periodo di tempo, la Colonia sarebbe stata amministrata dal Governo.

La nostra storia coloniale, come ho già detto, è piena di stranezze. Non è forse strano, starei quasi per dire inconcepibile, che sia stato proprio l'on. Rudinì, il più antiafricanista dei nostri uomini politici, il presidente del Consiglio che rinunziò a Kassala e che voleva abbandonare l'Eritrea, quegli che richiamò i promotori della Società per invitarli a costituirsi seriamente onde mantenere la nostra occupazione su quelle coste dell'Oceano Indiano?

A quell'epoca, quando si vide il Ministero Rudinì, interessarsi del Benadir e presentare al Parlamento, una convenzione per concedere, proprio ad una Società milanese, l'amministrazione del Benadir con una considerevole sovvenzione annua, fu generale un senso di stupore. Ma come? — si disse allora da molti e specialmente dalla stampa d'opposizione — mentre siamo ancora sotto l'incubo di tante sventure, mentre il Ministero ha un così sacro terrore dell'Africa, esso non esita ad impegnare il Paese in un'altra avventura, che non si sa come possa andare a finire, solo per compiacere dei capitalisti milanesi che hanno subodorato un buon affare? Si tratta, rispondevano gli ufficiosi del tempo, di una colonia commerciale, non di una occupazione militare, per cui, il Paese, non è direttamente impegnato e non vi è alcun pericolo.

Questa convenzione con una Società milanese, fu vivamente attaccata specialmente nella stampa meridionale che ricordò, a quell'epoca, come la stampa e gli uomini politici lombardi fossero sempre stati contrari alla politica coloniale alla quale si convertivano, perchè una Società milanese sperava di fare dei buoni affari al Benadir. In tutte quelle polemiche, la misura non fu sem-

pre serbata; chè anzi, in qualche circostanza, e
da una parte e dall'altra, la violenza parve passare ogni limite contraccambiandosi, accuse, minaccie ed insinuazioni di ogni genere.

Realmente, tanto i giornali che i deputati e le
associazioni politiche della Lombardia, avevano
condotto per parecchi anni una violenta campagna contro il Crispi, e, in generale, contro tutti
gli uomini politici che volevano l'Italia facesse
una politica coloniale energica per prendere in
Africa il posto che pareva competerle, malgrado
gl'insuccessi. Nel giorno del disinganno, i giornali e gli uomini politici lombardi credettero
di dover ripudiare il movimento da loro stessi
iniziato. Ma poichè a ciascuno va data la sua
parte di responsabilità e di meriti, giustizia vuole
che a Milano sia riconosciuto il merito di avere
intuito, prima d'altri, che l'Italia divenuta una
grande potenza, non poteva nè doveva racchiu-
dersi nel suo guscio; mentre le altre potenze facevano sventolare la loro bandiera in vari punti
del continente nero. Da Milano infatti sono sempre partite e le più ardite iniziative e gli incoraggiamenti per le imprese coloniali: molto tempo
prima ancora della nostra occupazione di Massaua, e quando l'Italia non aveva fatto in questa
via che il primo e timido tentativo con l'acquisto
della baia di Assab.
Per molti anni ebbe vita rigogliosa a Milano, e
fu come il centro di questo movimento espansionista e coloniale, il giornale l'*Esploratore* del capitano Camperio; ed è a Milano che furono organizzate le prime spedizioni africane, per le
quali l'opinione pubblica fu così larga di incoraggiamento e di aiuto. Questa propaganda per
la espansione coloniale, si faceva, come si vede,
col consenso e col plauso dell'opinione pubblica;
ed a Roma, chi assecondava quel movimento con

l'autorità della sua parola e del suo consiglio era... un deputato di Milano (1). Il Correnti, del quale non può certamente dirsi che non interpretasse l'opinione pubblica della sua città dal momento che per tante legislature ne rappresentò un collegio al Parlamento, aveva un concetto chiaro di quel che all'Italia conveniva, e, fino dal 1885, nella prefazione alla splendida opera del Cecchi, accennando alla via commerciale da Assab allo Scioa per l'Aussa che noi abbiamo avuto il grave torto di trascurare, scriveva:

... Rimarrebbe il primo intoppo dei Somali e dei Danakili, fra i quali giacciono insepolte sinora le ossa di Giulietti e di Bianchi, ed è fresco l'insulto delle taglie schernevoli estorte dopo vane promesse di franchigia ai nostri mercatanti. Questa non è difficoltà che si vinca a pratiche di negoziati o a blandizie di parole e di doni. •

Quando, a proposito della concessione del Benadir alla Società milanese, sorsero le polemiche alle quali ho accennato, si insistette da parte della deputazione lombarda e dei loro organi nel sostenere che tutte quelle spedizioni avevano avuto un carattere essenzialmente commerciale; non ricordando che anche altri uomini politici, e non il Correnti soltanto, avevano detto chiaramente che se si voleva che l'Italia ed il commercio del nostro paese avessero un avvenire in Africa, era necessario che i pionieri della civiltà si sentissero appoggiati dalla madre-patria; e che i barbari sapessero che la loro morte, non resterebbe invendicata.

Il dire, come si fece allora rispondendo all'autore di questo libro, il quale nella *Riforma* e in altri giornali prese parte molto viva a quella polemica, che il movimento milanese per l'espansione

---

(1) Vedi *Gl'Italiani in Africa, l'Assedio di Macallè*, di Vico Mantegazza. Firenze, Successori Lemonnier, 1896; pag. 46 e seguenti.

coloniale aveva un carattere esclusivamente commerciale, asserendo che a tale movimento nessuno si sarebbe associato se si fosse preveduta la conquista territoriale, non è rispondere. E' un giuoco di parole. Chi vuole la conquista per la conquista? Nessuno.

Ma è però evidente che, mentre si fa presto a dire che un dato movimento di espansione deve avere un carattere puramente commerciale, quando una impresa è iniziata, non si è sempre padroni di mantenerla in certi confini, e l'adoperare i soldati diventa una necessità; necessità, si noti bene, che i commercianti sono i primi ad invocare.

Condizione indispensabile perchè il commercio sia possibile in quelle regioni è la sicurezza delle strade, e questa si ottiene assai raramente senza armati, sieno poi essi soldati europei o indigeni assoldati.

Ma quali associazioni commerciali, avrebbero mai pensato a tentare di aprire al commercio l'Abissinia e le regioni limitrofe, se non avessero contato sull'appoggio, sulla protezione della bandiera italiana ove le circostanze lo richiedessero?

Si voleva l'espansione commerciale — che è lo scopo del resto di tutte le iniziative coloniali — ma era in tutti la convinzione che, all'occorrenza, la bandiera italiana avrebbe protetto i nuovi commerci, e si spingeva il Governo e l'opinione pubblica del resto d'Italia per quella via; i commercianti sapendo più degli altri, che i commerci finiscono sempre nelle mani di quelle potenze che sanno farsi rispettare.

Impresa puramente commerciale, si disse allora, anche quella del Benadir. Ma, impresa, si rispondeva dagli altri, che può portare a conseguenze... militari. Tanto vero, si aggiungeva, che se la Società non domanda al Governo di mandare laggiù uno o due battaglioni, vuole però le sia garantita una somma annua per la formazione di reparti armati (ascari) per la scorta delle carovane e per la difesa eventuale, come faceva un tempo l'Inghilterra con i soldati addetti alla Compagnia delle Indie. Impresa puramente commerciale, e sta bene: ma siano bianchi o neri, ascari o comunque disciplinati, ci vogliono quindi dei soldati per tutelarla, anche perchè la Società milanese intende di andare a stabilirsi precisamente in quella parte dell'Africa Orientale a cui mirano gli abissini e dove, se gli ascari della Compagnia non bastassero, i nostri soldati potrebbero essere da un momento all'altro chiamati a difendere... il commercio milanese.

Intanto, si osservava, per salvaguardare il tratto di costa sul quale la Società intende stabilire le principali sue stazioni commerciali, noi vi manteniamo uno stazionario. Collo sviluppo dei commerci che è da prevedersi e da augurarsi, probabilmente uno stazionario non basterà più. O che forse i marinai, i quali da un momento all'altro potrebbero, in conseguenza di un incidente qualunque, venire sbarcati per tutelare la vita e gli interessi dei commercianti lombardi, non sono anch'essi dei soldati d'Italia?

Ho insistito nel ricordo di queste vivaci discussioni e delle violente polemiche che si svolsero allora, perchè esse contribuirono a creare un ambiente ostile intorno alla Società; e perchè ogni volta che, negli anni successivi, la questione del Benadir venne alla Camera, si sentì quasi sempre nell'intonazione di parecchi discorsi questo sentimento di animosità contro la Società non solo, ma un po' anche contro Milano. Quella concessione, a torto o a ragione, sembrò allora un favore accordato al mondo commerciale ed industriale milanese. Tantopiù per il fatto che, col Rudinì, erano allora al Governo l'on. Visconti-Venosta e l'on. Colombo, i cui nomi figurano nel progetto

di legge per la convenzione con la Società del
Benadir, presentata alla Camera dall'on. di Rudinì con una relazione che conchiudeva con queste precise parole, che non potevano a meno di
destare i più vivaci commenti, dati i precedenti
anti-africanisti di questi uomini politici:

**Nemmeno i recenti disgraziati casi dell'Eritrea
hanno potuto far diminuire la nostra fede nell'avvenire dei nostri possedimenti nell'Oceano Indiano,
dove dieci anni di attività hanno affermato la nostra
influenza politica e commerciale.**

Veramente il titolo della Società era « Società
italiana del Benadir »; ma siccome ne facevano
parte, tranne uno o due, soltanto dei milanesi, ed
aveva anche commesso l'errore di adottare come
stemma della Società la biscia viscontea, fu sempre considerata come una Società milanese, e con
tal nome designata.

Il disegno di legge per la convenzione con la
Società del Benadir subì ancora molte vicende.
Fu presentato alla Camera e ritirato due o tre
volte, malgrado fosse già allo stato di relazione; e solo tre anni dopo, nel novembre del 1899,
potè essere approvato dai due rami del Parlamento.

In base a questa convenzione, la Società che si
era formata col capitale di un milione, veniva im-
messa nella gestione della Colonia il 1° gennaio
del 1900. Il Governo si era obbligato a pagare alla
Società una sovvenzione annua di 400.000 lire per
un primo periodo; e di 350.000 per un secondo
periodo, fino al termine della convenzione stessa,
fissata alla stessa epoca nella quale scadeva la
convenzione del Governo col Sultano di Zanzibar.
Da parte sua la Società si obbligava a pagare al
Sultano di Zanzibar il canone annuo di 120.000
rupie (circa 220.000 lire), ma, naturalmente, erano
a suo vantaggio tutti i proventi della Colonia, per
tasse, dogane, ecc. Il gettito delle dogane, che è

stato per gli anni, nei quali la Società ebbe la
gestione della Colonia, la principale sua risorsa,
è stato di circa 300.000 lire. Nello stesso articolo
che stabiliva alcuni obblighi della Società, era
stato fissato a 600 il numero delle « guardie » che
la Società doveva mantenere per la sicurezza interna della Colonia.

Del Benadir, della Società e della Somalia italiana, per un paio d'anni non se ne parlò più.
Nessuna triste notizia venne in questo periodo a
richiamare l'attenzione pubblica sui nostri possedimenti africani. Il Martini, partendo per Massaua, aveva messo come caposaldo del suo programma di far dimenticare l'Africa — dicendo —
che, meno se ne parlava meglio sarebbe stato.
Per il Benadir, senza che fosse stato detto e stabilito, fu seguìta la stessa linea di condotta. Del
resto, al Benadir, con le comunicazioni scarse, e
non facili, specialmente nei periodi di costa chiusa, nemmeno volendo, sarebbe stato possibile
avere notizie frequenti.

Non è il caso di analizzare, ora che la convenzione è stata risolta, e che la Colonia è passata al
Governo, i difetti, le lacune e gli equivoci, che si
annidavano in parecchi dei principali articoli di
questa convenzione; e sopratutto nel secondo
comma del 1° articolo. Quello cioè, che stabiliva
in un modo troppo vago e indeterminato, lo scopo e i doveri della nuova Società, del tenore seguente :

Da parte sua la Società si obbliga di provvedere
all'incremento civile e commerciale della Colonia;
dando conto particolareggiato di questa sua azione al
Governo Italiano, che avrà sempre il diritto di vigilare sull'operato della Società. Questa dovrà, inoltre,
promuovere nei modi che crederà più opportuni la
vita economica dei paesi concessile, eseguendo a tal
uopo tutte le opere che crederà necessarie.

Diffatti fu sulla interpretazione da darsi a questo articolo che nacque il dissidio profondo fra

il Governo e la Società, quando il Prinetti, allora Ministro degli Esteri, incominciò a prendere un atteggiamento risoluto contro la Società, richiamandola ai suoi doveri. Dopo due anni di silenzio, per l'appunto mentre l'on. Prinetti era ritornato al Governo assumendo il portafoglio degli Esteri, si era ricominciato a parlare qua e là del Benadir e della Società concessionaria; e specialmente da qualche giornale radicale che incitava il Governo ad agire, a sorvegliare la Società che nulla faceva, e limitava l'opera sua ad intascare i proventi delle dogane, coi quali faceva andare avanti la Colonia. Fece allora una certa impressione il fatto fino a quell'epoca ignorato, o soltanto da pochi conosciuto, che la Società, la quale, sul capitale nominale di un milione non aveva fatto versare che i tre decimi, teneva queste 300.000 lire, sempre giacenti presso una banca di Milano dove erano state depositate all'atto della costituzione. Era la prova evidente, si diceva, che la Società aveva fatto un buon affare coi denari dei contribuenti e che altro scopo non si era prefissa all'infuori di questo.

L'on. Prinetti non era mai stato favorevole alla convenzione. Personalmente poi non aveva alcuna simpatia con gli elementi che avevano concorso a formare la Società, anche perchè appartenenti a quel partito moderato che non gli perdonava la sua conversione politica, per la quale aveva potuto diventare ministro in un gabinetto Zanardelli: cioè dell'uomo che egli stesso ed il partito moderato avevano sempre combattuto. D'altra parte, appunto perchè vivamente attaccato da una parte della stampa conservatrice, e anche perchè il ministero del quale faceva parte era nelle migliori relazioni con l'Estrema sinistra, senza l'appoggio del qual partito in molte circostanze non avrebbe potuto reggersi, era naturale che inclinasse ad ascoltare i suggerimenti, i

moniti e le imposizioni che gli venivano — anche
nella questione del Benadir — dai giornali radicali, come il *Secolo*, per esempio, del quale erano
note le ottime e cordiali relazioni col Presidente
del Consiglio. Dico questo, non per biasimare l'atteggiamento risoluto che egli ebbe con la Società,
chè anzi avrebbe dovuto preoccuparsi della questione molto prima, e non solamente quando ve lo
hanno spinto le polemiche dei giornali; ma per
spiegare l'acrimonia con la quale trattò la questione. Acrimonia, che se non ebbe conseguenze
in quella che chiameremo la prima fase, quando
cioè si limitò a richiamare la Società all'adempimento dei suoi doveri e ad una interpretazione
più consona allo spirito della convenzione del primo articolo della convenzione stessa; ne ebbe invece una grandissima, quando, a proposito della
schiavitù, lasciandosi trascinare dalle frasi e dalle
declamazioni dell'Estrema Sinistra, e mettendosi
dopo all'unisono con questa, creò una situazione
difficile, complicata e pericolosa, dalla quale non
siamo ancora usciti oggi.

La Camera ritornò ad occuparsi del Benadir
durante la discussione del bilancio degli esteri
nel maggio del 1902. Nella seduta del 21 maggio
l'on. Prinetti, rispondendo al alcune osservazioni
dell'on. Guicciardini, diceva che il contratto con
la Società non era stato stipulato da lui. Che
anzi, fino a quando egli aveva seduto nel consiglio della Corona, era stato così avverso che, in
quel tempo, la convenzione non era stata portata
al Parlamento. Ed era stato avverso — sono le parole testuali del Ministro — perchè gli sembrava
un errore quello di dare ad una Società col capitale di un milione, di cui solo 300 mila lire ver-
sate, una sovvenzione che, pur depurata dal canone dovuto al Sultano di Zanzibar, rappresentava sempre 280 mila lire nette, oltre agli introiti
doganali già considerevoli e che la Società aveva

ancora aumentato. Posta in simili condizioni la
Società, aggiungeva il Ministro, era naturalmente
condotta a far consistere la sua speculazione, più
che a sviluppare le risorse della Colonia, nel cercare di economizzare nelle spese. Infatti gli con-
stava che la Società aveva fatto buoni e forse buo-
nissimi affari, prima ancora che nulla avesse fatto
per svolgere la produzione della Colonia. Quello
che rimaneva da fare al Governo, era di insistere
affinchè la Società per conto suo cercasse di sviluppare le risorse della Colonia intorno alla quale
aveva notizie molto limitate.

Però, fino dall'estate dell'anno precedente, il Ministro aveva rivolto alla Società degli inviti in
questo senso, e con una intonazione molto energica. Il *Libro verde* sul Benadir, pubblicato nel
1903 dal Morin, contiene a questo proposito la
curiosa corrispondenza scambiatasi per qualche
mese tra il Ministro e il consigliere delegato della
Società, cav. Carminati, nella quale l'uno e l'altro
si accusano scambievolmente di poca equanimità
nei loro giudizi. La Società, a mezzo del suo consigliere delegato, cerca di provare che ha un programma al quale presto metterà mano e comu-
nica un elenco dei lavori che ha stabilito di fare.
Il Ministro risponde facendo osservare che la costruzione di una casa per il Governatore e dei
mercati coperti a Mogadiscio, Brava e Merca, non
sono opere da potersi considerare come applica-
zione delle disposizioni contenute nell'articolo 1°
della convenzione.

Questa discussione si trascina per parecchi mesi
senza venire ad una conclusione qualsiasi; quando, negli ultimi mesi del 1902, incominciano a
comparire sui giornali delle notizie sensazionali
intorno alla esistenza della schiavitù nella nostra
Colonia; e sul *Secolo* di Milano, fra gli altri, furono pubblicati anche dei *fac-simili* di atti di
compra e vendita di schiavi.

Il Ministro degli Esteri, on. Prinetti, ordinò allora al nostro Console Generale a Zanzibar, il cav. Pestalozza, di recarsi subito nei porti del Benadir e di procedere ad una inchiesta rigorosa e minuta, d'accordo col comandante Monale del *Volturno*.

Alla Camera piovono le interrogazioni e le interpellanze, e nella seduta del 2 marzo, attesa con un vivissimo interesse, svolgono le loro interpellanze l'on. Chiesi, l'on. Mel, l'on. Cottafavi e l'on. Santini.

La risposta dell'on. Morin fu molto serena.

— Animato, — egli disse, — da sentimenti della massima equanimità, non intendeva caricare la Società di appunti più gravi di quelli che, ragionevolmente, si potevano fare ad essa.

— Nessuno poteva ragionevolmente attendere, — continuò — che con l'assunzione dell'amministrazione della Colonia da parte della Società immediatamente scomparisse la schiavitù. È noto che, da secoli, la schiavitù sotto forma, sia di servitù domestica, sia di servitù per lavori di ogni genere, è radicata in quei paesi. Nessuno avrebbe potuto pretendere che avesse luogo in breve tempo una trasformazione così completa della Società indigena, che ne restasse eliminato il barbaro sistema. Si poteva esigere, e il Governo lo ha fatto, che la Società ponesse ogni studio per reprimere la tratta degli schiavi: sarebbe stato eccessivo pretendere che essa riuscisse completamente in tale còmpito. Però, se fino ad un certo punto era scusabile l'impotenza, e spiegabile la tolleranza, non sarebbe stato in alcun modo perdonabile la connivenza. E qualora i documenti prodotti dal deputato Chiesi (documenti che avrebbero provato questa connivenza) fossero realmente autentici, ci troveremmo di fronte a fatti molto gravi. Però mi sembra doveroso sospendere ogni giudizio, perchè finora non sono provati i fatti denunziati alla Camera, e perchè sono stati impugnati di falsità alcuni documenti. Dalle informazioni che ho, ho ragione di sperare che quei documenti sono falsi. Da un telegramma del nostro Console generale resulta che il Governatore comm. Dulio impugna di falso parecchi documenti e chiede venga istruito un processo per giudicare i colpevoli sul posto.

La discussione finì senza mozione, sebbene parecchi oratori avessero insistito nel domandare un'inchiesta parlamentare; e fosse evidente che nella Camera vi era una corrente favorevole a tale proposta.

Qualche giorno dopo, il Ministero degli Esteri, appena ricevutele, faceva pubblicare la relazione; anzi, le relazioni dell'inchiesta Pestalozza e Monale; poichè i due incaricati interpretarono le istruzioni ricevute nel senso che ciascuno dovesse fare quelle indagini che credeva, e riferirne separatamente. Ciò diede argomento a una nuova e vivace discussione alla Camera. In sostanza, le due relazioni constatarono quello che già si sapeva da un pezzo; che cioè al Benadir la schiavitù era tollerata — come è tollerata, del resto, anche nelle colonie di altri paesi.

Non è qui il caso di trattare, sotto i suoi molteplici aspetti, la questione della schiavitù, intorno alla quale si è fatto un gran rumore per più di un anno, svisando i fatti, non tenendo conto delle circostanze speciali di certi paesi dell'Africa, e specialmente al Benadir, dove qualunque autorità nostra cessa al di là delle mura della città; nè dei modi migliori di abolirla gradatamente. Ma non posso a meno di toccare questo argomento, perchè si tratta di una questione che si collega strettamente alla situazione politica, e dalla quale, — secondo il modo con cui sarebbe stata risolta, fino da quell'epoca, non immaginando si sarebbero ancora commessi tanti errori, — io diceva

CAPANNE DI BRAVA.

per l'appunto poteva dipendere in gran parte l'avvenire e la sicurezza della Colonia (1).

La Società, ha mancato in molte cose, e non è stata all'altezza del suo còmpito in tutto il complesso della sua amministrazione, condotta con criteri sbagliati e meschini. Ma giustizia vuole però si riconosca che se nella questione della schiavitù nemmeno quel poco che, forse, si sarebbe potuto è stato fatto, la maggiore responsabilità spetta al Governo; il quale non può avere ignorato come andavano le cose laggiù anche da questo punto di vista. E che, conoscendo la situazione, non ha fatto nulla per spingere le autorità della Colonia — nemmeno quando erano alla sua dipendenza diretta — a prendere qualche misura che potesse essere avviamento all'abolizione della schiavitù, là dove sventolava la bandiera d'Italia. Non si deve dimenticare che, prima di essere consegnata alla Società che l'ha amministrata per parecchi anni, la Colonia fu amministrata direttamente dallo Stato. Negli anni che passarono fra il ritiro del Filonardi e la presa di possesso della Società milanese — cioè per circa tre anni — furono a capo della Colonia il viaggiatore Cecchi e poi il comandante Sorrentino, che vi andò come Commissario Regio dopo l'eccidio di Lafolè.

Le istruzioni che il Cecchi dava a chi lo rappresentava a Mogadiscio erano le seguenti:

... In quanto agli schiavi fuggitivi dall'interno alla costa, bisogna accontentarsi di fare per ora quello che fanno i tedeschi e gli inglesi nelle loro colonie della Costa Orientale Africana, cioè se lo schiavo

---

(1) In un opuscolo dal titolo: *Pericoli africani. I confini col Negus non definiti*, pubblicato nel 1904, e nel quale fra le altre si faceva la previsione, molto facile del resto, che, presto o tardi, avremmo avuto delle difficoltà e per la questione della schiavitù e per la questione di Lugh con amhara anche per il nostro contegno con Menelik nella questione dei confini.

fugge dal suo padrone per constatato maltrattamento subìto, allora viene dalle autorità della costa posto senz'altro in libertà mediante una tessera di « affranchissement », altrimenti, quando cioè è provato che il padrone lo tratta umanamente, viene restituito.

Io però sono partigiano della libertà incondizionata, e qualora questa si può conseguire senza sollevare obiezioni e proteste da parte dei proprietari, la soluzione più nobile e più umanitaria è quella per me dell'articolo LXIV dell'atto generale di Bruxelles, il quale dice:

« Tout esclave fugitif arrivant à la frontière de l'une des puissances mentionnées à l'article LXIV sera reputé libre et en droit de réclamer des autorités competentes des lettres d'affranchissement ».

Naturalmente bisogna, in casi simili, condursi con molto tatto per non attirarsi contro tutto il mondo della costa e dell'interno.

La schiavitù domestica nel Benadir dovrà scomparire adagio adagio e dopo che sarà stata abolita a Zanzibar (dove sotto la protezione di S. M. la Regina d'Inghilterra si contano più di 170 mila schiavi) e alla costa tedesca dove se ne contano parecchie migliaia, e dove la schiavitù domestica è in pieno vigore.

Così scriveva il Cecchi nel 1896, e nessuna disposizione nuova fu data invece di queste, quando in Colonia, rimanendo sempre in mano del Governo, fu mandato come Commissario Regio il comandante Sorrentino, nè dopo.

Nel giro di pochi anni avevano toccato Mogadiscio almeno quindici navi della nostra marina e tutti i comandanti avevano mandato lunghe relazioni sulla Colonia, dalle quali il Governo era stato ripetutamente informato della situazione per ciò che riguardava la schiavitù. Del resto, due anni prima, in una relazione-programma del Governatore del Benadir, pubblicata negli atti della Camera, si accennava per l'appunto alla esistenza degli schiavi, e se questa pubblicazione provocò una interrogazione da parte dell'on. Mel, non ha però menomamente commosso il Governo.

Gli è che anche in tale questione, alla Consulta, non hanno mai avuto un indirizzo chiaro, un vero programma, e han sempre lasciato andare avanti le cose come le hanno trovate. Eppure, dal momento che la nostra bandiera sventola su quelle coste, il Governo avrebbe pur dovuto cominciare a far qualche cosa quando aveva in mano la Colonia, così come, dopo, avrebbe dovuto, anche su una tale questione, mettersi d'accordo con la Società e darle istruzioni. Invece, non una parola, non un rimprovero si legge in tutte le lettere — e sono parecchie — che il Ministro, nel 1891, diresse alla Società per richiamarla alla osservanza dei suoi doveri. Nè pensò a fare la menoma osservazione, la menoma riserva, quando ricevette il programma, nel quale si parlava abbastanza a lungo del lavoro degli schiavi. Salvo poi a venir fuori con un grande sdegno a freddo... quando comparvero gli attacchi sui giornali, e si annunziarono le interrogazioni alla Camera! Se se ne fosse occupato seriamente, fino da molto prima si sarebbe potuto incominciare a fare qualche cosa, evitando le misure troppo precipitate che, come ho già avvertito, possono anche condurre all'effetto precisamente opposto, a rendere cioè più penosa, più triste la condizione degli schiavi della zona circostante, come avvenne realmente nel periodo successivo quando si credette di poter abolire la schiavitù tutto d'un tratto.

Quasi contemporaneamente all'inchiesta Pestalozza-Di Monale, la Società del Benadir aveva deciso di mandare in Colonia ad assumerne l'amministrazione, — se lo credevano necessario, rescindendo il contratto della Società col Governatore Dulio, e nel tempo stesso, per fare essi pure una larga inchiesta, tanto sulla questione della schiavitù come su tutta l'amministrazione politica civile e militare della Colonia, — due delegati, che furono scelti nelle persone dell'on. Chiesi, il quale sulla questione aveva più volte, e vibratamente, parlato alla Camera, e del signor avvocato Travelli.

Nella loro relazione, i due delegati trattano lungamente della questione della schiavitù. Da parecchi documenti risulta molto chiaro quale e quanta sia la responsabilità del Governo; il quale anche su questo ha assolutamente ingannato il paese.

In un comunicato ufficioso dell'Ufficio Coloniale pubblicato in quel volgere di tempo, si attribuivano alle « disposizioni energiche » date in quel tempo dall'Ufficio stesso quanto era stato fatto al Benadir per combattere la schiavitù! Or bene, non solo nè il Ministero nè l'Ufficio Coloniale avevano mai dato la più piccola disposizione a questo riguardo; ma non avevano nemmeno risposto a una lettera del Governatore Dulio dell'aprile; nella quale questi chiedeva istruzioni tassative in merito. Cioè gli risposero sette mesi dopo, e scusando indirettamente il ritardo col dire che la domanda del comm. Dulio non rivestiva alcun carattere di urgenza!!

I delegati della Società giunsero in Colonia, quando, nelle popolazioni di tutta la regione intorno ai nostri porti, era giunta l'eco delle discussioni che avevano avuto luogo alla nostra Camera e della intenzione del Governo di liberare tutti gli schiavi che arrivavano a mettere piede nelle città della costa ove erano gli italiani. Per cui affluirono subito numerosi gli schiavi fuggiti dai loro padroni, tanto a Mogadiscio che a Merca. Dietro agli schiavi fuggiti capitavano quasi sempre i capi delle tribù proprietarie a reclamarne la restituzione. I delegati della Società dinnanzi allo spettacolo triste che offrivano quei disgraziati, uomini e donne, in ceppi, con le piaghe aperte, coi segni delle battiture e spesso in istato da far pietà, non potevano avere la menoma esitazione sul contegno da tenere. E rifiutarono di restituirli, come di pagare un indennizzo... col quale avrebbero potuto comperarsi altri schiavi nell'interno. Naturalmente, siccome i due delegati avevano la gestione della Colonia in via provvisoria, non presero dei provvedimenti stabili, nè emanarono speciali disposizioni. La questione della schiavitù — per quanto i due delegati non avessero restituiti gli schiavi — era rimasta in sospeso. Credette invece di regolarla con delle ordinanze il Mercatelli, Console Generale allo Zanzibar, con un bando solenne « a tutti i popoli dal mare fino ai paesi Galla che obbediscono all'Italia(?!) » parafrasando i bandi del Sultano di Zanzibar dal 1892 in poi, che erano inapplicabili al Benadir; le condizioni della nostra Colonia essendo affatto diverse da quelle delle isole di Zanzibar, Pemba e altri possessi del Sultano di popolazione suhaeli. Fra queste popolazioni esiste veramente la schiavitù domestica, con forme diverse da quella che esiste al Benadir. Ma poi la situazione era completamente diversa per il fatto che noi siamo confinati nelle città della costa. La promulgazione di quelle ordinanze fu un grave errore, dal momento che non si aveva la forza per farle rispettare. Come non l'abbiamo nemmeno ora. Abbiamo quindi promulgato una legge che ha indignato le popolazioni e che, non essendosi potuto farla rispettare, è rimasta lettera morta. Tanto che ora si restituiscono ancora gli schiavi, come furono quasi sempre restituiti, anche nella prima fase della gestione governativa, dopo scaduto il contratto con la compagnia Filonardi. Il famoso tribunale istituito con le ordinanze del console Mercatelli non funziona più che pro forma...

Non si deve dimenticare che, a tre o quattro chilometri circa dalle mura della città, la nostra occupazione più che mai allora, ma ancora adesso, non è più effettiva e che la Colonia non ha mezzi per imporsi. Un'azione per la liberazione degli schiavi fatta senza le volute precauzioni, era pur troppo certo dovesse avere per conseguenza immediata le più crudeli rappresaglie contro quegli schiavi, la cui penosa situazione preoccupa giustamente tutto il mondo civile. Difatti furono legati, e coi ferri, gli schiavi che prima godevano di una relativa libertà, nel periodo al quale ho accennato.

Anche il comandante Di Monale, incaricato della nota inchiesta, nella sua relazione al Ministero della marina ha fatto proposte intese a mitigare la triste condizione degli schiavi nel Benadir e preparare la via alla graduale abolizione della schiavitù nelle città della costa.

— Ritengo, diceva, si debba procedere con disposizioni blande, ponderate, ma rigorosamente mantenute, applicandole gradatamente, perchè una troppo rigida e brusca liberazione potrebbe, come nelle colonie tedesche, provocare gravi turbamenti e obbligare forse a revocare le troppe concessioni accordate.

Ed aggiunge, che alti funzionari coloniali inglesi e tedeschi, coi quali ebbe occasione di parlare durante la sua permanenza a Zanzibar, furono tutti concordi nel dichiarare che la schiavitù deve essere abolita lentamente, altrimenti gravissime ne sarebbero le conseguenze, sia finanziarie, sia politiche, sia morali.

Alla sua relazione il comandante ha unito, come allegato, un'ordinanza relativa alla schiavitù nell'Africa Orientale Tedesca, nella quale sono date disposizioni — quelle che il comandante consigliò di adottare — per una graduale abolizione.

Ordinanza che però consacra in un documento ufficiale la schiavitù. poichè, all'articolo 3, per esempio, è detto che l'amministrazione si riserba il diritto di risolvere le controversie che sorgessero fra padrone e schiavo. All'art. 5 poi, è detto, che per il trapasso del diritto del padrone è necessario il consenso della schiavo espresso dinnanzi all'autorità: e, a quest'ultima, è riservato di concederlo; ed è stabilito che prima di concedere questo trapasso l'autorità stessa è tenuta a sincerare la posizione dello schiavo, avuto riguardo di non separare i membri della stessa famiglia.

A tutta prima non si può dissimulare una certa sorpresa nel constatare che, in un documento il quale porta la firma del Gran Cancelliere germanico von Bülow, e che è di data recente — del 1901 — viene riconosciuta ufficialmente la schiavitù. Ma, esaminando tutti gli articoli dell'ordinanza, si capisce come sia stata informata ad un grande senso pratico; e, come si possa avere la speranza che, in un periodo di tempo, certamente non brevissimo, lo scopo di arrivare alla abolizione della schiavitù nelle colonie tedesche possa essere raggiunto. Se qualche cosa di simile si fosse fatto dal Governo e dal nostro Ministero degli Esteri che ha avuto in mano la Colonia dieci o dodici anni fa; se avesse almeno studiato la questione, forse adesso saremmo qualche passo più innanzi. Ma, invece, dubito molto che alla Consulta, e al suo famoso Ufficio Coloniale, abbiano avuto notizia dell'ordinanza del Cancelliere tedesco, prima che gli fosse comunicata indirettamente dai resultati della inchiesta Pestalozza-Monale!

Qualche resultato — non grande ne convengo: ma sarebbe sempre stato qualche cosa — si sarebbe potuto ottenere; e non ci si sarebbe trovato, poco dopo tutte queste polemiche, in quella situazione preveduta dal povero Cecchi, e contro i cui pericoli anche il comandante Monale aveva cercato di mettere in guardia il Ministero. L'ordine dato da un giorno all'altro di liberare gli schiavi provenienti dall'interno provocò immediatamente atti di ostilità da parte delle tribù limitrofe. Per un pezzo, quasi più nessuna carovana arrivò a Mogadiscio dall'interno; e, come si prevedeva, incominciarono subito le rappresaglie contro gli schiavi nell'interno assai peggio trattati di prima, anche perchè essendo stato per parecchio tempo quasi completamente sospeso lo scambio de' prodotti, diventarono difficilissime le condizioni economiche di quei paesi, e gli schiavi furono naturalmente i primi a soffrirne.

Ed ecco come, talvolta, l'amore delle parole, e la passione della rettorica, può condurre, come dicevamo, in nome dei sentimenti umanitari, a resultati tutt'altro che umanitari.

— Or bene, diceva qualche settimana fa l'on. Martini nel suo discorso sulla Colonia Eritrea a proposito della schiavitù; che noi l'aboliamo quando si tratta di sudditi nostri, questo è giusto. Ma io domando perchè dobbiamo essere noi obbligati ad abolire la schiavitù anche per i sudditi degli altri; per quelli di Menelik, ad esempio? Perchè questo accade: un carovaniere viene dall'Jeggiù, dai Vollo Galla, dal Goggiam, porta con sè pelli, zibetto, miele ed altre mercanzie; e, naturalmente, vengono con lui tre, quattro, cinque schiavi. Questi, arrivati in Colonia, domandano di essere liberati; naturalmente si liberano per essere fedeli all'atto di Bruxelles, ed anche perchè se non si liberassero, della negata liberazione giungerebbe notizia in Italia, e alcuni giornali non tarderebbero a dar taccia al Governatore di barbaro e di negriero. (*Commenti*). Gli schiavi dunque si liberano; ma il carovaniere, che, in questo modo, perde più di quello che non ha guadagnato con le sue merci, in Colonia non torna più (*mormorii*) e prende altre vie, va in altri mercati dove l'osservanza dell'atto di Bruxelles è meno rigida. Perchè in sostanza questo è il vero: questa abolizione della schiavitù, a cui si dà il pomposo nome di vanto umanitario, non è che un'insidia internazionale.

A questo punto, il resoconto stenografico segna un « benissimo ».

La stessa Camera che due o tre anni fa, si commoveva a proposito delle rivelazioni di qualche giornale radicale, meravigliandosi che la schiavitù fosse tollerata al Benadir, adesso approva quindi che si chiuda un occhio, e magari due, non già per evitare che nei paesi vicini vengano ribaditi i ceppi di tanti infelici, ma anche soltanto perchè le carovane e il commercio non prendano altre strade favorendo gli sbocchi in mano di altre nazioni europee...

Non discuto. Mi limito alla semplice constatazione: la quale può essa pure servire a dimostrare, come, con questa mancanza od instabilità di criteri in fatto di politica coloniale, da parte della rappresentanza nazionale, anche il Governo debba continuamente trovarsi imbarazzato. E' la sola attenuante che i ministri possono invocare...

DOCUMENTI.

CONVENZIONE TRA IL GOVERNO E LA SOCIETÀ ANONIMA COMMERCIALE ITALIANA DEL BENADIR.

(Approvata dalla Camera nel dicembre 1899).

Premesso:

che fra il Regio Governo italiano e i Signori cav. Giorgio Mylius, comm. dott. S. B. Crespi, cav. Angelo Carminati, quali delegati dai promotori della Società anonima commerciale italiana del Benadir (Somalia italiana), interveniva, il 15 aprile 1896, un accordo preliminare avente per oggetto la gestione del Benadir;

che successivamente aveva luogo, con istromento in data 25 giugno 1896, approvato dal Tribunale di Milano il 24 luglio 1896, la costituzione della Società anzidetta, e che del suddetto accordo vuole ora farsi

constare in regolare atto tra il Governo e l'attuale
rappresentanza legale della Società;

Fra il Regio Governo, rappresentato dal Presidente
del Consiglio e dai Ministri degli affari esteri, delle
finanze, del tesoro e della marina, e i Signori conte
A. Sanseverino Vimercati, presidente; cav. Giorgio
Mylius, vice presidente; cav. Angelo Carminati, am-
ministratore delegato; comm. dott. S. B. Crespi,
consigliere, componenti il Consiglio d' amministrazione della Società, si conviene quanto segue:

Art. 1. Il Governo si obbliga di immettere la Società anonima commerciale italiana del Benadir (Somalia italiana), con sede in Milano, nella gestione
delle città e dei territori del Benadir col rispettivo
hinterland, sì e come la gestione stessa vi è di fatto
dal Governo esercitata; e ciò a rischio della Società
e senza garantia.

La convenzione avrà effetto dal 1° maggio 1898.

Da parte sua, la Società si obbliga di provvedere
all'incremento civile e commerciale della colonia,
dando conto particolareggiato di questa sua azione
al Governo italiano, che avrà sempre il diritto di
vigilare sull'operato della Società. Questa dovrà inoltre promuovere nei modi più opportuni la vita economica dei paesi concessile, eseguendo a tal uopo
tutte le opere che crederà necessarie.

Il non essere prestabilito un programma particolareggiato dell'opera della Società, valevole a raggiungere i fini sovra indicati, non menoma l'obbligo
suo legale di fare quanto potrà essere riconosciuto
doveroso, avuto ad ogni cosa il debito riguardo, e
ciò sotto le sanzioni di legge.

In caso di disaccordo la controversia sarà risoluta
nei modi e forme di cui all'art. 17.

Art. 2. Il Governo pagherà alla Società dal 1°
maggio 1898 al 30 aprile 1910 l'annua somma di fr.
oro 400,000, e dal 1° maggio 1910 al 16 luglio 1946
fr. oro 350,000 all'anno, sia per il mantenimento delle
stazioni esistenti come per quelle che la Società
crederà di fondare in seguito.

Art. 3. Qualora il territorio di Lugh resti incluso
nella zona di influenza italiana, ed ancora quando
in conseguenza di futuri trattati dovesse passare ad
altro Stato, restando all'Italia il diritto di mantenervi
una stazione commerciale, la gestione del territorio

di Lugh nel primo caso, e della stazione commerciale
italiana di Lugh nel secondo caso, spetterà ed incom-
berà con tutti i diritti ed oneri alla Società, come per
le altre stazioni.

Art. 4. Il Governo si varrà della Società, e farà
tenere ad essa regolarmente la somma occorrente
pel pagamento delle annualità dovute ai Sultani di
Obbia e di Alula, in talleri 3600 di M. T. complessivamente; e questo finchè il Governo avrà un tale obbligo verso i detti Sultani.

Art. 5. Il Governo applicherà, di fronte alla Società, l'art. 3° del protocollo italo-britannico del 24
marzo 1891 (1).

Art. 6. Il Governo darà le miniere in libero e gra-
tuito godimento alla Società, con facoltà di trasfe-
rirne la concessione a terzi, previo consenso del Governo medesimo se questi fossero stranieri. Il detto
godimento e la detta concessione a terzi non avranno
una durata superiore a quella della gestione della
Società.

Il Governo darà pure alla Società la gratuita facoltà di occupare tutte le terre che saranno riconosciute demaniali alla presa di possesso da parte della
Società, e tutti quegli immobili dei quali esso abbia
ottenuto o sia per ottenere il godimento o l'uso dal
Sultano di Zanzibar. Delle dette terre la Società
potrà fare concessioni in uso, per una durata non
superiore a quella della sua gestione, a italiani, o ad
indigeni dipendenti e residenti nella colonia. Potrà
altresì concederle a stranieri, purchè con durata non
eccedente il periodo della sua gestione, e previa l'approvazione del Governo.

Le concessioni che eccedano, per il tempo, la durata della gestione della Società, tanto se da farsi a
stranieri, come a italiani, spetteranno, sempre al
Governo, d'accordo colla Società.

Art. 7. La Società esigerà per proprio conto i diritti
doganali, in base ai vigenti trattati, nonchè le tasse
in vigore; potrà anche applicare nuovi tributi o sop-

(1) « Il y aura dans la station de Kismayu et son territoire, égalité
de traitement entre sujets et protégés des deux pays, soit pour leurs
personnes, soit à l'égard de leurs biens, soit enfin en ce qui concerne
l'exercice de toute sorte de commerce et industrie ».

primere quelli esistenti e diminuire i diritti doganali, previa l'approvazione del Governo.

Art. 8. I prodotti originari dei paesi cui si riferisce la presente convenzione saranno alla loro importazione nel regno soggetti allo stesso regime doganale
di quelli della colonia Eritrea.

Art. 9. La Società si obbliga:

a) ad inalberare la bandiera nazionale;

b) a pagare al Sultano di Zanzibar il canone annuo di rupie 120,000, o quella minor somma che venisse in seguito convenuta;

c) a pagare le annualità dovute ai Sultani di
Obbia e di Alula, come è detto all'art. 4;

d) a conservare in regolari condizioni di manutenzione i fabbricati tutti che avrà ricevuto in uso dal
Governo;

e) a mantenere almeno 600 guardie per la sicurezza interna della colonia;

f) ad amministrare la giustizia in base alle norme in vigore nelle città e nei territori che le vengono
concessi in gestione;

g) ad applicare gli atti generali di Berlino (26
febbraio 1885) e di Bruxelles (2 luglio 1890) per tutto
quanto riguarda la tratta degli schiavi ed il commercio delle armi da fuoco e delle bevande spiritose;

h) ad assumere il servizio postale in base alle
condizioni stabilite dall'Unione Postale.

Art. 10. Il Governo non assume verun obbligo con-
trattuale di difendere la colonia da attacchi esterni,
ma si riserva piena libertà di azione per quei provvedimenti che crederà di adottare nell'interesse generale.

Art. 11. Su domanda del Governo la Società sarà
obbligata, sia a sfrattare dalla Colonia qualunque
persona italiana o straniera, sia a consegnare ai
funzionari del Governo medesimo qualunque delin-
quente che vi fosse rifugiato.

Art. 12. Lo statuto della Società anonima commerciale italiana del Benadir (Somalia italiana) è qui
allegato come parte integrante della presente convenzione.

Niun cambiamento potrà essere introdotto in detto
statuto, sotto pena di decadenza, senza che prima
abbia riportato l'assenso del ministero degli affari
esteri.

Art. 13. Il Governo non assume responsabilità di sorta per qualsiasi operazione di credito che la Società facesse anche nell'interesse della colonia; e la Società, a garanzia di siffatte operazioni, non potrà mai impegnare che le sue proprietà private o le sue ragioni di credito.

Art. 14. La presente convenzione, che andrà in vigore col 1° maggio 1898, durerà sino al 16 luglio 1946, e s'intenderà sciolta di pieno diritto, senza alcun bisogno di reciproche intimazioni, allo scadere del termine sopra indicato. Sarà per altro in facoltà del Governo di rescinderla il 16 luglio 1921, con preavviso di due anni, quando volesse esercitare il proprio dominio ed amministrare direttamente le città e i territori contemplati nella presente convenzione: od anche quando credesse di non più esercitare il suo diritto di opzione verso il Sultano di Zanzibar, di cui alla convenzione 12 agosto 1892.

La facoltà di rescindere la presente convenzione è data anche alla Società, dopo dodici anni a decorrere dal 1° maggio 1898, mediante il preavviso di un anno.

Art. 15. Le opere stabili costruite per iniziativa ed a spese della Società, e tali per la loro natura da migliorare le condizioni dell'esercizio, saranno allo scadere del contratto accettate dal Governo e pagate a prezzo di stima, semprechè l'esecuzione delle opere ed i progetti relativi abbiano previamente riportata l'approvazione di esso, salvi sempre alla Società, per le opere non accettate, i suoi diritti verso i terzi.

Art. 16. Quando la rescissione abbia luogo per volontà del Governo, dopo i ventitre anni, ai termini dell'art. 14 della presente convenzione, la Società avrà diritto a percepire, anche per le opere compiute senza autorizzazione del Governo, la minor somma tra lo speso e il maggior utile per l'esercizio della colonia, a giudizio degli arbitri.

Nessuna indennità sarà dovuta dal Governo, se la rescissione della presente convenzione sarà dovuta a fatto o a colpa della Società.

Art. 17. Il valore delle opere da rimborsarsi sarà determinato da tre arbitri. Ciascuna delle parti nominerà un arbitro; i due arbitri così nominati sce-

glieranno il terzo, e, nel caso di disaccordo nella
scelta, questa sarà deferita al Presidente della Corte di Cassazione di Roma, ove sarà la sede arbitrale.

Sarà al pari sottoposta al giudizio arbitrale qualunque contestazione di diritto privato fosse per
sorgere fra il Governo e la Società nella esecuzione
o interpretazione della presente convenzione.

Agli arbitri è data facoltà di giudicare anche come
amichevoli compositori inappellabilmente, e senza
formalità di procedura.

Art. 18. La Società dovrà rispettare le leggi dello
Stato ed i trattati vigenti e quegli altri trattati che
il Governo credesse opportuno di concludere, o pro-
mulgare.

Nel caso di conflitti, liti, difficoltà tra la Società e
il Sultano di Zanzibar, o i capi delle varie tribù, o
le autorità inglesi del territorio limitrofo, la Società dovrà rimettersi, per quanto la concerne, al
giudizio del Ministero degli Affari Esteri.

Spetterà agli arbitri il giudicare, in caso di dis-
senso delle parti, se la convenzione abbia patito al-
terazioni sostanziali a cagione dei nuovi trattati o
della soluzione data agli eventuali conflitti. Nel caso
di responso affermativo, la Società avrà il diritto
di chiedere la risoluzione anticipata della convenzione col rimborso del valore delle opere fatte.

Art. 19. L'atto di costituzione della Società sarà
registrato con la tassa fissa di una lira.

Saranno esenti da imposta di ricchezza mobile gli
stipendi pagati dalla Società ai suoi impiegati abitualmente residenti nella colonia.

Art. 20. La Società avrà facoltà di ritirare dai de-
positi governativi, e possibilmente da quelli di Massaua, al prezzo di costo, le armi e munizioni che il
Governo riconoscerà strettamente necessarie per la
sicurezza delle stazioni. Per altro alla Società stessa
è vietato qualsiasi commercio di armi.

Art. 21. Il Governo procurerà di tenere uno stazionario sulla costa o nelle acque di Zanzibar.

Art. 22. La presente convenzione e i privilegi da
essa derivanti non sono trasferibili dalla Società a
terzi.

Art. 23. La presente convenzione sarà registrata colla tassa di una lira, e non sara valida se non dopo essere stata approvata per legge.

Roma, 25 maggio 1898.

ALFONSO SANSEVERINO VIMERCATI
GIORGIO MYLIUS
Dott. SILVIO BENIGNO CRESPI
ANGELO CARMINATI
RUDINÌ
VISCONTI VENOSTA
BRANCA
LUZZATI
A. DI SAN MARZANO

IV.

LA COLONIA, TERRA ITALIANA.

LA RIDDA DEI GOVERNATORI

L'ammiraglio Morin agli Esteri. — La Marina e le autorità consolari. — La storia del Consolato di Aden. — Il nostro rappresentante. — La nomina del tenente Badolo. — Il periodo delle inchieste. — Il consolato di Aden e gli ufficiali della marina. — Le accuse contro il tenente Badolo. — Una seduta emozionante alla Cameha. — Le parole dell'ammiraglio Mirabello. — Il tenente Badolo assolto. — Fra due Consoli di Sua Maestà. — La Colonia in mano... di due repubblicani. — Disorganizzazione completa. — Per il riscatto della Colonia. — La rescissione del contratto con la Società Milanese. — La trasformazione della Società Milanese. — La Colonia passa al Governo. — La presa di possesso. — Errori sopra errori. — Uno strano preventivo per un decennio. — Le accuse contro il nuovo Governatore. — Padre Leandro espulso. — Il Ministro di San Giuliano crea una commissione d'inchiesta. — L'on. Guicciardini che gli succede annulla il decreto per l'inchiesta. — Mercatelli assolto dal Consiglio di Disciplina del Ministero. — Salvago Raggi succede a Mercatelli ma non va al Benadir. È' nominato invece Governatore dell'Eritrea. — Nomina del cav. Carletti. — Ritorna subito in Italia.

La pubblicazione dell'inchiesta Pestalozza-Monale, come si è veduto, era avvenuta mentre l'on. Morin aveva assunto l'*interim* del Ministero, in seguito al malore che aveva colpito l'on. Prinetti. L'on. Morin, di carattere più conciliante, ed anche perchè in quel momento avrebbe voluto evitare di mettere il Governo in un grave imbarazzo, ove da un momento all'altro si fosse dovuto rescindere il contratto con la Società, cercò, come suol dirsi, di gettare acqua sul fuoco! Nel tempo stesso, non è far torto all'on. Morin il supporre che, come ammiraglio, desiderasse che le cose potessero accomodarsi in qualche modo, senza provocare altri scandali; anche perchè, al Benadir, vi erano ancora, o avevano avuto funzioni di vice governatori o di residenti delle stazioni, parecchi ufficiali di marina in attività di servizio. Anzi, a proposito della questione della schiavitù, si era verificato questo fatto doloroso che, mentre vi furono ufficiali di marina i quali accusarono la Società di aver favorito il commercio degli schiavi, ve ne furono altri che protestarono con grande vivacità. E fu uno spettacolo penoso il vedere i nomi dei nostri ufficiali di marina mischiati a polemiche incresciose; che si sarebbero potuto evitare, se si fossero lasciati gli ufficiali di marina al loro mestiere.

A questo proposito bisogna notare, che un certo screzio fra la marina e le autorità consolari, so-

pratutto nelle questioni coloniali, è sempre laten-
te. Come si è veduto, anche dai rapidi cenni coi
quali ho cercato di riassumere la storia delle nostre occupazioni nell'Oceano Indiano, è stata, come al solito, la marina a fare i primi passi; a
visitare il paese, a dare le informazioni necessarie
intavolando anche coi sultani e coi capi della
costa le prime trattative.

In quel periodo delle imprese coloniali che
chiamerò di preparazione, sono gli uffìciali del-
l'armata che sottoscrivono i trattati con gl'indigeni e che all'occorrenza funzionano da consoli e da
plenipotenziari. E' quindi fino ad un certo punto
umano che, quando, a cose fatte, subentra l'autorità civile, essi non sieno soverchiamente entusiasti di passare in seconda linea e di ricevere
ordini ed istruzioni da altri uffici: tanto più quando ne è manifesta l'incompetenza. Non è inopportuno, parmi, l'accennare a questa situazione,
non già per scusare o giustificare la cosa, ma per
spiegare come sorga e che origini abbia questo
conflitto del quale nessuno ignora l'esistenza, e
che provocando spesso attriti personali, finisce
talvolta per dar luogo a inconvenienti gravissimi.
Pur troppo, i rispettivi ministri, quello degli Esteri e quello della marina, invece di far tutto il
possibile per appianare le questioni, come sarebbe
loro dovere, spesso per un malinteso amor proprio, fanno causa comune coi loro dipendenti e
finiscono per invelenire il dissidio e complicare
vieppiù le cose.

Non è un mistero per nessuno, per esempio, come, anche al Benadir, e nella Somalia settentrionale, parecchi degli inconvenienti che si sono
verificati abbiano per l'appunto origine da questo
dissidio.

All'epoca della quale parlo, — per esempio, —
non fu un mistero per alcuno che il cav. Sola, il
quale era console ad Aden, senza alcun demerito

suo, ma solo a causa di questi attriti fu richiamato in Italia. E mi limito soltanto a ricordare che, in
quel momento, aveva l'*interim* degli Esteri... il
ministro della marina.

La storia di questo consolato, del modo col quale è stato abbandonato in questi ultimi anni per
dei periodi di sette od otto mesi, e il modo col
quale si provvedette a dargli un titolare, mostra,
nel modo più evidente, con che pensiero dell'interesse pubblico si proceda alla Consulta quando
vi sono di mezzo questioni di persone. Il Sola era
stato nominato Console generale ad Aden qualche anno prima; e la scelta era caduta su di lui
oltre che per il tatto di cui aveva dato prova in
varie circostanze, certamente anche per la conoscenza che ha dell'arabo e di parecchie lingue africane. Naturalmente parla perfettamente anche
l'inglese, cosa che ha la sua importanza ad Aden,
dati i frequenti contatti che i consoli hanno con
le autorità. Fu anzi una fortuna che in tutto quel
periodo, nel quale per la guerra col Mad Mullah,
e per la tutela della nostra Colonia al Benadir sono
stati ancora più frequenti del solito codesti contatti, l'Italia sia stata rappresentata da chi aveva
una così profonda conoscenza dei luoghi, della
lingua e degli usi di quei paesi. È al cav. Sola
che si deve se nel sultanato dei Mingiurtini, dove
aveva cominciato a serpeggiare un certo malcontento contro di noi, tanto da far temere che quelle popolazioni finissero per far causa comune col
Mad Mullah, fu allora possibile ristabilire prontamente la quiete. In un convegno che egli ebbe
con i capi del paese, riuscì a persuaderli e ad ottenere rimanessero tranquilli, fidando sulla protezione nostra.

Andò poi ad Obbia all'epoca dello sbarco delle
truppe inglesi contro il Mullah. Fu anzi lì, dinanzi
ad Obbia, che sorse un gravissimo dissidio dege-
nerato in un violento alterco con l'ufficiale di ma-

rina mandato dal Governo italiano al seguito del generale inglese.

Fatto è che, senza vi fosse alcuna ragione plausibile, e nemmeno, allora, il preconcetto di mandare un'altra persona ad Aden perchè il Consolato rimase vacante, il cav. Sola fu richiamato. Il Sola partì da Aden nel giugno del 1903 e sono certo che il lettore che lo ignorava, rimarrà edificato quando saprà, in che modo è stato allora abbandonato per sette mesi il consolato di S. M. il Re d'Italia ad Aden; per l'appunto in un periodo di tempo, nel quale, per lo svolgersi delle operazioni degli inglesi contro il Mad Mullah, più che mai il nostro Paese avrebbe dovuto esservi autorevolmente rappresentato.

Il cav. Sola quando era ad Aden, aveva avuto alla sua dipendenza, per aiutarlo nel disbrigo degli affari del Consolato, un giovane impiegato della *Società Coloniale italiana*. Partendo gli affidò l'ufficio, come si suol fare in simili casi, quando il Console non ha funzionari governativi alla sua dipendenza, ma convinto, naturalmente, che se egli non fosse ritornato, il Governo avrebbe pensato a mandare immediatamente un altro titolare.

La Società Coloniale italiana aveva allora assunto da qualche anno la rappresentanza della Navigazione Generale, e siccome la sua sede è lontana da *Steamer Point* dove approdano i bastimenti, così aveva delegato ad uno dei suoi impiegati — il quarto o il quinto in ordine gerarchico — l'incarico di occuparsi della partenza e dell'arrivo dei bastimenti della Navigazione Generale e di tutte le pratiche necessarie. Quando arrivava un bastimento della Società egli era naturalmente il primo che doveva salire a bordo e in certo modo mettersi a disposizione del comandante, per tutto ciò che gli potesse occorrere, come, all'ultimo momento, quando stava per salpare, doveva recarsi nuovamente a bordo per portare le carte e la posta. Ora è questo impiegato della Società Coloniale che faceva da agente della Navigazione Generale, che per un certo tempo fu il rappresentante dell'Italia ad Aden. E si noti, ripeto, in un momento nel quale il Consolato di Aden aveva una grandissima importanza. Nel momento cioè in cui per la guerra col Mad Mullah e per le trattative che a questo proposito vi furono fra noi e l'Inghilterra, sarebbe stato più che mai necessario ad Aden un funzionario autorevole che si mettesse a contatto con le autorità civili e militari ed anche un po' per fare gli onori di casa ai comandanti delle navi ed agli ufficiali inglesi. Cosa doverosa da parte nostra, dal momento che l'Inghilterra ebbe allora l'abilità di farci rompere la neutralità, e ci considerava assolutamente come degli alleati.

Tutti comprendono senza sieno necessarie molte dimostrazioni, come certe posizioni sieno incompatibili e la impressione penosa che deve aver fatto ad Aden questa trascuranza del nostro Governo a proposito di quel Consolato. Come si può pretendere che il nostro Paese sia rispettato e considerato, che alla nostra azione e alle nostre aspirazioni sia data la dovuta importanza quando noi per i primi mostriamo di annettervene così poca, col completo abbandono della nostra rappresentanza all'estero?

E pur troppo, dal più al meno, è così dappertutto.

Nella primavera del 1903, quando la questione Macedone era nella fase più acuta, ad Uskub, dove aveva stabilito la sua residenza l'Ispettore generale per le riforme ed era quindi diventato il punto più importante di tutta la Turchia, l'Italia è stata rappresentata per otto mesi da un povero diavolo di sensale di olio a cento lire al mese, il quale portava il fez in testa e che quindi era costretto a fare una lunga serie di inchini ossequiosi, tutte le volte che incontrava qualche autorità ottomana... Ad Aden, durante tutta la seconda metà del 1904, mentre gli inglesi erano impegnati in una guerra ai confini delle nostre colonie, mentre cominciavano i nostri guai al Benadir e tre o quattro delle nostre navi da guerra solcavano continuamente il Mar Rosso e l'Oceano Indiano, facendo scalo ad Aden, il Consolato di S. M. il Re d'Italia, è stato rappresentato... dall' impiegato della *Compagnia Coloniale* che porta la posta a bordo!

Si trattava, giova dirlo subito, di un buonissimo giovane, attivo, intelligente, premuroso e gentile con tutti, ma che dalle circostanze e non per colpa sua, era stato messo in una delle situazioni più strane e più imbarazzanti che si possano immaginare. Del resto, era egli stesso il primo a riconoscerlo.

Ma, ripeto, la storia di quel Consolato in tutto quel periodo è delle più interessanti. Per un po' di tempo alla Consulta nessuno se ne occupò più. Era ancora vacante allorchè il ministro Zanardelli rassegnò le sue dimissioni, quando fra la generale sorpresa si seppe che due giorni dopo la presentazione di queste dimissioni, l'on. Morini, che era contemporaneamente ministro degli Esteri e della Marina, aveva firmato il decreto col quale era chiamato a reggere il Consolato di Aden con patente di console generale un tenente di vascello, che fino a poco tempo prima era stato al servizio della Società del Benadir come residente a Merca, e che durante l'assenza del governatore, un paio d'anni prima, aveva anche retto interinalmente la Colonia.

Infiniti furono i commenti suscitati dalla notizia di questo decreto, e quelli che si fecero alla Consulta furono tutt'altro che benevoli per l'on. Morin. Si disse subito che nel conflitto tra le autorità civili e la marina, il Morin, aveva colto l'occasione, essendo ministro degli Esteri, per dare un'altra soddisfazione alla marina, senza pensare ad altro. E si aggiunse esser stata la marina a voler avere assolutamente ad Aden un ufficiale, e un ufficiale di grado non elevato, perchè così i comandanti delle navi non dovevano più dipendere da un console, ma avrebbero avuto invece uno dei loro e che da loro dipendeva. Le soddisfazioni alla marina, cominciate, si disse, col richiamo del Sola da Aden e del cav. Pestalozza da Zanzibar, avevano una nuova consacrazione con questo atto.

Viceversa, anche nella marina, molti trovarono strana la nomina, non per la persona, ma per l'anomalia del caso.

Se vi erano già precedenti di ufficiali di marina, tenenti di vascello ed anche di grado meno elevato che furono per qualche tempo titolari di un consolato, ciò accadde però per paesi lontani quando si trattò di creare una rappresentanza dell'Italia, in condizioni specialissime, ma non in un posto importante come Aden: in un consolato che ha avuto come primo titolare il Cecchi, e che ha, in questi anni, assunto una grande importanza politica. Ad Aden dove vi è un continuo viavai di navi da guerra, con questa nomina si era anche creata una situazione imbarazzantissima per i comandanti delle nostre navi, i quali dovevano usare al nuovo console ogni deferenza come al rappresentante del loro Paese e rendergli gli onori prescritti dal regolamento quando saliva a bordo: mentre dall'altra, potevan esigere, come superiori, che si mettesse alla posizione d'attenti prima di rivolger loro la parola.

Non bisogna inoltre dimenticare che Aden è sopratutto un porto militare. Un console militare non si può spogliare, anche se veste in borghese, di questa sua qualità di tenente di vascello, non solo di fronte ai comandanti delle nostre navi, ma con tutti gli ufficiali inglesi di terra e di mare i quali hanno gradi più elevati del suo.

È facile quindi immaginare come la questione fosse imbarazzante; tanto per il tenente di vascello console, come per l'ufficialità delle navi inglesi.

Ma la reggenza del Consolato da parte del tenente Badolo durò soltanto qualche mese.

Eravamo già entrati, per il Benadir, in quello che si potrebbe chiamare il periodo delle inchieste e dei processi. Avevamo già avuta l'inchiesta Pestalozza-Monale; l'inchiesta della quale la Società aveva dato l'incarico all'on. Chiesi e all'avv. Travelli; era in corso un processo intentato alla Società da un suo ex-funzionario, perchè la Società aveva pubblicato un telegramma del Governatore che impugnava di falso un atto di compera e vendita di schiavi comunicato ai giornali; atto che questo funzionario aveva portato in Italia ed altre querele e controquerele erano già annunziate, quando scoppiò anche la questione Badolo. Contro quest'ufficiale erano state lanciate accuse gravissime; che il console di Zanzibar confermò più tardi, aggravando, in un rapporto al Ministero degli Esteri.

Il Mercatelli era andato a Zanzibar quasi contemporaneamente ai due delegati della Società; con l'incarico di recarsi al Benadir, per studiare ciò che vi era da fare per dare un assetto definitivo alla Colonia. I delegati, come ho già detto, avevano avuto dalla Società l'incarico di fare una larga e completa indagine; ed erano muniti in pari tempo dei più ampi poteri, ed autorizzati a prendere tutte le misure e le disposizioni che avrebbero creduto del caso. E siccome si sapeva sarebbe stato rescisso il contratto tra la Società e il governatore Dulio, avevano anche l'incarico di provvedere alla nomina del nuovo Governatore. Il candidato che riscuoteva le maggiori simpatie dell'Ufficio Coloniale alla Consulta e del ministro degli Esteri, ammiraglio Morin, era per l'appunto il tenente di vascello cav. Badolo.

I signori Chiesi e Travelli, arrivati sul posto si formarono la convinzione che la nomina di questo ufficiale a Governatore sarebbe stata, per una quantità di circostanze, la meno adatta; e che non avrebbe fatto buona impressione. Di questa loro convinzione, s'affrettarono a dar notizia a Milano alla Società, la quale rispose, a mezzo del suo consigliere delegato, d'insistere nonpertanto su quella candidatura. Anche il Console di Zanzibar, sebbene non si fosse ancora recato in Colonia, sconsigliò vivamente questa nomina ai delegati; dicendo che avrebbe scritto egli pure al Ministero, per spiegare le ragioni per le quali questa scelta gli pareva assolutamente inopportuna. E si affrettarono a telegrafare anche questo alla Società. Ma ne ebbero in risposta un telegramma così concepito: « Passate sopra anche Console Zanzibar: nomina interessa vivamente Ministero ». Non garantisco le parole testuali, ma il senso del dispaccio era assolutamente questo. I due delegati, più che mai sorpresi, risposero seccamente che non credevano di poter consigliare tale nomina, che ritenevano assolutamente inopportuna; ed alla quale si opponevano in modo formale. Fu allora che il Morin pensò di mandare il tenente Badolo come console ad Aden.

Certamente, fu cosa molto strana, per non dir altro, questa insistenza del Ministero, mentre avrebbe dovuto andare più che mai, come suol dirsi, coi piedi di piombo nelle sue relazioni con la Società; sopratutto nelle circostanze difficili e delicate nelle quali erano queste relazioni; mentre vi era per aria la minaccia della denunzia della convenzione; e guardarsi bene dal cercare d'imporre a questo modo alla Società la scelta dei suoi funzionari. E non fu quello il primo caso. Mentre dall'altra parte non ha saputo esercitare sulla scelta e sulla nomina dei funzionari della Colonia quella sorveglianza che era da parte sua doverosa, inquantochè, non senza ragione, un articolo della convenzione fra Società e Governo stabiliva che le nomine dovessero essere approvate da quest'ultimo. Se alla Consulta invece di fare delle raccomandazioni per mettere a posto qualcuno, avessero considerato la questione del personale da un punto di vista un po' più elevato, almeno alcuni, dei molti inconvenienti che si sono verificati, si sarebbero potuti evitare.

Intanto è evidente come sia stato un errore il mandare in tutto quel periodo — o l'acconsentire che fossero mandati, il che fa lo stesso — troppi ufficiali di marina al Benadir. Era anche strano che dopo aver proclamato su per i tetti che quella del Benadir era una colonia commerciale, la maggior parte dei suoi funzionari — quelli che coprivano le cariche più importanti — fossero degli ufficiali in servizio attivo. Che fosse necessario avere laggiù qualche ufficiale dell'esercito per l'organizzazione e il comando degli ascari — e unicamente per questo — passi, — quantunque, a stretto rigore, si sarebbe potuto anche per questo, scegliere degli ex ufficiali. Ma qual ragione vi era di mandare al Benadir come funzionari, tanti ufficiali della R. Marina, non più soltanto con attribuzioni esclusivamente militari, ma anche con attribuzioni amministrative e commerciali?

A parte il fatto che con tanti ufficiali di terra e di mare, investiti di funzioni nella Colonia, questa veniva a perdere gran parte del suo carattere, ed era implicita una maggiore responsabilità del Governo, non mi pare in massima conveniente — ciò che si può consentire solamente come eccezione e in casi rarissimi — che cioè, un ufficiale in servizio attivo, sia agli stipendi di una Società commerciale, e che debba, per esempio, occuparsi di far fruttare più che può le dogane. Non solo non mi sembra conveniente, ma ritengo altresì pericoloso perchè senza colpa loro si possono trovare coinvolti in polemiche non simpatiche, alle quali è desiderabile rimangano sempre estranei coloro che portano l'uniforme militare.

Quando poi, come accadde allora, se ne mandano in Colonia troppi, e per di più dello stesso grado, vi è la quasi certezza di veder sorgere attriti che possono essere il punto di partenza di inconvenienti seri, appena uno di questi ufficiali venga incaricato di mansioni più importanti di quelle affidate ad altri.

La questione Badolo occupò per parecchi mesi la stampa, specialmente dopo che l'on. Chiesi, in una interpellanza alla Camera, disse quali erano le gravi accuse formulate in Colonia, circa il modo crudele col quale, mentre era residente a Merca, e poscia quando, interinalmente, resse il Governo della Colonia a Mogadiscio, avrebbe trattato gl'indigeni; pronunziando condanne senza procedimento, e lasciando morire di fame, per colpevole incuria, — o crudele premeditazione, disse l'on. Chiesi — più di trenta persone nelle prigioni di Merca e di Mogadiscio. Nella seduta emozionante nella quale fu svolta questa interpellanza, dopo la risposta del ministro degli Esteri il quale, dicendo che non troppo il rapporto Mercatelli confermava le accuse, annunziò che aveva dato un congedo al Badolo, il quale sarebbe stato posto sotto giudizio, prese la parola anche il ministro della marina, non per difendere il Badolo, ma per rilevare che, fino allora, quell'ufficiale non era stato interrogato, e che egli avrebbe potuto avere altrettante ragioni da apporre alle gravi accuse che gli erano fatte nel rapporto del console Mercatelli; perchè è notorio, aggiunse, l'ammiraglio Mirabello, che, in quei paesi, *la verità non esiste*, e che ognuno può essere tratto a giudizi errati. Ricordò però che quell'ufficiale era andato in quei paesi fino dai primi tempi dell'occupazione del Benadir; ed era stato fatto segno a tre attentati, quando era il solo europeo in mezzo a quelle popolazioni; tantochè, il Governatore, lo aveva proposto per la medaglia al valore militare.

La questione Badolo si trascinò per tre anni e più, senza che si sapesse quando — e sopratutto dove — il Badolo dovesse essere giudicato. Al Benadir, si sarebbe dovuto stabilire un tribunale apposta; poichè, ancora adesso, la giustizia non è amministrata in quella nostra Colonia. In fondo il processo avrebbe dovuto svolgersi a Genova, secondo la giurisdizione consolare. Ma il Governo preferì farlo all'Asmara; assai probabilmente anche perchè avesse meno eco; tanto più che, da principio, si susurrava di rivelazioni che, forzatamente, sarebbero venute fuori; e nelle quali la insipienza del Ministero e dell'Ufficio Coloniale sarebbe apparsa ancora più evidente. Certo fece tutto il possibile per mandare le cose per le lunghe; in modo, che il processo potè svolgersi, realmente, senza destare quell'interesse vivo che avrebbe certamente suscitato, qualora fosse stato fatto qualche mese dopo la emozionante discussione della Camera. Il tenente Badolo è stato assolto dal tribunale dell'Asmara e il Ministero degli Esteri a guisa di riparazione, lo ha nominato poco dopo nostro console al Congo. Dopo un'assoluzione, e tanto più con questa nuova prova di fiducia data al cav. Badolo dal Ministero degli Esteri, a nessuno è più lecito discutere intorno alle accuse che hanno dato origine alle violente polemiche di anni sono, e al processo dell'Asmara. Nè di indagare quale e quanto fondamento possa avere la convinzione radicata fra gli ufficiali di marina, che il Badolo sia stato vittima dello screzio e delle gelosie fra le autorità civili e la marina; al quale ho già accennato e che, spesso, inasprisce realmente le questioni e i conflitti che possono sorgere fra le due autorità. Dopo aver narrato come sono andate le cose con la maggiore imparzialità e, pur avendo preso, a suo tempo, parte piuttosto viva a queste polemiche, è naturale e doveroso il massimo riserbo. Ma, una osservazione che non riguarda più la persona, nasce spontanea. Quella cioè — che se il Badolo è stato proclamato innocente, il console Mercatelli nel suo rapporto, che è stata la base sulla quale si è imperniata l'azione contro di lui, lo ha calunniato: come naturalmente asseriva il Badolo, quando, forte del verdetto dell'Asmara, voleva far causa alla Società per la divulgazione di quelle accuse. Il Ministero degli Esteri, che sapeva come la Società per difendersi, avrebbe pubblicato il rapporto Mercatelli del quale, in altra epoca, lasciò prendere copia nel suo ufficio alla Società, è stato lietissimo come di un successo suo, quando la vertenza fra la Società e il cav. Badolo fu composta con una transazione. Il Ministero avrebbe fatto una figura ben triste, e sarebbe certamente stato obbligato a prendere qualche misura, quando, da un documento, fossero stato rese pubbliche le atroci accuse lanciate da un console contro un altro console, e delle quali il tribunale non ritenne quest'ultimo responsabile. Così, come al solito, tutto è stato messo in tacere. Sono rimasti entrambi consoli di S. M. il Re d'Italia.

Mi sono forse dilungato sulla questione Badolo: ma si tratta di uno degli episodi più dolorosi, più clamorosi e più strani che abbiano attirato l'attenzione sul Benadir dal 1902 ad oggi; ed in circostanze per le quali, molte altre questioni si trovarono a questa collegate.

A proposito poi dell'inchiesta fatta per conto della Società dai suoi due delegati, e indipendentemente da ogni considerazione di persone, mi sia consentita una parentesi. Dal momento che nessuno degli alti funzionari del ministero degli

Esteri si è mai degnato di visitare la Colonia che amministrano da lontano, che alla Consulta si era sempre cercato di nulla far sapere al pubblico di quanto avveniva laggiù, i due delegati da questo punto di vista hanno fatto veramente un'opera utile. Si sono saputo intorno alla nostra Colonia, in seguito alla pubblicazione della loro relazione, che fu largamente commentata nella stampa e discussa al Parlamento, molte cose che il pubblico ignorava.

Ma una volta stabilito tutto questo in modo ben chiaro, non è stato da parte del Governo il colmo dell'incoscienza il permettere che una Società mandasse due persone — e ad essa estranee — al Benadir, autorizzandole a vedere, come han veduto, dalla prima all'ultima, tutte le carte dell'archivio? Dell'archivio, dove dovevano esservi naturalmente tutti i documenti di carattere politico, e tutta la corrispondenza scambiata fra Roma e coloro che, militari o civili, han retto la Colonia? Il Ministero degli Esteri che non ha mai voluto pubblicare documenti, ha permesso così che delle persone, le quali non avevano alcun vincolo con l'amministrazione dello Stato, vedessero tutto, ne prendessero copia e, se lo credevano, pubblicassero ogni cosa, magari su qualche giornale, senza fare alcuna cernita dei documenti di carattere riservato!

I delegati poi non avevano soltanto la facoltà di indagare, ma erano altresì minuti di pieni poteri esecutivi. Per cui è accaduto questo fatto stranissimo, e certo senza precedenti in qualunque paese del mondo, che, mentre per effetto della convenzione, allora in vigore, nessun funzionario poteva essere mandato in Colonia senza l'approvazione del Governo, questo ha lasciato che due persone scelte per conto suo dalla Società governassero per qualche tempo la Colonia. Ho già detto come sia stato forse un bene, da un certo

IL CAPO DEGLI AMUDI E I DUE FIGLI DELL'IMAM
A BORDO DEL " MARCO POLO „.

ALÌ ISSA, CAPO DI UNA TRIBÙ DEI BIMAL, E I SUOI FIDI.

punto di vista, anche questa inchiesta, e aggiungo che vi è da rallegrarsi se i delegati non abbiano commesso indiscrezioni. Ma non è per questo meno curioso e strano il fatto che, così alla leggera, — forse, come al solito, senza saperlo e senza rendersene conto — un Governo monarchico abbia lasciato per qualche tempo la Colonia assolutamente nelle mani di due repubblicani !!

Incominciò a questo modo per la disgraziata Colonia un lungo periodo di incertezza. Vi fu persino un momento in cui non si sapeva nemmeno più in mano di chi era; e a chi i funzionari erano tenuti ad obbedire.

La Colonia era sempre in mano della Società; ma, partiti i due delegati, essa non credette di poter procedere alla nomina di un Governatore; per cui rimase sul posto il capitano Sapelli investito delle funzioni di Commissario. Si seguitava nel provvisorio, mentre la stabilità sarebbe stata allora tanto più necessaria inquantochè mentre fino allora le tribù vicine erano sempre state relativamente abbastanza tranquille, — come ho già avvertito — in seguito alle misure prese per la liberazione degli schiavi, incominciavano ad agitarsi. Nè la Società, nè il Governo potevano ignorare che, al Benadir, come accade quasi sempre, del resto, nelle colonie, i primi guai erano sorti per rivalità di persone; che, in quell'ambiente, dove anche i funzionari relativamente modesti, hanno larghi poteri, sorgono più facilmente che altrove gli attriti; e che ci vuole un gran tatto nella loro scelta e nell'affidare a ciascuno di essi mansioni ben definite.

Or bene; i delegati che erano andati in Colonia con la mezza intesa d'insediarvi come governatore il tenente Badolo, offrirono la carica, o per lo meno le funzioni di Governatore al tenente di vascello Cappello, che era allora residente a Lugh.

Viceversa il Governo, per ragioni politiche, manifestò il desiderio che il tenente Cappello rimanesse al suo posto : per cui i delegati, chiamarono a reggere la Colonia il capitano Sapelli, un ufficiale, che aveva passato parecchi anni nell'Eritrea, e che era partito dall'Italia coi delegati in qualità di segretario della Commissione d'inchiesta. Il Cappello tenente di vascello — per cui col grado che equivale a quello di capitano nell'esercito, e che interinalmente aveva retto egli pure per qualche tempo la Colonia, — dopo le osservazioni fatte dal Ministero invece di rimanere a Mogadiscio dove era stato chiamato dai delegati, ritornò a Lugh; quantunque fosse il residente più anziano, e la reggenza della Colonia nell'assenza del titolare gli spettasse quasi di diritto secondo la consuetudine generalmente seguita. Oltre al tenente Cappello ebbe per qualche tempo la regenza insieme con lui il capitano Ferrandi e, sebbene non avesse avuto un vero e proprio incarico di reggere la Colonia, era già stato per breve tempo a Mogadiscio, con funzione quasi governatoriale anche il signor Perducchi, che, da Brava, ove egli era, i Delegati mandarono a Mogadiscio per prendere in consegna la Colonia dalle mani del comm. Dulio. Vi fu insomma un momento nel quale, oltre all'ufficiale che copriva la carica di ff. di Governatore, vi erano in Colonia altri tre funzionari che, per periodi più o meno lunghi, erano stati nella casa governatoriale, con uguali mansioni. Non ci vuol molto a capire, come — indipendentemente da qualunque considerazione di persone, — tutto ciò non potesse a meno di creare una situazione imbarazzante e difficile per tutti. Tanto più quando, oltre a tutto questo, si verificava il fatto che vari funzionari avevano lo stesso grado dell'ufficiale che reggeva la Colonia. Aveva grado corrispondente a quello di capitano, come ho detto, il Cappello; ed erano ugualmente capitani l'ufficiale mandato al Benadir per la riorganizzazione degli ascari, e un altro funzionario. Basta rilevare la cosa perchè resulti evidente come un tale stato di cose, del quale, naturalmente, nemmeno i due ministeri militari han creduto di doversi preoccupare — non potesse far presagire nulla di buono. E diffatti, non solo per questo, ma per una quantità di altre circostanze, si può dire che la Colonia sia stata assolutamente abbandonata.

In Italia, il Ministero degli esteri esitava a prendere una risoluzione; quella che da molte parti gli era additata. Di assumere cioè direttamente la gestione della Colonia. Anzi, non esitava. Aveva assolutamente un sacro terrore di questa soluzione; per la quale, era chiaro che si sarebbero dovuti chiedere dei fondi al Parlamento, ed assumere delle responsabilità. La stampa radicale faceva segno ai più violenti attacchi la Società; ma senza suggerire un'altra via di uscita, si mostrava contrarissima all'intervento diretto del Governo dicendo che anche il Benadir sarebbe ben presto diventato una colonia militare come l'Eritrea... con tutti i pericoli che accompagnano le occupazioni militari di questo genere.

Ciononpertanto alla gestione governativa ci si avviava sempre più ogni giorno; quasi senza avvedersene, per la forza stessa delle cose. Il nostro Console a Zanzibar, al quale la Consulta aveva dato l'incarico di fare tutte le indagini necessarie; di studiare intorno al modo di dare un assetto definitivo alla Colonia, aveva già cominciato a dare ordini e disposizioni alle quali la Società si faceva premura di obbedire a scarico di ogni responsabilità. Per quanto la Colonia fosse ancora gestita dalla Società milanese, si comprende che il Governo non poteva più disinteressarsi come prima di quello che accadeva laggiù; poichè erano incominciate, come si è detto, le prime minaccie delle tribù ostili; la strada fra Mogadiscio e Merca era intercettata, e questa ultima città era già isolata. Ad ogni nuovo incidente, a proposito di ogni notizia che giungeva in Italia e che dimostrava in quale stato di disorganizzazione fosse la Colonia, Società e Governo si palleggiavano la responsabilità. Una simile situazione non poteva durare a lungo.

E difatti, nel maggio del 1904, rispondendo ad una interpellanza dell'on. Guicciardini, il quale disse, in modo molto chiaro ed esplicito, che, al punto al quale erano arrivate le cose, gli sembrava assolutamente inconciliabile con l'azione da spiegarsi sugli indigeni il fatto che sulle nostre stazioni sventolasse sempre la bandiera del Sultano di Zanzibar, il Ministro degli Esteri (Tittoni) lasciò capire che presto o tardi ad una soluzione si sarebbe arrivati. Però si trattava ancora di mezze misure. In quella occasione il Ministro degli Esteri disse che doveva riconoscere essere ardua impresa il mantenere in vita la Società com'era; e gli sembrava, che, dopo giunti gli ultimi rapporti del Console Mercatelli, e dopo la pubblicazione dell'inchiesta Chiesi-Travelli, se la Società avrebbe potuto ancora rendere dei servizi trasformandosi in società con intenti commerciali, essa doveva rinunziare ad esercitare funzioni di Stato, per le quali si era rivelata assolutamente inadatta.

L'on. Tittoni che spesso e volentieri ama far ricadere le responsabilità sui predecessori, allo stesso modo che, poche settimane or sono, ebbe parole amare per i diplomatici che rappresentarono l'Italia al Congresso di Berlino — senza pensare che egli si trova a dover fare su per giù quello che fecero quei diplomatici trent'anni sono nella nostra politica di fronte all'Austria-Ungheria — biasimò severamente l'on. Di Rudinì e i suoi colleghi per il modo col quale stabilirono i termini della convenzione, approvata con legge dello Stato qualche anno dopo.

— Lo Stato, egli disse, con una leggerezza imperdonabile ha fatto assumere alla Società impegni gravi senza assicurarsi che questa avesse i mezzi, la capacità e la possibilità di adempierli; e la Società con uguale leggerezza li ha accettati. Il voler rabberciare alla meglio la Società, continuando nel sistema di far esercitare ad essa funzioni di Stato, sarebbe errore gravissimo. L'esercizio dei poteri di Stato, da parte di una Società privata — aggiungeva il Ministro — è cosa contraria ai principii sociali e politici del nostro tempo; che le compagnie inglesi con poteri di Stato avevano preceduto l'azione del Governo — che aveva sempre finito per sostituirsi ad esse; che la *Imperial British East Africa Company*, che si era consacrata all'azione politica assicurando all'Inghilterra un vasto territorio, aveva avuto un resultato finanziario disastroso; tanto che nel 1895 si era sciolta consegnando al Governo l'amministrazione della Colonia; ed altrettanto era seguito in Germania. La Società del Benadir, per continuare ad esercitare le funzioni di Stato, avrebbe chiesto oggi un maggior contributo; e dopo quanto era accaduto nessuno avrebbe osato proporre al Parlamento e nessuno si sarebbe trovato che potesse approvare un maggior contributo alla Società.

Il Ministro conchiuse il suo discorso dicendo, che occorreva quindi liquidare il passato; e che il Governo assumesse questa funzione di Stato, col previo consenso del Parlamento; e che l'impegno che prendeva il Governo era quello di studiare durante le vacanze un progetto che sarebbe stato presentato alla riapertura del Parlamento: progetto che non avrebbe portato alcun aggravio al bilancio dello Stato; perchè, se era vero che per provvedere convenientemente al Benadir bi-

sognava spendere qualche cosa di più del ma-
gro assegno d'allora, era ben vero ʾche ciò si
sarebbe potuto fare con corrispondenti economie
sul bilancio dell'Eritrea. Quindi il programma
era: sistemazione della Colonia, ma nessun maggiore aggravio per i contribuenti.

In quella circostanza non si parlò ancora del
riscatto della Colonia da parte dello Stato; ma
apparve a molti evidente ed implicito nel programma enunciato dal ministro che, presto o tardi, si sarebbe dovuto pensare anche a riscattare
la Colonia dal canone che pagavamo al Sultano
di Zanzibar, e farla diventare territorio dello
Stato. Si cominciò a far strada la convinzione
che sarebbe stata una posizione insostenibile
la gestione del Benadir da parte del Governo Italiano, senza avere la previa sovranità della Colonia; e se la bandiera rossa del Sultano di Zanzibar avesse continuato a sventolare a Mogadiscio, a Merca, a Brava ed a Warsceik. Ma, a
questa idea bisognava preparare l'opinione pubblica; e, nulla di meglio per farlo, che le vacanze
parlamentari, quando, se i giornali possono continuare nelle loro polemiche, non vi è almeno il
pericolo d'interrogazioni alla Camera.

Le prime trattative per il riscatto furono iniziate quasi subito a Zanzibar e a Londra; mentre continuavano anche quelle fra il Governo e
la Società, per la trasformazione di quest'ultima,
sulla base di una concessione unicamente commerciale, per lo sfruttamento delle risorse agri-
cole, minerarie e commerciali del paese. Dopo
le parole roventi che il ministro aveva adoperato in un discorso alla Camera, per biasimare
la condotta della Società, è naturale debba avere
destato una certa sorpresa il vedere che il Governo trattava nuovamente con la Società; e di-
scuteva i termini di una nuova convenzione da
sostituire all'antica. Ma la nostra politica colo-

niale — l'ho già detto, e chi sa quante volte sarò
ancora costretto a constatarlo — è tutta fatta a
base di contraddizioni e di equivoci.

La verità è che il Governo si sentiva già fino
da allora inadatto al còmpito di mettere in valore
la Colonia; e pensava al modo di alleggerirne il
peso, assumendo sopra di sè le minori responsabilità possibili. La verità è, che se avesse potuto, se le condizioni della Colonia che non erano
punto buone dal punto di vista della tranquillità
e della sicurezza, non lo avessero impedito, il
Governo non avrebbe domandato di meglio di
continuare nel provvisorio. La verità è, che andando avanti per un paio d'anni, senza un criterio ben stabilito, senza un programma chiaro,
ma solo cercando di rimandare ogni cosa a miglior tempo, e di evitare a qualunque costo anche i più piccoli incidenti, se questi potevano
fare impressione sull'opinione pubblica e dare
delle noie ai ministri, alla Camera, lo Stato si è
un bel giorno, quasi senza saperlo, trovato sulle
spalle la Colonia. E, come vedremo, nelle peg-
giori condizioni che si potesse immaginare; perchè, per due anni circa, il disordine più completo aveva regnato in Colonia.

Nel novembre dello stesso anno uno schema
per una nuova convenzione, era stato concordato
per iscritto con l'Ufficio Coloniale; a nome del
ministro degli Esteri, e i delegati della Società.
Secondo quello schema le basi del concordato
sarebbero state le seguenti:

1. Riscatto da parte dello Stato della Colonia assumendovi tutte le funzioni di governo,
tolte quindi alla Società;

2. Riconoscimento alla Società di privilegi
estesissimi e sotto forma di assoluto monopolio,
per tutto ciò che poteva riguardare lo sviluppo
industriale, commerciale ed agricolo della Colonia.

3. Siccome assumendo la Colonia, lo Stato avrebbe dovuto necessariamente provvedere subito alla costruzione di strade, al miglioramento dei porti e ad altri lavori senza dei quali non è possibile nè la sicurezza nè lo sviluppo della Colonia, riconosce l'urgenza di metter subito mano a tali lavori per una somma dai 6 agli 8 milioni. Non volendo farli direttamente sarebbero stati assunti dalla Società del Benadir, la quale avrebbe subìto così una completa trasformazione, con un capitale nuovo diviso in tante obbligazioni alle quali lo Stato doveva garantire un interesse del 4,25 per cento che domandava la Società, mentre il Governo non era disposto, pare, ad arrivare a questa cifra.

Le indiscrezioni dei giornali intorno a questo schema di convenzione sollevarono polemiche piuttosto vivaci. Dal linguaggio di alcuni di essi si capì perfettamente che vi era contrario, e nel modo più reciso, anche il Presidente del Consiglio. Se ne parlò per parecchi mesi, ma nulla si concluse.

La Società milanese domandò allora al Governo la rescissione della convenzione del 25 maggio 1898, in base alla quale aveva avuto per tutti quegli anni la gestione della Colonia; e fu allora stabilita con un atto del 25 gennaio 1905 questa rescissione, fissando al 15 marzo la data nella quale lo Stato avrebbe ripreso nelle sue mani la Colonia. Nell'assemblea degli azionisti del 14 febbraio la Società approvò la risoluzione della convenzione per la gestione della Colonia; e la proposta di mettere la Società stessa in liquidazione, senza approvare un altro schema di convenzione per lo sfruttamento commerciale ed agricolo, che era stato concordato, fra la Consulta e i delegati, con larghe modificazioni a quello che era stato così vivamente criticato qualche mese prima. Sparì così la Società milanese. E le trattative che continuarono poi per una concessione per lo sfruttamento commerciale ed agricolo, che si trascinarono per altri tre anni, sebbene sieno state condotte dalle stesse persone, non riguardarono più la vecchia Società milanese; ma un ente nuovo che si sarebbe dovuto costituire.

Intanto erano state condotte a buon punto le trattative con l'Inghilterra, e, nella seduta del 25 febbraio il Governo presentò alla Camera il progetto di legge per l'approvazione della convenzione relativa al riscatto dei porti del Benadir, col Sultano di Zanzibar che fu approvato parecchi mesi dopo nella seduta del 10 giugno.

Tenuto conto del periodo di tempo che ancora ci separava dalla scadenza del contratto e della entità del canone che si pagava annualmente al Sultano, sembrò equo corrispondergli una volta tanto un indennizzo di 3 milioni e 600 mila lire; rinunziando, contemporaneamente, ai diritti di extra territorialità e di giurisdizione del suo Sultanato che ci erano assicurati dalle capitolazioni, ma che, essendo ora il Sultanato sotto la protezione dell'Inghilterra, rappresentavano — secondo la relazione del Ministro — un vero anacronismo; in quantochè la bandiera britannica è guarentigia ai nostri sudditi di scrupolosa giustizia. L'indennizzo non fu esagerato, se si considera che la somma di 200 mila lire annue che si sarebbe dovuto continuare a pagare al Sultano ove non si fosse addivenuto alla convenzione di riscatto, capitalizzata al cento per 4 (tassa già elevata per l'Inghilterra) avrebbe rappresentato un capitale di 5 milioni.

Contemporaneamente, e con un atto annesso a questa convenzione, l'Inghilterra accordò all'Italia delle facilitazioni speciali a Kisimaio, che nella sua relazione il Ministro magnificò come un atto di grande condiscendenza da parte della

Gran Bretagna, la quale potrebbe invece averne notevoli vantaggi; e che, secondo alcuni, fu ritenuto un errore da parte nostra il chiederla nel modo col quale l'abbiamo chiesta, od ottenuta.

Il nostro Console generale a Zanzibar, conformemente a quanto era stato stabilito, prese in consegna la Colonia, per conto dello Stato il 15 marzo del 1905. Si iniziò con questa consegna la gestione governativa che — ahimè! — non fu nè più fortunata nè più felice di quella della Società. E duole a me più che ad altri, che ho vivamente ammirato l'opera del giornalista, quando all'epoca delle nostre sventure africane e prima, mandò alla *Tribuna* una serie di corrispondenze seguite col più vivo interesse, il constatare che il Mercatelli se non ha corrisposto come funzionario coloniale nell'Eritrea quando vi andò come capo di gabinetto — e in sostanza come vice governatore — con l'on. Martini, corrispose ancor meno al Benadir. Il còmpito che si era assunto era assolutamente superiore alle sue forze e al suo carattere. Ci voleva, al Benadir sopratutto , in quel primo periodo, un'altra mente e un temperamento ben diverso.

Intanto commise il grave errore di allontanare man mano tutte o quasi le persone che, per la loro esperienza, avrebbero potuto essere di prezioso aiuto coi loro consigli; e di voler tutto accentrare, non tenendo poi alcun conto di giuste e ragionevoli suscettibilità che avrebbe dovuto rispettare. Alla sua amministrazione diede subito un carattere dittatoriale. In Colonia lo chiamavano il piccolo czar mandato dalla Consulta. In molte circostanze non seppe frenare la violenza e la intemperanza del linguaggio — e non fu energico. Qualche volta le sue minaccie, non misurate, fatte con grande solennità... hanno ottenuto — precisamente l'effetto opposto a quello che si era proposto. Come esempio di questi successi poco lusinghieri del Governatore si racconta questo aneddoto: In seguito a uno dei soliti incidenti con alcuni capi somali, il Mercatelli scrisse una lettera ad uno di questi capi, come al più intelligente, dicendosi molto indignato per le difficoltà che essi creavano al Governo del Re, e continuava avvertendoli che la pazienza italiana aveva un limite e che anzi era già stato stabilito l'invio di truppe dall'Eritrea.

Pare che la lettera concludesse dicendo che queste truppe sarebbero arrivate presto e che egli partiva per andarle a prendere.

E partì realmente, ma per venire in Italia, ove rimase dieci mesi! I capi somali, tanto fortemente minacciati, ridono ancora: e, come si è veduto, per un gran pezzo, han mostrato di non avere proprio alcun timore delle minaccie del rappresentante del Governo Italiano.

Fu durante quei dieci mesi che il Mercatelli, d'accordo con l'Ufficio Coloniale, studiò e preparò un progetto di ordinamento della Colonia che fu stampato al Ministero degli Esteri, come documento riservato.

Ebbene, in questo documento, figura, anche un bilancio preventivo che dal 1905 va al 1915. Basta dare un'occhiata a questo famoso preventivo di 10 anni, che naturalmente è stato messo in disparte, per vedere a che punto può arrivare... la mancanza di senso pratico, e come la cattiva scelta di un Governatore possa rovinare una Colonia e compromettere qualunque situazione.

Vi basti il dire che, secondo quel preventivo, si sarebbero dovuti aumentare gli ascari da 1400 a 3700 in 10 anni!

Proprio tutto l'opposto di quel che, in generale, si deve fare per le Colonie, dove è necessario prima affermarsi e poi, quando la tranquillità non è più in pericolo, ridurre la forza e la spesa di occupazione.

A parte questo errore, inconcepibile, il Mercatelli sognava in quel preventivo, che gl'introiti delle dogane da 300 mila lire, sarebbero aumentati a un milione circa; e che la mania filatelica avrebbe dato al bilancio del Benadir un cespite di 40 mila lire all'anno. Adesso più che mai, a qualche anno di distanza non si capisce come si sia potuto lasciare al Governo della Colonia, chi — bastava quel documento a provarlo! — non aveva assolutamente un concetto chiaro di quello che si poteva e doveva fare al Benadir. Con che non intendo affatto negare al Mercatelli delle qualità e un valore del quale ha dato prova come scrittore; un valore che forse avrebbe potuto essere adoperato in tutt'altro modo, e con molto miglior resultato; ma come Commissario al Benadir non era davvero al suo posto.

Anche il modo col quale trattò rudemente padre Leandro provocò vivaci attacchi contro di lui nella stampa; e fu argomento di una interrogazione alla Camera. Appena il Mercatelli seppe che padre Leandro doveva andare ad insediare una missione a Brava, si oppose recisamente, e lo fece avvertire che non avrebbe potuto permetterglielo; sopratutto nelle condizioni difficili nelle quali era la Colonia. E il Mercatelli non aveva torto. La missione cristiana a Brava, dato il fanatismo degli indigeni, in quel momento specialmente, nel quale era già stata sollevata la questione della schiavitù, non era opportuna. Poteva anche essere il segnale di qualche rivolta. Ma dove il Mercatelli ha errato è stato nel modo rude col quale ha trattato l'inviato di *Propaganda fide*.

Padre Leandro era già stato preceduto a Brava dai suoi effetti, merci, arnesi, oggetti vari, ecc., che aveva spediti per mezzo di uno di quei vaporetti che fanno servizio nei porti del Benadir. Le autorità italiane di Brava si presero cura di ricevere questa roba e affinchè fosse al coperto, la deposero nei magazzini governativi. Padre Leandro giunse a Brava e trovò non solo il divieto di aprire la missione, ma anche l'ordine di ripartire.

Ed infatti ripartì, ma mancando in quel momento di mezzi di trasporto, fu costretto a lasciare a Brava gli effetti suoi. Mercatelli, quando seppe che il missionario era ripartito, ma aveva lasciata la roba sua depositata nei magazzini del Governo, non volle udir ragione e ordinò che tutto ciò che apparteneva a padre Leandro venisse buttato alla peggio in un magazzino qualunque.

Si deve all'on. Chiesi, raccontò il cav. Bresciani in un articolo al *Giornale d'Italia*, se questa roba venne caricata su dei camelli e se con la stessa carovana con la quale Chiesi andava a Kisimaio, fu riportata al suo proprietario.

Il Commissario straordinario si era creato in colonia un ambiente completamente ostile. Credette di riparare rimandando in Italia parecchi funzionari, specialmente militari, coi quali erano sorti screzi; e, invece, fu, in gran parte da queste persone che si seppe come le cose andassero laggiù. Ciò che queste persone riferirono ritornando in Italia, produsse una profonda impressione anche alla Consulta. Tanto più che accuse gravi, specificate, facevano il giro dei giornali e vi aveva fatto allusione anche qualche deputato — l'on. Canetta fra gli altri — parlando alla Camera delle cose del Benadir. Ma il ministro non sapeva o non voleva decidersi, nè a prendere un provvedimento nè a fare le opportune indagini. Avvenuta la crisi ministeriale, in seguito alla quale l'on. Di San Giuliano prese il posto dell'on. Tittoni alla Consulta, il nuovo ministro, appena

insediato, pensò bene di ordinare un'inchiesta —
tanto per cambiare! — che avrebbe dovuto esaminare e riconoscere, in relazione con i fatti denunziati, il contegno e gli atti dei funzionari di
ogni grado. La commissione doveva avere altresì
l'incarico di studiare le condizioni di potenzialità
economica della Colonia e di indagare come abbiano avuto esplicazione gli studi pei successivi
ordinamenti, con particolare riguardo alle gua-
rentigie legislative, amministrative e contabili,
allo scopo di trarne giudizio per il completo ordinamento della Colonia stessa e per l'indirizzo
più idoneo a promuoverne lo sviluppo.

Furono chiamati a farne parte i senatori Bo-
nasi e De Martino, i deputati Daneo, Cabrini, il
generale Spingardi, il vice-ammiraglio in posizione ausiliaria Marchese e il procuratore generale barone Garofalo. Il decreto reale fu pubblicato il 25 gennaio 1906.

Il marchese di San Giuliano che aveva fatto
parte, molti anni fa, della Commissione d'inchiesta parlamentare per l'Eritrea, si era evidentemente ispirato a questo ricordo, nel creare questa
nuova Commissione d'inchiesta per l'Africa e
nello stabilirne il mandato.

Alcune delle accuse alle quali il Mercatelli era
fatto segno avevano carattere personale e riguar-
davano la sua vita privata, per quanto, nelle
speciali condizioni nelle quali si trova un governatore con poteri quasi dittatoriali in una lontana colonia come il Benadir, priva di comunicazioni dirette, sia molto difficile lo stabilire una
netta demarcazione fra gli atti del funzionario
e quelli dell'uomo privato. Altre invece si riferi-
vano ai sistemi di Governo adottati al Benadir dal
Commissario Straordinario, al quale, circa un
anno e mezzo prima, era stato affidato il grave e
delicato incarico di dare un assetto definitivo alla
Colonia, dopo che sulle grandi linee di questa

sua opera riformatrice egli si era messo completamente d'accordo con l'Ufficio coloniale alla Consulta, il quale aveva approvato senza riserve il suo programma.

Francamente, se, in certi casi eccezionali, può essere consigliabile di ricorrere ad una inchiesta, può dar luogo a molti inconvenienti l'adottare addirittura il sistema delle inchieste in qualunque circostanza, sebbene si comprenda perfettamente come il sistema possa tornar comodo ai ministri responsabili... che a questo modo si scaricano di ogni responsabilità. In questa questione poi non era consigliabile sotto nessun punto di vista, e la fretta con la quale fu decisa, se, da una parte — e di questo fu giustamente lodato — mostrò che il nuovo ministro degli Esteri non credeva di lasciare che le polemiche e le accuse continuassero senza darsene pensiero chi sa quanto tempo ancora, dall'altra, mostrò chiaramente che non si sentì di risolvere da sè la questione, e di prendere un provvedimento definitivo.

Per ciò che riguarda le accuse che avevano carattere personale, e quantunque si pensasse in generale fossero state quelle che avevano determinato il Governo ad agire, dal momento che se fossero state vere avrebbero costituito un reato, era evidente che non vi era alcun bisogno di nominare una Commissione d'inchiesta di nove persone. Commissione ed inchiesta che — come fu subito fatto notare — avrebbero gravato per qualche centinaio di migliaia di lire sul bilancio dello Stato.

Rimaneva l'altro ordine di accuse, le quali, coinvolgevano non solo la responsabilità del Regio Commissario, ma altresì quella del Governo, e più specialmente dell'Ufficio Coloniale, il quale aveva approvato sempre incondizionatamente tutti gli atti del Governatore fino a qualche

settimana prima, fino a quando cioè i giornali non
si fecero eco delle accuse trasmesse al Governo
per via gerarchica e, in modo formale, da tutti
gli ufficiali che, spontaneamente o costrettivi dai
profondi dissidi col R. Commissario, avevano lasciato da qualche mese la Colonia.

Meno che mai sarebbe stata opportuna un'inchiesta per questo genere di accuse. Parlo, ben
inteso, della inchiesta fatta per decreto reale su
proposta del ministro. Si sarebbe capito che, trattandosi di tutta l'azione politica esercitata in
quella Colonia, un'inchiesta fosse stata doman-
data ed imposta dal Parlamento: ma non si capì
assolutamente che il Governo — ed il fatto è così,
sebbene tale non sia certo stata l'intenzione di
chi ha sottoposto il decreto alla firma reale —
finisse per fare l'inchiesta a sè stesso e lasciasse
intravvedere così chiaramente di non avere ancora un concetto esatto di quello che si dovesse
fare in Colonia, malgrado le polemiche, le discussioni e le inchieste che duravano da anni.

Nominando la Commissione d'inchiesta, sulle
cui risultanze intendeva provvedere all'assetto definitivo della Colonia, il ministro veniva a dichiarare esplicitamente di non aver ancora sufficienti
elementi di giudizio per decidere. E ciò mentre
lo Stato ha sempre pagato e con una certa larghezza — tanto che proprio poco tempo prima
con un nuovo organico, aveva aumentato gli stipendi elevandoli anche a nuovi gradi burocratici
— una quantità di funzionarî, dando maggiore
importanza all'Ufficio Coloniale, perchè sorvegli
l'andamento delle nostre colonie!

Suscitò poi una grande sorpresa il vedere compreso fra i componenti la Commissione l'on. Cabrini, allora deputato, non solo per la scelta in sè
stessa, ma per il momento nel quale era fatta, in
circostanze cioè nelle quali, a tutti il Governo
avrebbe potuto rivolgersi, tranne che al deputato

SPIAGGIA DI MOGADISCIO E GRUPPO DI SOMALI.

di Milano, all'indomani di tumultuose dimostrazioni avvenute a Roma, nelle quali il Cabrini
aveva fatto un discorso violentissimo contro i
monarchici. Alla Consulta si preparava il decreto da sottoporre alla firma del Re per affidare all'on. Cabrini il delicato incarico di commissario per l'inchiesta del Benadir, mentre il
deputato del VI collegio di Milano esaltava la
mannaia che in quello stesso giorno aveva reciso il capo di un Re... tanto per far capire
sarebbe bene funzionasse ancora altrove. E nessuno ha pensato alla Consulta a quegli ufficiali
del Regio Esercito che al Benadir hanno comando
di truppe, e che avrebbero forse dovuto far presentare le armi all'on. Cabrini, se la Commissione si fosse realmente recata in Colonia.

Ma sopraggiunse un'altra crisi. E l'on. Guicciardini che prese il posto dell'on. Di San Giuliano, con un decreto sciolse la Commissione e
deliberò invece di deferire al Consiglio del Ministero degli Affari Esteri (1) il giudizio sulla condotta del Console Mercatelli. Delle otto accuse mosse
al comm. Mercatelli, il Consiglio ritenne che, nè
per il loro complesso, nè per alcuna singolarmente, fossero applicabili le sanzioni disciplinari
contemplate nelle *Norme di disciplina* per i funzionari dipendenti dal Ministero, tenendo conto,
dice il dispositivo, che i provvedimenti presi dal
Mercatelli nel loro complesso avevano prodotto
buoni effetti e mantenendo le riserve fatte in
qualche punto, a proposito dell'accusa relativa
alle sue relazioni con una piccola schiava.

« Premesso — dice la relazione esaminando queste accuse — in secondo luogo, che il R. Console
generale Mercatelli, per la sua delicata ed elevata
posizione, per il prestigio della sua persona e

---

(1) Il Consiglio del Ministero era composto di funzionari del ministro compreso il direttore dell'Ufficio
Coloniale.

del proprio grado, in un ambiente così agitato da gravi questioni e passioni, avrebbe dovuto evitare ogni occasione di dare luogo a sfavorevoli giudizi, a sospetti ed accuse ecc. ecc.

... Si riconosce che il fatto non ha punto la gravità che gli si era voluta attribuire ».

Però, malgrado questo verdetto favorevole, il Ministero non poteva più pensare a mandarlo nuovamente al Benadir e lo nominò console a Calcutta. A Mogadiscio assunse provvisoriamente la reggenza della Colonia un ufficiale di marina, il comandante Cerrina, fino alla nomina del Salvago-Raggi, che era prima nostro agente diplomatico al Cairo. Viceversa il Salvago-Raggi, sebbene nominato regolarmente console di Zanzibar, e Commissario Straordinario al Benadir, non si mosse dall'Italia. Pare che il nuovo Governatore del Benadir discutendo al Ministero degli Esteri, intorno a quello che si sarebbe dovuto fare al Benadir, si sia accorto... che si voleva far nulla. Che, cioè, il Governo non era disposto a spendere; che non voleva sentir parlare di aumentare considerevolmente il numero degli ascari; che insomma con la sua missione al Benadir, a parte le 50.000 lire circa che fruttano complessivamente le due cariche, non vi era nulla da guadagnare, e il rischio molto probabile di rovinarsi, o almeno di avere delle seccature che potevano nuocere alla sua carriera. In queste condizioni aveva già lasciato capire, che avrebbe rinunziato molto volentieri. Quando una fortunata combinazione venne a trarlo d'impaccio; e con la sua nomina a Governatore dell'Eritrea si tolse d'impaccio anche il ministro degli Esteri. L'onorevole Tittoni, resasi vacante questa carica, avrebbe desiderato di nominare il senatore De Martino, presidente del Consiglio Coloniale. Ma, all'ultimo momento, dovette rinunziarvi per la opposizione che questa scelta aveva incontrato da parte di un giornale di Napoli, e, quindi anche presso l'on. Giolitti che voleva usare un riguardo a quel giornale. Tramontata tale candidatura, per un riguardo al Sen. De Martino il ministro degli Esteri credette di non poter far cadere la scelta su un altro uomo politico. In quei giorni era a Roma il marchese Salvago-Raggi, che andò al Ministero... per discorrere del Benadir... e ne uscì Governatore dell'Eritrea. Vedendolo, il Ministro pensò che era la scelta più opportuna. Una carriera coloniale l'aveva fatta. Che non vi fosse andato non importa. Era stato nominato Governatore del Benadir; quindi sarebbe parsa cosa naturalissima la sua promozione a Governatore dell'Eritrea. Egli passò così — per quello che riguarda i suoi emolumenti complessivi — da cinquanta a centomila lire all'anno; ciò che gli permetterà di mettere insieme un bel gruzzolo, anche senza l'aiuto dei boxer — ed è anche diventato Eccellenza, non essendo che Consigliere di Legazione. Il che non guasta. Anche se viene creata così una strana anomalia, perchè, dal punto di vista dell'etichetta, tranne agli ambasciatori, egli passa prima di tutti gli altri diplomatici che hanno grado più elevato del suo. Non voglio discutere nè contestare i meriti del marchese Salvago-Raggi. Ma non si può nemmeno negare che egli sia un uomo straordinariamente fortunato!

In sua vece, fu nominato Console a Zanzibar e Commissario Generale al Benadir il cav. Carletti che era console, con patente di ministro, al Perù... perchè qualche anno fa ebbe un contegno che meritò gli elogi del ministero a Gerusalemme, dove reggeva quel vice-consolato, quando vi si recò il cardinale Ferrari col pellegrinaggio lombardo. Naturalmente, la Colonia ha continuato ad essere retta provvisoriamente da chi aveva avuto fino allora le funzioni di Governatore fino al suo arrivo a Mogadiscio. Ma l'anno scorso,

quando avvenne lo scontro di Ganane, non si
trovò in Colonia, come non vi era adesso quando
avvenne il combattimento contro gli amhara, nel
quale lasciarono la vita il capitano Bongiovanni
e il capitano Molinari. Durante la sua prolungata
assenza, la Colonia fu retta, per brevissimo tempo, dal compianto capitano Bongiovanni e poscia dal comm. Corsi... che non era mai stato al
Benadir, e che vi fu mandato apposta per sostituire il Carletti. Perchè? Oh, il perchè è molto
semplice. Il comm. Corsi, ufficiale coloniale, era
il braccio destro e il funzionario di fiducia del-
l'on. Martini in Eritrea. Era quindi un funzionario che non poteva garbare molto al Salvago-Raggi che ha un programma tutto diverso da quello
del Martini. E meno che mai, dopo che sono incominciate qua e là le polemiche contro l'uno e
contro l'altro, che se non sono direttamente ispi-
rate dall'ex Governatore e dal Governatore in carica, lo sono però palesemente dagli amici dell'uno
e dell'altro. Vi sono i fautori del marchese Salvago-Raggi che vanno cercando di qua e di là notizie, informazioni, e documenti se occorre, che possano mettere in cattiva luce l'amministrazione
del Martini; mentre, gli amici ed ammiratori che
quest'ultimo ha lasciato in Colonia, si sfogano a
mandare di qua e di là notizie e corrispondenze
per mettere in rilievo gli errori che commette il
Salvago-Raggi, la sua parsimonia diventata subito proverbiale in tutta l'Eritrea e così via. Ma
dove mandare il comm. Corsi? A Roma no. Siccome, dopo tutto, è un uomo che ha un certo valore e che conosce bene, dopo tanti anni che vi
ha passato, l'Eritrea, avrebbe finito per dar ombra a chi dirige la nostra politica coloniale. D'altra parte, anche il Corsi stesso non sarebbe stato
troppo contento di venire a fare il *travet* a Roma.
Ed allora lo hanno mandato al Benadir a reggere la Colonia. Per cui, in due anni circa, cioè

dacchè la Colonia è diventata terra italiana, continuando nello stesso sistema, fra quelli che ne hanno avuto interinalmente la reggenza, e quelli che hanno avuto anche il titolo effettivo, la Colonia del Benadir ha avuto sette governatori — dico sette — cinque dei quali non avevano mai veduto il Benadir! In media quattro o cinque mesi ciascuno! Basterebbe questo soltanto per spiegare, come non era possibile avere risultati diversi da quelli che si sono avuti.

Ecco l'elenco delle persone che dal gennaio 1904 al dicembre 1907, cioè in meno di quattro anni, hanno avuto funzioni governatorali e hanno retto la Colonia:

> On. Chiesi e avv. Travelli.
> Tenente Cappello.
> Capitano Sapelli.
> Capitano De Vita.
> Comm. Mercatelli.
> Comandante Cerrina.
> Marchese Salvago-Raggi.
> Cav. Carletti.
> Capitano Bongiovanni.
> Comm. Corsi.

Ripeto: in meno di quattro anni!

Questo specchietto mi sembra più eloquente di qualunque commento.

DOCUMENTI.

L'articolo primo della legge per il riscatto della Colonia è del seguente tenore:

Sono approvati gli uniti accordi fra il Governo del Re e il Governo di Sua Maestà Britannica, anche nel nome del Governo di Sua Altezza il Sultano di Zanzibar in data 13 gennaio 1905 per il riscatto dei porti di Brava, Merca, Mogadiscio e Warsceick e dei territori che loro sono annessi e dall'Italia attualmente occupati in virtù della convenzione 12 agosto 1892 (Allegato *A* e *B*).

Gli allegati *A* e *B* sono le due lettere scambia
tesi fra il ministro degli Esteri inglese Landsdowne e il nostro ambasciatore a Londra S. E.
Pansa. La prima è in inglese. La traduzione esatta delle proposte del Landsdowne essendo ripro-
dotta nella lettera del nostro ambasciatore, dò qui
solamente il testo della lettera dell'ambasciatore
italiano.

L'AMBASCIATORE IN LONDRA AL SEGRETARIO DI STATO PER
GLI AFFARI ESTERI DELLA GRAN BRETAGNA.

Londra, 13 gennaio 1905.

Signor Marchese,

Colla sua nota in data di oggi Vostra Signoria mi
ha fatto l'onore di comunicarmi, in conformità delle
nostre precedenti intese, i termini di una convenzione
fra il Governo di Sua Maestà il Re d'Italia ed il Governo del Zanzibar per l'acquisto da parte dell'Italia di tutti i diritti di sovranità ed altri spettanti a
Sua Altezza il Sultano del Zanzibar sulle città, porti
e territori della costa del Benadir, l'amministrazione dei quali è attualmente esercitata dal Governo
italiano in base alla convenzione del 12 agosto 1892,
modificata dall'articolo addizionale del 1° settembre
1896. I detti termini proposti da Vostra Signoria, in
nome del Governo di Sua Altezza il Sultano del Zanzibar e per conto del Governo di Sua Maestà, sono
i seguenti:

« I. Il Governo italiano pagherà al Governo di
Zanzibar la somma di lire sterline cento quaranta-
quattro mila (144.000). Codesta somma od il suo equi-
valente sarà versato alla Banca d'Inghilterra a credito del Governo di Zanzibar entro tre mesi dallo
scambio di note che stabilisce l'accordo.

Il canone attuale dovuto dal Governo italiano con-
tinuerà ad essere pagato fino al giorno nel quale la
somma predetta verrà versata alla Banca.

All'atto del pagamento della detta somma, tutti i
diritti specialmente riservati a Sua Altezza il Sultano
dagli accordi del 1892 e 1896 cesseranno di esistere.

Tutti i sudditi di Sua Maestà britannica ed altri
protetti britannici, nonchè tutti i sudditi di Sua Altezza il Sultano di Zanzibar, continueranno a godere
nelle città, porti e territori di cui si tratta, tutti i
privilegi e vantaggi che riguardo al commercio ed

alla navigazione, vi sono e saranno accordati ai sudditi della nazione più favorita ».

« II. Nello stesso giorno nel quale le disposizioni
menzionate nell'articolo precedente entreranno in
vigore, cesseranno assolutamente tutti i diritti di
estraterritorialità attualmente goduti dall'Italia, in
forza di trattati, convenzioni o consuetudini, nei do-
minii di Sua Altezza il Sultano di Zanzibar; ed alla
data medesima ed in seguito, la giurisdizione estra-
territoriale fin qui esercitata da Sua Maestà il Re
d'Italia nei detti dominî di Sua Altezza, sarà trasfe-
rita alla Corte di Sua Maestà britannica in Zanzibar
costituita dal « Zanzibar Order in Council 1897 ».

« III. Il Governo italiano prende impegno che,
qualora in una epoca qualsiasi, l'Italia desiderasse
renunciare alle città, porti e territori in questione, la
Gran Bretagna vi avrebbe diritto di prelazione ».

Dietro istruzione ricevuta da Sua Eccellenza il Ministro degli affari esteri in Roma, ho l'onore di far
conoscere a Vostra Signoria che il Governo di Sua
Maestà il Re d'Italia accetta le proposizioni sovra
riferite, salva la debita approvazione del Parlamento
italiano.

Gradisca, signor marchese, ecc.

Pansa.

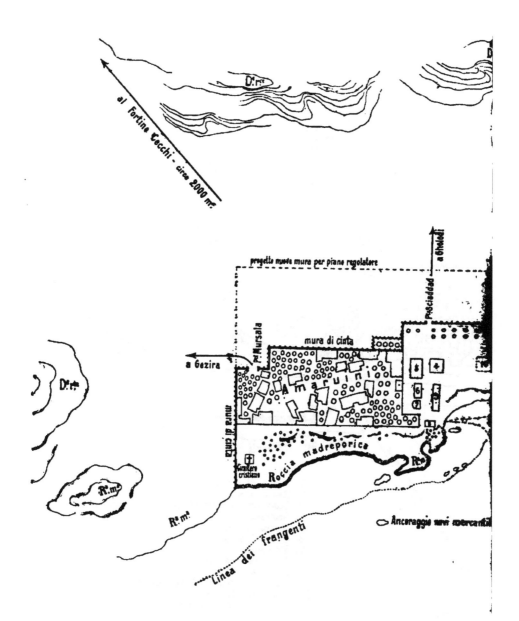

al Fortino Cecchi - circa 2000 m.

D.ri

D.ri

Dri

a Gezira

R.m.

R.e m.

progetto nuove mura per piano regolatore

a Oholedi

Psciabdad

P.ta Mursala

mura di cinta

A maruini

mura di cinta

Cimitero cristiano

Roccia madreporica

R.e

Linea dei frangenti

Ancoraggio navi mercantili

PIANTA I

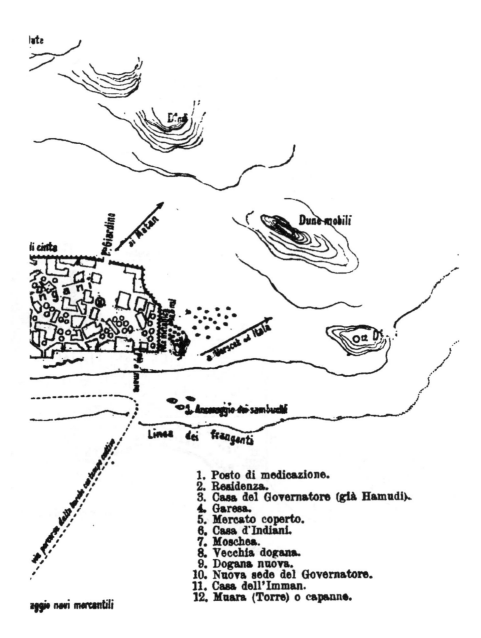

1. Posto di medicazione.
2. Residenza.
3. Casa del Governatore (già Hamudi).
4. Garesa.
5. Mercato coperto.
6. Casa d'Indiani.
7. Moschea.
8. Vecchia dogana.
9. Dogana nuova.
10. Nuova sede del Governatore.
11. Casa dell'Imman.
12. Muara (Torre) o capanne.

OGADISCIO.

V.

MOGADISCIO.

LA CAPITALE DELLA COLONIA.

I nostri esploratori. — I *bender*. — Le dune. — I Somali. — La morale e il Corano. — I portoghesi. — Un antico documento su Mogadiscio. — L'aspetto della città dal mare. — L'epoca del suo splendore. — La barra. — Le barche del Benadir. — I marinai di Mogadiscio. — Come si sbarca. — La caccia al pesce cane. — La famiglia del mare. — Corporazione chiusa. — I due quartieri di Mogadiscio. — Le case in muratura. — Tra arabi e somali. — L'Imman. — I santoni. — Il fanatismo delle somale. — Le mura. — La sorveglianza alle porte. — I sambuchi somali. — Le lotte fra i due quartieri. — Il comm. Emilio Dulio. — La sua opera al Benadir. — I fatti gli rendono giustizia. — I nostri ascari. — I corrieri. — Il piano regolatore di Mogadiscio. — L'allargamento delle mura. — Per il porto. — Il progetto per una gettata. — Come si va a Mogadiscio. — L'arrivo della posta. — Gl'italiani sono in Colonia. — Operai che se ne vanno. — Il telefono soppresso. — Il primo caffè di Mogadiscio.

In questi ultimi tempi molto è stato scritto in Inghilterra, in Francia ed in Italia, sulla Somalia e sulle popolazioni somale. A cominciare dall'opera classica del comandante Guillain: *Sur la Côte Orientale d'Afrique*, pubblicata in seguito a un lungo viaggio che quest'ufficiale francese fece verso la metà del secolo scorso, ed alla quale hanno ricorso, e si deve ricorrere ancora, ogni qualvolta si deve discorrere di quei paesi, venendo giù giù fino alle relazioni dei nostri esploratori di data più recente, il Robecchi, il Ferrandi, il Ruspoli, fino al compianto capitano Bottego, vi è una mezza biblioteca da consultare sulla Somalia. Relativamente però non è stato scritto molto sul Benadir; sul paese al quale si dà comunemente questo nome, e che, ufficialmente, costituisce la Somalia Meridionale; la cui costa, come si è già detto, va dalla foce del Giuba al confine del Sultanato di Obbia, dove incomincia la costa della Somalia Settentrionale.

Una interpretazione sbagliata della parola araba *bender*, ha fatto credere che la parola Benadir significhi « costa dei porti », mentre ciò non è. Non vi sarebbe diffatti ragione per chiamare costa dei porti questa parte del litorale nel quale non vi sono più porti, o punti d'approdo, che in quella parte della costa somala, che va da Itala al capo Guardafui, sempre nell'Oceano Indiano. La parola araba *bender* non significa porto, ma bensì un posto sulla spiaggia del mare nel quale si tiene mercato, e si fa il commercio. Il che spiega anche, come in tutta questa parte della costa africana, non solo nell'Oceano Indiano, ma anche nel Golfo di Aden, vi sieno dei *bender*, cioè posti dove v'è mercato; e si trovino dei *bender* anche in altri mari, dove gli arabi hanno signoreggiato, come ad esempio Bender-Abbas nel Golfo Persico.

Benadir non vuol quindi dire la costa dei porti; ma bensì la costa dei mercati. Essendo questi posti stati scelti dove era possibile, o meno difficile l'approdo, e più facili le vie dell'interno, si spiega come possa essere nata questa confusione tra porto e mercato al mare, che ha fatto credere alla errata etimologia.

I porti o approdi del Benadir, andando dalla foce del Giuba verso il capo Guardafui — il famoso capo degli aromi, — sono: Brava, Merca, Mogadiscio, le tre città principali di quel nostro possedimento, poi corre fra Brava e Merca; Gonderscia, Danane e Gesira fra Merca e Mogadiscio e Warsceik e Itala più in su di Mogadiscio.

A qualche centinaio di metri, ora avvicinandosene di più ed ora allontanandosene, lungo tutta la costa vi è un bassofondo madreporico, rotto in qualche punto, dove quindi si sono formati dei canali, attraverso i quali le imbarcazioni possono passare. Il bassofondo madreporico, che costituisce ciò che usualmente si chiama la barra, in qualche punto è a flor d'acqua, in qualche altro, si alza al dissopra del livello dell'acqua, dalla quale emergono spesso delle scogliere e dei piccoli isolotti. E', questa barra, questa linea di frangenti, che rende difficile l'approdo in qualunque punto del Benadir anche per piccole navi, e che nel periodo dei monsoni, anche quando le navi riescono ad avvicinarsi alla costa, rende difficile o impossibile lo sbarco, poichè la forza delle onde impedisce di superare la barra, e fa capovolgere le imbarcazioni.

E' certamente la difficoltà anche in epoca normale, e la quasi impossibilità di sbarcare all'epoca del monsone di Sud, per tutto il periodo che si chiama di costa chiusa, ciò che ha ritardato l'apparizione della civiltà in questa regione, lasciando che vi continuassero gli usi e gli ordinamenti barbari o poco meno, mentre nei territori contigui, nei paesi che vanno dalla foce del Giuba fino alla latitudine dell'isola di Zanzibar era già avviato un certo movimento verso uno stato di cose migliore, ed erano più frequenti le relazioni con gli europei.

La spiaggia è pianeggiante per una profondità di qualche centinaio di metri; dopo i quali si alza una serie di dune che corre quasi sempre parallela alla costa, e che difende dalla violenza del monsone la sterminata regione che si stende al di là, seguendo, da una parte il corso del Giuba, e dall'altra verso le regioni contestate fra l'Italia, l'Etiopia e i Somali.

Il vento è il grande tormento di quei paesi, per quelli che soffrono di nervi. C'è sempre. Come clima, dal punto di vista della temperatura, è lo stesso tutto l'anno, poichè non vi è divario di stagioni; ed è ottimo. La temperatura oscilla dai 24° ai 30°. Ma il vento c'è sempre; meno nel periodo che precede il cambiamento del monsone; e che, con parola araba, gl'indigeni chiamano, il periodo « dei due venti ». Ed è talvolta impetuoso, terribile nel periodo della costa chiusa, il periodo del monsone di Sud, che va dalla metà di maggio alla fine di settembre. È il periodo più fresco, e nel quale — poichè tutto è relativo a questo mondo — vi sono degli indiani e degli arabi ammalati che vengono da Zanzibar e da Mombasa a Mogadiscio; considerando un po' la capitale della nostra Colonia, come una stazione climatica.

La parte più interessante, per il momento, di questa nostra Colonia, è certamente quella che si estende dalla vallata del Giuba e da quella dell'Uebi Scebeli nel tratto che corre dalla foce a Lugh per la prima e da Scidle a Barrì, punto nel quale il fiume scompare, per la seconda.

La spiaggia è sabbiosa, arida e vi difetta l'acqua potabile. Solo qualche gruppo di palme ad Hala a Marsceik, a Mogadiscio, a Torre e Merca, rompe lo squallore che infonde un senso di profonda tristezza in chi, venendo dal Sud ha potuto ammirare la lussureggiante vegetazione della costa fino quasi a Kisimajo. Le dune, ora abbaglianti di candore, e allora sono mobili; ora rossicce per una speciale argilla mescolata alle sabbie, sono verdeggianti nel periodo che segue le pioggie, ma non alimentano che poche graminacee, i cui semi portati dal vento si rassegnano a una modesta esistenza, in quell'arido terreno; compiendo però un'opera molto importante; poichè col moltiplicarsi arrestano man mano la distruzione delle dune. Al di là di queste dune, a distanza più o meno grande, incomincia la boscaglia profonda ove dieci, ed ove fino a venti chilometri; una boscaglia irta di spine, con pochi sentieri fin quasi alle rive lussureggianti dell'Uebi Scebeli, le cui acque, hanno grandi qualità fecondatrici, che da qualche scrittore gli han fatto dare il nome di Nilo della Somalia. Due periodici straripamenti innondano le due sponde, e ritirandosi, depositano un denso strato di *humus* sul quale cresce rigogliosa la più ricca flora tropicale.

La popolazione somala, che vive fra la costa e lo Scebeli, appartiene allo stesso ceppo da cui discendono i somali Issa, il Dolbahanta, i Migiurtini, gli Ogaden; ma, dei somali del Nord, hanno ereditato tutti i difetti, e nessuna qualità. Vi sono ancora molte incertezze sulle origini di questa razza, come del resto, sulla storia dei paesi

che essa abita. Secondo loro, ed è la leggenda
che ha più credito, i somali sarebbero originari
dell'Arabia, mescolatisi, attraverso i secoli, agli
aborigeni. Ma questa leggenda è comune a tutte
le tribù che hanno abbracciato l'Islamismo, le
quali mettono il loro amor proprio nel collocare
la culla della loro stirpe, quanto più è possibile,
vicino alla Mecca; per poter credere o far credere,
che nel loro sangue scorra, per quanto diluita,
qualche goccia del sangue del Profeta. Ma, sulla
questione, han discusso molto, senza arrivare
a mettersi d'accordo, e manifestando opinioni diverse, i viaggiatori. Non si sa dunque molto bene,
che cosa fossero i somali antichi. Ma si sa però
quello che sono oggi, i somali del Sud; subdoli,
traditori, punto amanti del lavoro. Dal punto
di vista morale, insomma, una delle razze meno
simpatiche. Dal punto di vista fisico, sono invece
una delle più belle e delle più forti; malgrado la
lunghezza quasi sempre un pò sproporzionata
delle braccia, e delle gambe. I Somali hanno li-
neamenti regolari ma con prognatismo marcato,
per quanto non così spiccato come nei veri negri,
e capelli crespi e ricciuti, molte volte a ciuffi. Non
hanno mai la figura caratteristica del sudanese;
e mancano altresì delle caratteristiche della razza
semitica, spiccatissime negli arabi, e che s'incontrano frequentemente anche in Etiopia.

Come morale... Anche il Corano loro serve magnificamente per trasgredirla; poichè, del libro
sacro accettano soltanto le interpretazioni che tornano loro comode, e che giustificano tutte le
loro birbonate.

Non hanno nemmeno la più rudimentale idea
di reggimento politico. Gli anziani e i santoni
dànno dei consigli; ma non possono ordinare. Gli
stessi capi militari, che si eleggono nelle assemblee dei giovani, godono di una autorità che non
va oltre la stretta cerchia di coloro che li hanno

eletti. Sono vivissime, e si perpetuano le lotte fra una tribù e l'altra; anche quando, per la difesa contro un nemico comune, hanno combattuto in qualche circostanza l'una a fianco dell'altra. Qualche volta è sorto un capo che per un po' di tempo ha saputo esercitare più ascendente degli altri, ma senza che ciò sia stato inizio di una compagine politica. Vi fu un tempo, per esempio, nel quale la famiglia dei Gobroni di Gheledì aveva saputo acquistare un notevole ascendente sulle tribù somale, che abitano sulle sponde dello Scebeli fino a Goluin. Ma oramai l'ultimo dei Sultani di Gheledì ha perduto ogni e qualunque autorità; e non ci siamo che noi — mi diceva il capitano Sapelli, che, come si è visto, è stato il funzionario che ha retto per maggior tempo la Colonia in quest'ultimo periodo, — non ci siamo che noi, a prenderlo ancora sul serio.

I portoghesi, sentinelle della cristianità contro l'islamismo, dopo il trionfale viaggio di Vasco di Gama, e nel momento culminante della loro espansione coloniale, tennero su queste coste una sovranità più nominale che effettiva. Secondo la tradizione, una capitana si recava in dati periodi alla costa a riscuotervi tributi di sudditanza, senza addivenire mai ad una vera e propria occupazione, come fecero a Mozambico, a Zanzibar, e nelle isole vicine. Quando tramontò la potenza portoghese, la costa, come l'isola di Zanzibar, cadde sotto la dominazione degli Iman di Mascate, fino a che i somali riuscirono ad impossessarsi anche di questi porti del loro paese. Declinando la potenza dell'Iman di Mascate, quest'ultimo si rassegnò a non esserne più il padrone che di nome....

Mogadiscio, della quale noi pure abbiamo fatto la capitale della Colonia, è delle città di tutta la costa, la più grande, la più popolata, e la più importante; anche di Kisimaio, dall'altra parte

Rivista di Ascari a Mogadiscio.

Via principale di Mogadiscio.

del Giuba, nella Colonia inglese. La Mogadaxo o Mogadoxo delle antiche carte ha avuto certo un periodo di grande splendore all'epoca della prima dominazione araba. Ma di quell'epoca non si hanno che scarse e, qualche volta, anche contraddittorie notizie.

« Un gran numero di arabi di una tribù limi« trofa alla città di El-Hassa, situata nel Golfo Per« sico nei pressi di Bahharin, s'imbarcarono so« pra tre navi ed emigrarono sotto la condotta di « sette fratelli che fuggivano le persecuzioni del « sultano di quella città. Essi approdarono alla « costa di Azania. La prima città che vi fondaro« no fu quella di Mogadaxo e quindi quella di « Brava, che era ancora all'epoca dei portoghesi « retta a repubblica da dodici capi discendenti « dai sette fratelli che ne erano stati i fondatori. « Mogadiscio divenne uno stato possente ed im« pose la sua sovranità a tutti gli arabi della co« sta. I primi venuti nel paese, gli emozeidi, che « erano di una opinione religiosa differente, non « vollero sottomettersi agli arabi della nuova cit« tà. Non essendo però in grado di resistere colla « forza, si ritirarono nell'interno, si mischiarono « ai cafri di cui adottaron i costumi, e coi quali « contrassero maritaggi. Essi formarono così una « popolazione meticcia, anello di congiunzione fra « gli arabi ed i negri, sia per il sangue e le idee « religiose che per il territorio che essi occuparo« no, che confinava all'est cogli stabilimenti mus« sulmani ed all'ovest col territorio degli indigeni « della contrada. Sono costoro quelli che gli arabi « della costa designano col nome di *bedui* (be« duini) ».

Così si legge nella famosa *Cronaca dei Re di Kilua* trovata dai portoghesi allorchè sotto la condotta di Don Francisco de Almeyda si impadronirono di quella città, e che ci fu conservata da Dom Joam de Barros nella sua *Primeira Decada da Asia*.

È questo il solo documento, scrive il tenente di vascello Rossetti in un interessante articolo, nel quale si parla, alquanto diffusamente, della fondazione di Mogadiscio (1). Ma ha l'inconveniente di non accennare nemmeno lontanamente alla data che, per via di induzioni e di raffronti, al Rossetti par di poter fissare fra il 922 ed il 935 dell'êra volgare.

I primi quattro secoli della vita di Mogadiscio, scrive il citato scrittore nello stesso articolo, sono ancora, e forse rimarranno per sempre immersi nel mistero; poichè in nessuna delle opere dei geografi o viaggiatori di quel periodo è fatto accenno a questa città. Tuttavia, essa dovette nel frattempo diventare un centro di ben nutriti traffici, ed assurgere a grande importanza; tanto che nel trattato di geografia di Ibn-Said, geografo insigne, che florì verso la metà del XIII secolo, si legge che « ad Oriente di Merka è la città mussulmana di Mogdoshu, in cui nome ritorna sovente sulle labbra delle persone che hanno viaggiato da quelle parti ». Nel 1330 il marocchino Abu Abd-Allah-Mohamet, detto Abu-Bathutha, — seguitò a riprodurre dal pregevole studio del tenente Rossetti, — compì un viaggio sulle coste dell'Africa Orientale, nel corso del quale ebbe occasione di visitare Mogadiscio.

All'epoca in cui Ibn-Bathutha la visitò, Mogadiscio doveva dunque essere presso all'apogeo del suo splendore. Un sultano per nome Abu-Bekr figlio di Omar la governava secondo le norme dei principi arabi, e le usanze della sua corte erano pressochè le istesse ancor oggi in onore nel cerimoniale mussulmano: i commerci vi erano attivi ed alcune industrie sì floride che, per esempio, le stoffe ivi fabbricate, che Ibn-Bathutha non esita a dichiarare *senza pari*, erano esportate

---

(1) *Rivista Coloniale*. Anno I, fasc. V.

fino in Egitto ove si conoscevano sotto il nome del mercato che le produceva. La città, « estremamente vasta », contava già allora numerose moschee, ed una di queste, resistendo all'opra demolitrice del tempo si è conservata fino ai giorni nostri, unica palese testimonianza del passato splendore. In essa è ancor leggibile una iscrizione riguardante la sua costruzione per opera di Mohammed-ben-Abd-esh-Shedad nell'anno 936 dell'egira (1238 dell'èra volgare) vale a dire circa un secolo prima dell'arrivo di Ibn-Mathutha.

L'opera del marocchino non è però che un raggio di luce in mezzo all'oscurità in cui continua a rimanere la storia di Mogadiscio fino all'arrivo dei portoghesi nell'Africa Orientale. Il solo autore che ancora ne parli è Ab-ul-Mahassan nella sua opera *Manhal-es-Safi*, ma il suo racconto, con l'interramento di Mogadiscio e la successiva invasione della città per opera delle scimmie, non è che un seguito di fandonie e volgari mistificazioni di cui non val la pena di occuparsi.

Neppure le tradizioni locali che, come si sa, presso questi popoli semibarbari sono sempre vivissime costituendo l'unico mezzo per tramandare ai posteri le vicende della propria gente, possono nel caso nostro supplire alla mancanza di documenti scritti. Quelle poche notizie che ancora possonsi raccogliere dagli anziani della città sono troppo incomplete per permettere anche ad una critica sottile di ricavarne qualche dato sicuro.

Il solo ricordo di un fatto importante che si conservi è quello della presa della città per parte degli Abgal che sostituirono il loro governo a quello degli arabi in una epoca non ben determinata, che il Guillain crede sia da ritenersi posteriore alla venuta dei portoghesi.

Anche la questione relativa ai ruderi che s'incontrano qua e là, che secondo gli uni sarebbero gli avanzi di antiche costruzioni portoghesi, o arabe secondo altri, è rimasta insoluta. Si ritiene generalmente che quelle che si incontrano a un'ora circa da Mogadiscio abbiano appartenuto a una costruzione dei portoghesi; ma molte ragioni militano invece in favore dell'opinione secondo la quale quei ruderi sarebbero gli avanzi della metropoli araba, che se non si spingeva fino a quel punto dal mare, aveva disseminato intorno alla città, le residenze dei ricchi.

Quando si arriva in vista di Mogadiscio, l'impressione che se ne riceve è ottima. Tantopiù se si viene dal sud, cioè dopo essere passato lungo la costa portoghese, inglese, dove le città, ad eccezione di Mombasa, sono ancora per la maggior parte, di capanne e con le case in muratura in numero molto minore che a Mogadiscio. Anche Kisimaio perde al confronto. Almeno per ora. Poichè, essendo questo di Kisimaio il solo vero porto di tutta la costa, non può essere posto in dubbio il suo sviluppo avvenire. La prima impressione che fa dunque la capitale del Benadir è quella di una graziosa cittadina araba; e il biancheggiare delle case potrebbe anche dare l'impressione di una città linda e pulita.

Ma se la prima impressione è buona, la seconda, parlo di quella che ha chi arriva se il mare non è tranquillo, quando si trova di fronte al problema dello sbarco, è di ben altro genere. Secondo che il mare è più o meno calmo, il vapore si ferma più o meno distante da terra; e sopratutto dalla barra o frangente che, a Mogadiscio, come lungo tutta la costa corre a distanza di qualche centinaio di metri da questa. In questo frangente sono tagliati due passaggi naturali, uno a destra e l'altro a sinistra di chi si presenta di fronte alla insenatura, sulla quale sorge uno dei due quartieri della città (Scingani).

Si scende a terra su delle barche del paese

che si costruiscono solo da qualche anno perchè, prima, bisognava servirsi delle piroghe. Non vi era altro. La prima barca un po' grande del tipo delle nostre barche da salvataggio, molto larghe, panciute, a dieci o dodici remi, fu costruita otto anni fa, da un costruttore indigeno di Merka; e, pare, copiando, come modello, una barca sbattuta contro la spiaggia nel naufragio di qualche bastimento. La Società milanese ne fece fare altre sei quasi subito. E adesso ve ne sono parecchie altre di privati. È però sempre lo stesso costruttore di Merka che le fa. I piloti indigeni di queste barche, sono veramente abilissimi. Quando debbono uscire al largo o rientrare, arrivati di fronte alla barra, nel punto nel quale l'interruzione forma un passaggio, se l'onda è favorevole passano subito; se no, cercano di fermarsi aspettando il momento nel quale le ondate sono meno violente per attraversare il passaggio a tutta forza. Hanno un occhio sicuro per rendersi conto del momento nel quale tentare il passaggio.

Ben inteso, che, malgrado tutta l'abilità, qualche volta la barca si rovescia. Ma, tanto il pilota che i marinai sono abilissimi nuotatori: capaci di stare delle ore in mare lottando, cacciandosi a capo fitto per attraversare i cavalloni. E riescono quasi sempre a salvarsi. Conscio di questo pericolo, e della responsabilità che pesa su di lui, il pilota, quando v'è pericolo, si rifiuta di trasportare gli europei. Una volta, qualche anno fa, non sapendo resistere alla insistenza di un greco che voleva ad ogni costo andare o scendere dal bordo di una nave, un pilota acconsentì a prenderlo sulla sua barca. Arrivata al frangente si rovesciò al di là della barra verso terra, e il greco e i marinai furono gettati in mare. Da terra arrivarono tre o quattro barche per andare in soccorso. Ma tutti quanti, arrivati al frangente, o anche prima, si rovesciarono. Finalmente dopo tanti sforzi riuscì ad una di esse di arrivare fino ai naufraghi che lottavano disperatamente da un pezzo, e ad imbarcare il greco e i marinai indigeni ai quali il greco dovette la sua salvezza, perchè, senza il loro aiuto sarebbe affogato dieci volte. E che era riuscito a sfuggire a un altro pericolo, forse meno grave in quel giorno col mare così mosso, ma che, in generale non si può sfidare impunemente dai bianchi: quello dei pesci cani. I neri invece, per il colore della loro pelle non sono visti dal terribile... e raramente sono presi. In quelle acque i pesci cani sono numerosissimi. In certi giorni ve n'è un vero passaggio e ne rimangono molti anche nel tratto di mare tra la barra e la terra, che si vedono benissimo. Generalmente sono portati oltre la barra dalle onde; poi viene la bassa marea, e non possono più uscire. Arrivano fino quasi a terra, e gl'indigeni allora dàn loro la caccia. Secondo la tradizione, se ne devono prendere tre, prima del cambio dei monsoni. E in realtà, ciò accade quasi sempre. La caccia al pesce cane, — e dico caccia perchè ha proprio questo carattere anzichè quello d'una pesca, — è un avvenimento per il paese. Se, come accade qualche volta, il mare è calmo, con l'acqua limpida, da terra si seguono benissimo tutte le mosse del pesce cane, che cercando una via d'uscita, qualche volta resta arenato nella sabbia, e si sforza per riprendere un'altra direzione. Gli indigeni fanno un chiasso indiavolato per spaventarlo, per stordirlo, battendo dei remi sull'acqua, lanciandogli contro dei sassi dalla riva o dalle barche. Ben inteso però, sempre a distanza, perchè lì, in quelle condizioni, per difendersi e per istinto, se gli capita, addenta anche il nero. Finalmente, uno riesce a prenderlo con un rampone, un altro a colpirlo con una freccia; e quando, a forza di ferite, l'animale è esausto, lo trascinano a terra: rimanendo però ancora a rispetosa distanza, perchè negli spasimi dell'agonia, ha ancora un forza prodigiosa, e un colpo della coda può mandare all'altro mondo.

Tutti i barcaiuoli che fanno questo servizio delle barche, appartengono ad una tribù sola — il *rer magno*: la famiglia del mare. Costituiscono una specie di corporazione nella quale non possono entrare altre persone. Hanno adottato il nuovo tipo di barca. Però non hanno adottato il remo europeo e si servono ancora dell'antico remo a paletta, che adoperavano con le piroghe. Da un pezzo, anche le navi da guerra hanno rinunziato a servirsi delle imbarcazioni di bordo, tranne, ben inteso, quando vi è calma, avendo riconosciuto che è sempre una imprudenza; e che offre molto più garanzia nella lotta contro le onde la barca indigena coi suoi rematori somali che, col loro grido di *Heli-saba* (guarda e voga), accompagnano il movimento. Qualche volta ci vogliono più di due ore per andare a terra; due ore punto piacevoli; e che chi le ha fatte una volta, con mare cattivo, non dimentica più!

Mogadiscio è diviso in due quartieri: Scingani e Hamaruini, separati tra loro da una zona nella quale vi sono i magazzini della dogana, e da *Garesa* (1); costruita una trentina d'anni fa, in mezzo ai due rioni, quasi a simbolo od avvertimento per frenare le contese terribili che, una volta, scoppiavano quasi periodicamente e finivano sovente con scene di sangue. Quello di Scingani si può considerare un po' come il quartiere nobile; è il quartiere nel quale vi è la residenza, la casa del governatore, e dove sorgerà la nuova palazzina che si sta costruendo per il capo della Colonia; in Hamaruini vi sono invece, relativamente, poche case in muratura, e un migliaio di capanne per gli indigeni; ma la popolazione è più numerosa.

---

(1) Generalmente residenza dei capi prigione, ecc.

Come ho detto, a primo aspetto, fa buona impressione. Ma, appena scesi a terra, ed entrati in una strada qualunque l'impressione muta completamente e non è più così buona. Vi è dappertutto un gran luridume e delle case che stanno in piedi per miracolo. Non sono state più toccate, non vi si è fatto la più piccola riparazione, da secoli; e parecchie hanno circa trecento anni di esistenza. Le case veramente in buono stato saranno circa una ventina. E tutte di tipo arabo. Un gran blocco col terrazzo in cima, dove vanno le donne di casa a prendere aria. Non vi sono però mucharabie. Le case essendo merlate, quando sono lassù, anche senza le mucharabie, le mogli e le figlie degli arabi e dei somali sono protette dagli sguardi dei profani.

Del resto, fino a qualche tempo fa — non so se sia ancora così — il tipo arabo per le case, era imposto anche per una circostanza speciale. Il legname da costruzione viene tutto quanto dalla Colonia inglese e per le dimensioni speciali delle travi, non è consentito di fare diverso dalle solite stanze lunghe e strette, queste travi non essendo mai più lunghe di tre metri e mezzo. Per ambienti più grandi, bisogna ricorrere al sistema di fare delle stanze divise da due o più colonne.

Fra le case, una delle migliori è quella degli Hamudi, una famiglia di commercianti che si dicono arabi per vantarsi, ma che sono certamente di sangue misto; quella dell'Imman, quella di alcuni mercanti indiani che l'hanno comperata alcuni anni or sono da una famiglia somala andata a male, e qualche altra. Dei fabbricati del Governo, quello della Residenza, quello dove risiede il Governatore che era una volta anche essa una casa degli Hamudi, e quella del posto di medicazione fatta fare dal Dulio; più due caserme, antiche case d'indigeni trasformate, il magazzino della dogana fatto costruire durante il periodo

del comandante Cerrina, il mercato coperto fatto
fare anche questo dal Dulio all'epoca della Società, e che adesso comincia a diventare troppo
piccolo, perchè, malgrado tutto quello che abbiamo fatto, e che facciamo per rovinare la nostra
colonia, il movimento commerciale è in sensibile
aumento, e anche la popolazione cresce lentamente, ma in modo continuo.

Oramai Mogadiscio ha passato i 10 mila abitanti. Quattro quinti sono somali e l'altro quinto
è composto di arabi, e da 200 o 250 indiani, generalmente indiani mussulmani, che hanno in
mano il commercio all'ingrosso. Gli arabi fanno il
piccolo commercio in città e i somali quello con
le carovane nell'interno. Su per giù vi è la stessa
proporzione, ed accade lo stesso nelle altre città,
meno a Brava, dove nella popolazione vi sono
molto più suhaeli, e anche molto più traccie di
razza araba nei somali.

La cosa più strana è che, mentre tutti questi
somali si vantano di essere arabi, odiano gli arabi
che sono stati i conquistatori del paese. È la razza
che, per tanto tempo, li ha dominati. Quando i
somali sono ritornati ad occupare la città, — ed
è accaduto lo stesso a Merka e a Brava, — hanno
tollerato la permanenza degli arabi, unicamente
per l'utile che loro ne veniva dal punto di vista
commerciale, visto che i somali non lavorano e
si dànno mal volontieri al commercio: ma si sono
sempre considerati i padroni. E non dissimulano
punto questo loro risentimento contro l'arabo che
odiano, forse un po' meno dell'europeo perchè è
mussulmano, ma nel quale sentono ugualmente
un nemico. Già i somali odiano tutte le altre
razze, — e spesso, — si odiano e lottano l'una contro l'altra, ferocemente, da tribù a tribù. Nell'interno l'arabo non potrebbe vivere; e non vive
diffatti che in circostanze eccezionali. Le popolazioni tollerano, tutt'al più, qualche predicatore,

sopratutto se sceriffo. A Mogadiscio vi è una tribù, quella degli *Acheraff*, che vuol dire per
l'appunto degli sceriffi, abbastanza rispettata. Gli
sceriffi di Mogadiscio, non numerosi, portano
essi pure, nei giorni di solennità, il turbante verde. Questo odio di razza è tanto meno spiegabile
appunto per il fanatismo mussulmano dei somali,
e perchè, infine, sono stati gli arabi ad iniziarli e a
convertirli all' Islamismo.

A Mogadiscio, l'autorità religiosa è rappresentata dall' Iman, un vecchio sordo che ha un figlio
o un nipote che lo sostituisce, e che si fa chiamare
sultano. Titolo che, per vero dire, non ha una
grande importanza lungo tutta la costa dell'Oceano Indiano. Vi sono sultani i quali si considerano
tali perchè hanno come in feudo un piccolo pezzo
di terra, come vi sono anche... dei sultani deca-
duti, i quali non isdegnano accettare — e domandare — qualche soldo di *bakcisch!* L'imman di
Mogadiscio, anche dal punto di vista religioso,
ha una autorità molto relativa. La vera influenza
religiosa l'hanno i santoni. Il più rinomato di
questi santoni, Sscheick Suffì, morì quattro anni
fa e fu seppellito vicino al fortino Cecchi.

Di santoni ve ne sono anche parecchi all'interno e sul fiume. Un'accolta di religiosi mussulmani
circondati di una grande autorità, e le cui decisioni sono rispettate in tutta una vasta regione,
vive a Bardera sul Giuba. È di là, da questa specie di sinedrio, che sono state date interpretazioni speciali al Corano, e ordini che solo in quelle
regioni sono seguiti e rispettati. Tra l'altro il permesso per le donne di andare a viso scoperto...
purchè abbiano coperte le gambe. Per cui vanno
scalze, o coi sandali, ma con delle specie di uose
della stessa stoffa della veste. In quel costume,
ne vengono parecchie dall'interno alla costa. Se
ne vedono poche in Mogadiscio, perchè le donne
o sono arabe mogli ad arabi che fanno il commer-

cio, o di qualche nostro dipendente; e allora, fedeli alle tradizioni, non si vedono; e se escono, caso rarissimo, hanno naturalmente il volto coperto. Le somale non si curano gran che delle tradizioni: si coprono poco il volto, ma non mancano però mai, palesemente o di nascosto, quando incontrano un bianco, cioè un cristiano, di turarsi il naso, per non sentirne la puzza! Le schiave hanno scoperto il viso; e spesso e volentieri, scoprono anche dell'altro! Si riconoscono dal vestito a colori chiassosi, mentre le altre donne non portano che vesti bleu, il colore classico degli abiti femminili in Arabia, o di madapolam bianco. Per questi abiti dai colori vivaci, e per le bibite, le schiave spendono tutto quello che guadagnano.

Per il somalo che si mantiene fedele alle tradizioni è un nemico chiunque non appartiene alla sua razza. Al punto, che, nell'interno sono considerati come degeneri, cioè non completamente puri, quelli che vivono nelle città della costa, e che subiscono il contatto con altre razze e, sopratutto cogli europei dominatori, malgrado le trenta e più moschee nelle quali, in Mogadiscio, i buoni mussulmani possono alzare le loro preci ad Allah, e cantare le glorie del Profeta.

Ho già accennato alle... nobili qualità dei nuovi sudditi di Sua Maestà il Re d'Italia nella Somalia meridionale. Quanto alla loro mentalità, per ciò che riguarda l'odio contro di noi, si deve considerarla in due modi. Quella che chiamerei la mentalità collettiva, per odio di razza, e per fanatismo religioso. Vi è poi la mentalità, dirò così di ogni singolo, che li spinge contro il bianco, appena questo esce dalle porte, per derubarlo. Poichè dal più al meno sono ladri tutti quanti e il loro sogno sarebbe quello di vivere di rapina.

Mogadiscio è tutta cinta di mura. A nord le mura non arrivano proprio fino al mare, e vi è un breve tratto, nel quale, alle mura è sostituito un reticolato. D'altra parte, verso sud, arrivano proprio fino al mare appoggiandosi a una piccola scogliera. La città ha quattro porte, la porta *Mursa* (ora porta Cecchi, dalla quale si esce per andare al forte che porta il nome del compianto esploratore), la porta Mercato, ora porta Italia, presso la quale è il campo degli ascari, la porta *Giardino* e la porta *Al mare*. Ad ogni porta vi è un posto da 8 a 12 uomini, che naturalmente viene rafforzato quando si teme qualche rappresaglia. Nessuno può entrare in città armato. Per facilitare questa sorveglianza ad ogni porta, vi è uno scrivano, sempre lo stesso, e che quindi conosce bene la gente che abitualmente viene in città. Tutti sanno di dover consegnare le armi, e non fanno obbiezione. Le consegnano come noi si può fare dell'ombrello andando a visitare un museo. Lo scrivano o un ascaro, prende le armi, le appende mettendovi un cartellino col nome del suo proprietario, e, se dalla squadrata che dànno a chi passa, nasce in loro il sospetto che qualcuno possa nascondere delle armi, lo fermano e lo frugano ben bene. Il che non ha impedito, qualche volta a dei somali di passare con un'arma senza essere sorpresi, e di adoperarla contro qualche europeo o contro qualche arabo col quale avevano ragioni speciali di rancore. Alla sera, prima che annotti, tutte le porte si chiudono e non si riaprono che all'indomani a giorno fatto. Per uscire o entrare di notte è necessario un permesso speciale, dato, del resto, raramente, quando si tratta di far uscire qualche somalo rimasto troppo tardi in città e che vuol recarsi presso la sua tribù o quando si fa partire qualche corriere.

L'obbligo di deporre le armi entrando, come il divieto di portarne, per i somali che vivono in città è una necessità, non solamente per gli attentati ai quali senza questa precauzione gli europei sarebbero continuamente esposti; ma anche per evitare tragedie fra loro.

Vi fu un tempo nel quale la lotta fra i due quartieri della città, fra quelli di Hamaruini e di Scingani, dava luogo ad episodi sanguinosi. Adesso quest'odio — almeno con le forme violente di una volta — non esiste più. Ma basta talvolta un piccolo incidente a ravvivarlo. Ed ogni anno, il pericolo di conflitto v'è nella circostanza in cui, essendo imminente l'epoca nella quale incomincia il periodo della costa chiusa, si tirano a terra i sambuchi. Non avendo a loro disposizione alcun mezzo meccanico, per quel giorno, sono chiamate a raccolta tutte le tribù. Ed i sambuchi, cioè delle barche talvolta di duecento o trecento tonnellate, sono tirate a terra a forza di spalle con sforzi inauditi da centinaia e centinaia di somali.

In quel giorno tutti sono impegnati in questo lavoro. La difficoltà principale è quella di far superare alla nave il primo rullo. Ma ci vuole però sempre uno sforzo enorme, anche dopo, per trascinare questi sambuchi fino a ottanta o cento metri dalla spiaggia. Finita l'operazione e durante il riposo, le tribù si radunano e cantano le loro canzoni. Ma le canzoni degli Hamaruini e dei Scingani celebrano le lotte e le vittorie riportate dagli uni contro gli altri, per cui al ricordo delle antiche contese e agli insulti che le canzoni contengono, spesso i vecchi rancori si riaccendono. Da un po' di tempo ciò non è più accaduto. Ma, qualche anno fa, in tale circostanza gli animi si riscaldarono, e le prime zuffe erano già incominciate quando, con grandi stenti, gli ascari chiamati in fretta, riuscirono, non senza stento, ad impedire una vera battaglia. Fu anzi necessario l'intervento del Governatore, il comm. Dulio, il quale aveva realmente un grande ascendente sulla popolazione, e che sapeva farsi rispettare e temere senza ostentazione di severità.

Il comm. Dulio, la cui opera è stata tanto discussa, all'epoca delle polemiche e delle inchieste provocate dalle famose rivelazioni sulla questione della schiavitù e che, credo, da parecchio tempo non si occupi e non pensi più all'Africa alla quale ha dedicato i più begli anni della sua vita, ha retto la Colonia per conto della Società, durante un periodo di circa tre anni. Era andato laggiù, come ho raccontato in un capitolo precedente, insieme al Cecchi, in qualità di Commissario Civile e, nel tempo stesso, di delegato della Società milanese della quale faceva parte avendo sottoscritto un certo numero di azioni ed essendone anche consigliere d'amministrazione.

Tanto per la Consulta che per i promotori della Società, appena questa fu costituita, la preoccupazione maggiore fu quella di trovare una persona adatta da mandare a Mogadiscio, con una così grande responsabilità, che avesse l'autorità necessaria e nel tempo stesso, non fosse nuovo alle questioni e offrisse quindi certe garanzie. La scelta non era facile. Ma fra i molti nomi che si fecero fino da principio, quando ancora la Società era in gestazione, il solo che riscosse subito la generale approvazione fu quella dell'avvocato Emilio Dulio, il quale da molti anni, si era occupato di questioni coloniali; che aveva fatto, prima ancora della nostra spedizione a Massaua, un viaggio di esplorazione interessantissimo nei Galla, e la cui opinione nelle questioni africane godeva giustamente una riconosciuta autorità. Ho conosciuto l'ex governatore del Benadir a Massaua, all'epoca della spedizione San Marzano, quando egli venne in Africa, mi pare col primo scaglione di truppa, come corrispondente della *Stefani*. Per l'amore dell'Africa il viaggiatore, l'avvocato e l'agricoltore, — poichè di ritorno dai suoi viaggi si era messo tranquillamente a fare l'agricoltore nelle sue proprietà di Fontaneto d'Agogna vicino a Borgomanero — si era anche trasformato in giornalista. E in un giornalista ammirevole, di una attività instancabile, e che riusciva spessissimo ad avere, a tempo, e prima degli altri, la notizia importante da telegrafare a Roma. A quell'epoca, siamo stati colleghi, e per parecchi mesi aggregati entrambi alla brigata d'avanguardia comandata dal Baldissera. Sull'altura di Saati abbiamo passate delle giornate assieme dalla mattina alla sera, in quel lungo periodo di inazione, quando per mesi e mesi si stette ad aspettare il nemico... che non si faceva vedere. Alla tavola del generale Baldissera, del quale, o a colazione o a pranzo, eravamo ospiti quasi ogni giorno, si facevano delle lunghe discussioni sulla guerra che non cominciava mai, sulle nostre esitazioni di fronte al Negus Giovanni, e sull'avvenire dell'Italia nel continente nero, che allora pareva così promettente. Il Dulio aveva una fede intera, assoluta, in questo avvenire, sebbene vedesse chiaro che nè il Governo nè il Paese fossero ancora preparati a questa politica e se ne rammaricava. Le lunghe conversazioni, sempre sullo stesso argomento che ci appassionava e che facevamo davanti alle nostre tende, continuavano talvolta fino ad ora tarda della notte. Si stava fuori della tenda a quel modo per delle lunghe ore illudendoci di prendere un po' di fresco!

Fra le altre qualità sue il Dulio ha anche quella di essere uno scrittore forbito ed efficace. Ritornando in Italia, e dopo molte insistenze, sono riuscito a poter leggere le sue note scritte parecchi anni prima su quel suo viaggio nel regno di Gimma del quale mi aveva parlato più volte; ed è veramente un peccato che il suo autore, per una malintesa modestia, non si sia mai deciso a darlo alla stampa. La nostra letteratura africana avrebbe avuto con queste pagine del Dulio un pregevolissimo volume di più, che sarebbe certamente molto interessante ancora oggi sebbene quel viaggio sia stato fatto una ventina d'anni fa, e tante cose, da quell'epoca, sieno mutate nel continente africano.

Il grande rimprovero che, anni sono, venne mosso al Dulio — e non parlo di quelli relativamente alla sua responsabilità nella questione della schiavitù riconosciuti subito infondati e sui quali non mette il conto di soffermarsi — fu quello di aver fatto una politica di temporeggiamenti: di non aver saputo dare un assetto definitivo alla Colonia.

Il Dulio che in cento circostanze, quando è stato attaccato, e spesso tutt'altro che in buona fede, e senza che negli attacchi fosse serbata la misura, avrebbe potuto intervenire, e non solamente con la parola, ma forse anche coi documenti, ha preferito tacere. Non è mai uscito dal riserbo più scrupoloso: malgrado che qualche amico ve lo spingesse. Adesso, anche questi amici sono costretti a riconoscere come egli abbia avuto tutte le ragioni di non parlare, persuaso forse che il tempo avrebbe fatto giustizia di tutte quelle accuse.

Coi mezzi limitati dei quali poteva disporre, col Governo che della Colonia non si occupava affatto, e che non aveva alcun criterio direttivo nella politica da seguire in quelle regioni, che non rispondeva nemmeno alle lettere o a telegrammi coi quali egli chiedeva istruzioni su cose urgenti e della massima gravità (1), la politica che il Dulio seguì per quei tre anni era la sola che si potesse fare. E checchè se ne dica: la fece bene. Si trattava di mantenere la Colonia tranquilla col minore sforzo possibile. E il Dulio ottenne questa tranquillità, senza abdicazione di nessun genere, e senza compromettere l'avvenire. Era il punto sostanziale. Per tre anni, nessuna triste notizia giunse mai dal Benadir, come giustamente ebbe

_____

(1) Vedi nel capo X a proposito delle lettere del Mullah.

AUTORITÀ INDIGENE DI MOGADISCIO.

a riconoscere anche il generale Dal **Verme** in un suo discorso alla Camera. Appena partito il Dulio, le cose mutarono, e, da quattro anni, le **lettere** e i telegrammi del Benadir ci hanno recato una dopo l'altra una lunga serie di notizie spesso tristi, sempre sgradevoli. Certo non desiderata — poichè credo che in fondo, malgrado le amarezze e i dolori che gli ha procurato, egli pensi ancora all'Africa e veda con profondo rammarico il suo **Paese** continuare nella via degli errori — il Dulio ha avuto dai fatti e da tutto quello che avviene ora laggiù la sua giustificazione.

Subito, qualche settimana dopo la sua partenza, la situazione della Colonia era completamente cambiata, tanta dal punto di vista politico che da quello della sicurezza. Fino allora, per esempio, con qualche precauzione, si poteva uscire da Mogadiscio. Con una scorta di quindici o venti ascari era possibile spingersi anche fino a cinque o sei chilometri dalle mura. Ma, dopo, non solo nessuno potè azzardarsi ad andare a cento metri al di là delle mura, ma fu necessario rinforzare la guardia alle porte della città, ed esercitare una sorveglianza molto maggiore di prima su tutti i somali che entravano. Tanto che vi è stato un momento nel quale il nostro Console e Commissario straordinario al Benadir, aveva reputato opportuno di mettere cinque o sei sentinelle alla porta della casa ove ha sede il Governo, altre cinque o sei sentinelle sulle scale: un mezzo plotone, insomma, solamente per custodire la sede del Commissariato. E fu naturalmente necessario dare un ordinamento tutto diverso alle forze militari che si avevano laggiù.

Fino a quell'epoca le nostre truppe, — chiamiamole così per quanto non fossero affatto una forza militare inquadrata — avevano un ordinamento sui generis. Avevamo laggiù un certo numero di ascari, arabi quasi tutti, pagati con tre talleri al mese, paga non certo molto elevata, ma della quale non si lamentavano, perchè era loro riconosciuto il diritto di esercitare il commercio, e potevano quindi campare discretamente. Certo a noi faceva una curiosa impressione il vedere sulla piazza di Mogadiscio, al mercato, gli ascari col loro bravo fucile ad armacollo, — poichè il fucile era loro dato in consegna e non l'abbandonavano mai, vendere delle telerie, delle droghe o magari della carne. Ma, a Mogadiscio, pareva la cosa più naturale del mondo. Ve ne erano di quelli che finivano anche per guadagnare discretamente e per mettere da parte in poco tempo un buon gruzzolo. Non erano nemmeno divisi in reparti: ma, a gruppi di maggiore o minor numero, intorno ad un capo, per cui si chiamano gli ascari del tale o del tal altro. Ve ne erano in Colonia, divisi nelle varie città, circa un migliaio. Numero sufficiente, data la situazione e il programma che era stato imposto al Governatore, e che — come vedremo — dalla Consulta si diede anche ai suoi successori, vietando assolutamente ogni azione, anche quando sarebbe stata di esito sicuro e avrebbe avuto per resultato di garantire la sicurezza della Colonia. L'azione al di là delle mura, date le istruzioni di Roma, doveva necessariamente limitarsi a qualche ricognizione, e non spingendosi troppo lontano, che il Dulio, molto opportunamente, affidava sempre a qualche graduato degli ascari, impiegandovi raramente dei bianchi. E quando si trattò di rioccupare Lugh, diede le disposizioni perchè la spedizione fosse organizzata in modo da evitare dolorose sorprese.

Le varie stazioni furono sempre collegate per mezzo di corrieri che vanno dall'una all'altra con una relativa regolarità. Questi corrieri, dei quali parecchi sono stati ammazzati in questi ultimi tempi dai bimal, specialmente fra Mogadiscio e

Merca, sono tutti somali. Nè potrebbe essere diversamente. Dovendo attraversare paese somalo, i corrieri di altre razze riuscirebbero raramente ad arrivare alla mèta. Quella del corriere non è una professione nel vero senso della parola. Quando vi è da mandare una lettera, un plico, il Governatore o il Presidente fa domandare a qualche capo se ha qualcuno che vada dove la lettera è diretta, e che sia pratico delle strade (sempre strade per modo di dire). Se le informazioni sono buone gli si dà l'incarico. Non è una professione, ma sono però quasi sempre gli stessi. In generale, pagati abbastanza bene, specie nei momenti nei quali vi è pericolo. I corrieri veramente buoni, quelli che, anche incontrando difficoltà, cercano di arrivare, son però pochissimi. Molti, di fronte alle difficoltà, nascondono o bruciano il plico, e poi ritornano dicendo di essere stati assaliti: qualcuno scompare e non se ne ha più notizia.

Un buon corriere da Mogadiscio a Merca, partendo, generalmente alla sera al cadere del sole, arriva all'indomani, nel pomeriggio, impiegando circa 18 ore a fare i 75 chilometri che intercedono fra le due città. Da Mogadiscio a Brava ne impiega 48; e da Brava a Giumbo circa 36.

Per andare a Lugh da Mogadiscio, un buon corriere può impiegare soltanto undici o dodici giorni. Di solito però ce ne vogliono da quindici a diciotto, perchè il corriere si ferma lungo la strada, va a trovare i suoi parenti e si fa accompagnare da una tribù all'altra quando non è conosciuto. Non mette insomma che molto raramente dello zelo nell'adempimento della sua missione.

Lo sviluppo delle mura di Mogadiscio — e anche le altre città sono ugualmente cinte da mura — è di circa due chilometri e mezzo. Ma, oramai, la popolazione essendo cresciuta di numero, e sopratutto per la necessità di costruire altri edifici per i servizi pubblici, un allargamento si impone.

Per la città di Mogadiscio — all'epoca nella quale la Colonia era retta dal capitano Sapelli — è stato fatto un piano regolatore che implica, oltre l'apertura di alcune arterie principali nei due quartieri e delle disposizioni tassative per regolare le costruzioni future, anche l'allargamento delle mura. Vi fu posta mano quasi subito, ma, come al solito, si è andati avanti, fino ad ora, a spizzico, oggi lavorando, domani sospendendo ogni cosa, perchè non vi erano denari in cassa, o perchè han servito ad altri scopi. Contemporaneamente furono studiati dei progetti per migliorare le condizioni del porto della Capitale. Dico porto perchè è l'espressione adottata, sebbene non sia davvero il caso, come è stato già notato, di parlare di porto nel senso generalmente attribuito a tale parola. L'idea di fare davvero un porto che costerebbe un bel numero di milioni è scartata da tutti. Si potrebbe fare invece dei lavori per rendere possibile l'approdo delle barche con qualunque tempo, e, a questo scopo, un progetto è stato studiato per fare una gettata dalla parte ove finiscono le mura intorno ad Haramm, a sud della città; approfittando della scogliera-isolotto fra la terra e la barra. Ma dubito la spesa possa davvero essere contenuta nei limiti — mi pare un milione — fissata secondo l'ing. Albertazzi del Genio civile, il quale fece questi studi essendosi recato in Colonia a bordo della *Staffetta*. Se mai si dovesse spendere una certa somma per un porto, Brava si presterebbe molto. Però non bisogna farsi delle illusioni. Anche spendendo somme ingenti, si avrebbe sempre un porto per navi non troppo grandi — e allora vien fatto di domandarsi, se, per questo risultato metta il conto, ove si entrasse in tale ordine di idee, di spendere una somma cospicua.

Vi sono persone competenti le quali, mettono molto in dubbio l'opportunità di fare delle spese, relativamente di molto minore entità per rendere più facile l'approdo delle barche a Mogadiscio. E parlo del semplice approdo delle barche per scaricare durante il monsone; quando, col mare grosso, le navi sono costrette a star sempre con le macchine accese, per non essere sbattute contro gli scogli se, come accade spesso in quelle circostanze, le àncore lasciano.

Il comandante Cerrina, per esempio, che ha studiato la questione sul posto, facendo delle esperienze per un lungo periodo di tempo, e di questi studi ha fatto argomento di un rapporto al Ministero, pur riconoscendo che il periodo della *costa chiusa* sospende il traffico, assicura di aver sfatato la leggenda che durante quel periodo non si possa sbarcare; leggenda che aveva contribuito ad imbaldanzire le popolazioni a noi ostili. Se i traffici si devono interrompere io ho dimostrato — dice il comandante Cerrina — che, una nave da guerra può sempre presentarsi davanti allo scalo, mantenervisi per un lasso di tempo sufficiente a trovare il momento opportuno, ed operare uno sbarco, specialmente di gente usa al mare.

Si è anche mostrato in massima contrario a queste spese pei porti, e a chi, recentemente, lo interrogava sulla importante questione rispondeva:

« Certo, Brava per una situazione topo-idrografica si presterebbe magnificamente. Opere portuali vi si potrebbero fare con pochissima spesa. Ad Itala meglio ancora. Ma Itala è eccentrica e fuori del movimento commerciale.

« Però... e sembrerà strana questa dichiarazione fatta da un ufficiale di marina, però nell'attuale stato d'animo coloniale del paese, con i pochi mezzi che accorda o che è disposto ad accordare allo sfruttamento dei nostri possedimenti, io non getterei denaro nei moli e nei fondali. Tanti altri

paesi stanno peggio del Benadir! Il Canadà è bloccato dal ghiaccio per cinque mesi, il Baltico per
tre. Ma lì si intensifica il commercio nel resto
dell'anno. Al Benadir poi il periodo della costa
chiusa coincide con quello dei raccolti che pro-
ducono una sosta nel periodo carovaniero. In
nessun modo, dunque, non si soffre del monsone.

« Piuttosto impiegherei i fondi che si potrebbero avere, in opere di penetrazione verso l'interno, in strade, in canali, in stazioni... »

Non ho nessuna competenza per pronunziarmi
sull'importante problema. Però, anche questa è
una delle questioni da studiarsi seriamente e
sulla quale è necessario prendere una risoluzione.

Non ho, ripeto, la competenza necessaria per
pronunziarmi sull'importante problema. Però mi
pare che, sia pure scartando l'idea di grandi lavori, se si potesse fare qualche cosa per rendere
un po' meno difficile lo sbarco, ne verrebbe subito un qualche giovamento alla Colonia, che
soffre di questo isolamento per parecchi mesi —
e anche della reputazione orribile che la circonda. Al punto che, anche quando si ferma dinnanzi a Mogadiscio il vapore tedesco per parecchie ore, è ben raro il caso, scenda qualche fore-
stiero per visitare la città. Oramai è diffusa la
convinzione che, scendendo a terra, vi sia il cinquanta per cento di probabilità di essere scan-
nati malgrado la vigilanza delle autorità italiane!

Sarebbe in ogni modo necessario intanto, ora
che la Colonia è in mano del Governo, di rendere
un po' più facili, più regolari e meno disagiate le
comunicazioni fra l'Italia e il Benadir, come era
stato stabilito nello schema di convenzione con
la nuova Società della quale aveva preso l'iniziativa l'on. Borsarelli, per lo sfruttamento econo-
mico della Colonia. Ora si va al Benadir prendendo ad Aden i vapori della *Cowasjee Dinsawan
and Brothers Co.* una Società parsi. Vapori di

4 a 500 tonnellate, i quali impiegano da Aden a Mogadiscio da 7 a 9 giorni, e sui quali adesso ci sono due cabine abitabili, mentre prima il servizio era fatto da vapori impossibili. Un altro modo per recarsi ai nostri scali del Benadir è quello di andare, sempre da Aden, a Zanzibar sul piroscafo tedesco che va alle Indie, o su qualche vapore inglese o su quello del Lloyd austriaco; e prendere poscia a Zanzibar uno dei vaporini del Sultano, il *Brava* e il *Kilva*, che hanno buone macchine e sui quali, per quanto siano comandati da capitani indiani, vi è un discreto trattamento. Il viaggio da Genova a Aden in prima classe costa circa 600 lire. Da Aden a Mogadiscio o Merca o Brava su vapori della *Cowasjee* il prezzo di passaggio, sempre in prima classe, è di 120 rupie, cioè, con la rupia a L. 1,75 di circa 210 franchi. Andando con l'altra linea si spende qualche cosa di più. Il passaggio su vaporini del Sultano da Zanzibar a Brava, Merca e Mogadiscio, è di 90 rupie. Col mare grosso, la navigazione, tanto su vaporini del Sultano come su quelli della Società parsi, non è molto piacevole. Anni sono uno dei vapori della *Cowasjee* naufragò presso Bulahar nella Somalia settentrionale. Nessuno dell'equipaggio nè dei viaggiatori, fra i quali vi era un ufficiale veterinario del nostro esercito mandato al Benadir dall'Eritrea, potè salvarsi.

Qualche anno fa, all'epoca nella quale la Colonia era ancora amministrata dalla Società milanese, vi erano state trattative per vedere se era possibile addivenire ad un contratto con la *Deutsche Africa Line*, perchè i vapori di questa Società facessero una fermata regolare a Mogadiscio durante tutto l'anno, e quindi anche nel periodo della costa chiusa. Un servizio regolare che non c'è mai stato, perchè, adesso, il vapore tedesco si ferma soltanto quando ha una certa quantità di merce. Naturalmente, anche dato si fosse potuto concludere, la Compagnia avrebbe preso impegno di fermarsi solamente quattro o cinque ore, libera di andarsene, anche se non vi fosse stato modo di sbarcare durante queste ore. Ma domandava un compenso troppo alto e non se ne fece nulla: con grande dispiacere dei pochi bianchi in Colonia che, se non altro, avrebbero avuto il vantaggio di ricevere più sovente e più regolarmente la posta. Con una boa, vi era mezzo di rimediare perchè il vapore lasciasse la posta anche quando non è possibile sbarcare.

Quella della posta è sempre un grande guaio per gli europei che vivono laggiù. Dall'Italia arriva due volte al mese: una volta col vapore *Cowajee* che parte da Aden il 2 di ogni mese in coincidenza col vapore della *Navigazione* che arriva ad Aden da Genova e Napoli, e, l'altra, col vaporino del Sultano da Zanzibar. In realtà, è come se arrivasse una volta sola, perchè, se spedita in tempo, arriva ad Aden colla *Cowasjee* la posta spedita prima di quella che segue l'altra via. Ma, una grande regolarità non vi è, per cui accade il fatto abbastanza curioso che la posta arriva in Colonia molto più regolarmente nel periodo della costa chiusa, quando è mandata per mezzo di corriere a Giumbo, alla foce del Giuba, di dove vien trasportata a Kisimaio e di là viene o arriva dall'Europa.

Finora, il numero degli italiani che sono in Colonia, oltre agli ufficiali ed ai funzionari, è molto ristretto. Si possono contare sulle dita. All'epoca di Mercatelli — al Benadir si suol designare così, dal nome di coloro che han retto la Colonia, i vari periodi — erano capitati otto o dieci operai. Ma, invece di essere incoraggiati e magari aiutati, sono stati accolti male. Rappresentavano anch'essi una seccatura di più per il Governo della Colonia, e, pian piano, se ne andarono quasi tutti. Salvo errore, non ne rimasero

All'Imbarco a Mogadiscio.

che due. Disgraziatamente, proprio l'epoca nella quale il Governo assunse la Colonia, e pareva così ragionevole sperare un miglioramento di Mogadiscio sotto tutti i punti di vista, è quella che segna per la piccola capitale di quelle regioni un regresso. Anche come aspetto della città. Non avendo il Mercatelli voluto rilevare dalla Società milanese il mercato coperto, che questa aveva fatto costruire, si è di nuovo tornati al mercato con le luride baracche di una volta, in piazza, dietro alla Garesa. Per la stessa ragione, non essendo stati rilevati gli apparecchi e l'impianto, è stato soppresso il telefono che funzionava fra i vari uffici. Certo ne costava parecchio la manutenzione, perchè coll'aria pregna di sale, si guastava frequentemente, e bisognava provvedere ogni momento a mutare i fili corrosi. Ma la mancanza del telefono dà luogo a molti inconvenienti. In uno dei reparti del mercato coperto, è stato invece aperto un caffè con relativo bigliardo. E' stato il primo caffè di Mogadiscio. Però finora, tranne che per giuocare al bigliardo, non è mai stato molto frequentato. Non andandovi gli indigeni, non vi sono a Mogadiscio abbastanza persone per formargli una clientela. E nelle ore di riposo ognuno preferisce rimanere a casa propria. Finora, di sera, quando v'era un Governatore o Commissario che coscienziosamente spendeva l'assegno di rappresentanza, i funzionari e gli ufficiali si riunivano spesso presso di lui. Naturalmente, quando è ancorata davanti a Mogadiscio una nave da guerra, vi è scambio di cortesie fra il Commissario e il Comandante della nave, fra gli ufficiali di terra e quelli di marina, il che dà subito un certo movimento. La buona e simpatica tradizione è stata interrotta appena la Colonia passò al Governo, perchè il primo Regio Commissario, non si sa perchè, aveva soppresso anche l'uso di dare qualche pranzo agli ufficiali di marina delle navi che toccavano Mogadiscio.

Quel primo periodo della gestione governativa è proprio stato, da tutti i punti di vista, un vero disastro!

———

Da Aden a Mogadiscio coi piroscafi della Cowajee si impiegano da 6 a 9 giorni facendo scalo a Makallè e toccando qualche volta Obbia. Da Mogadiscio a Zanzibar, che i piroscafi toccano nel ritorno si impiegano 5 a 7 giorni toccando Merca, Brava e talvolta Kisimaio.

I vapori del Sultano da Ibar a Brava impiegano di solito 4 giorni toccando Pemba Mombasa Lama.

Da Brava a Merca si impiegano da 12 a 18 ore, e da Merca a Mogadiscio da 8 a 14, a seconda del rematore e della corrente.

I vapori della D. O. A. L. vanno da Aden a Mogadiscio in 3 giorni se della linea principale e da Mogadiscio a Ibar in 2 toccando Mombasa e Panza, e rispettivamente 3 e 4 se della linea secondaria.

La distanza Aden Mogadiscio è di circa 1200 miglia e di circa 600 da Mogadiscio a Ibar.

VI.

IL BLOCCO DI MERCA.

I COMBATTENTI COI BIMAL.

Merca isolata. — I corrieri uccisi. — La morte del tenente Talmone. — Il bombardamento di Merca. — I pidocchiosi .. — Una pubblicazione del cap. Pàntano. — Le origini di Merca. — Schiavi che non vogliono essere liberati. — Le tribù dei bimal. — La famiglia degli Issa. — Per deliberare la guerra. — La loro mobilitazione. — Il veleno delle freccie. — Cosa pensava il Cecchi degli accordi con questa gente. — Lo scontro di Adalle. — Il tenente Molinari. — La sua lettera al *Momento*. — La Consulta voleva fosse richiamato per punizione. — I nostri ascari. — Il loro reclutamento. — L'approvigionamento di Merça. — I Soliman. — Combattimento continuo. — Il blocco rotto. — Il combattimento di Dananc. — Il comandante Cerrina. — Danane. — La discussione alla Camera. — Si riconosce la necessità di rinforzare i presidi.

Le nuove disposizioni relative alla schiavitù, come si è visto, avevano provocato un grave malcontento in tutte le tribù somale, le quali cominciarono subito a manifestare il loro malanimo ed a protestare nel consueto modo. Intercettando cioè i corrieri, assaltando le carovane e uccidendo della gente sotto le mura della città. All'epoca nella quale erano in Colonia i delegati della Società milanese, subito dopo le prime liberazioni di schiavi, in pochi giorni, uccisero tre arabi e ferirono altre sette persone: tutti indigeni. Da ultimo, quando proprio intendono di proclamare la ribellione, arrivano fino all'attentato contro l'europeo. Assassinio che, compiuto per fanatismo, è però, raramente, un fatto isolato. Chi lo compie è sempre spinto ed incoraggiato, e, mentre ha la certezza di assicurarsi tutte le gioie della vita futura ammazzando un vile cristiano, ha anche la convinzione di rendere un servizio alla gente della sua tribù. Da quattro anni a questa parte, ora più ora meno, delle uccisioni ne sono sempre avvenute e siccome si tratta generalmente di arabi o di indigeni, nessuno se ne occupa, i colpevoli rimangono sempre impuniti.

A questo modo, la città di Merca rimase quasi subito isolata per via di terra, e non mantenne le comunicazioni con Mogadiscio che dalla parte di mare. Tutt'intorno alla città si addensarono le tribù della zona circostante, in atteggiamento minaccioso.

Merca è delle nostre stazioni al Benadir quella
che più frequentemente ha fatto parlare di sè,
tanto per i Bimal che appartengono alla tribù
più bellicosa di tutte quelle regioni e il cui territorio si spinge fino quasi al mare, come per la
popolazione che racchiude nelle sue mura, e che
passa per una delle più fanatiche e più decisa-
mente avverse all'elemento europeo.

Fu difatti a Merca, che cadde una delle prime
vittime del Benadir. Il martirologio della Somalia
incomincia, per l'appunto, col nome del povero
tenente Talmone, ivi ucciso nel giorno stesso in
cui il nostro Console allo Zanzibar insieme al
comandante e agli ufficiali della *Staffetta*, era sceso a terra per prendere possesso dell'amministrazione, in seguito alla convenzione conclusa col
Sultano di Zanzibar. Non a torto, e quasi presago
delle difficoltà che vi si sarebbero incontrate, il
comandante Sorrentino, il quale aveva visitato
quel porto l'anno prima, nel suo rapporto aveva
descritto i somali di Merca, come i più pericolosi
della costa, asserendo che il loro fanatismo religioso rendeva quasi impossibile il contatto di
quella gente con gli europei, e che ci sarebbe voluto del tempo parecchio prima di potervi avviare
delle relazioni normali.

Fu nel novembre del 1893, che il console Filonardi con la *Staffetta*, si recò a Merca per prendere possesso della stazione dalle mani di un vecchio governatore arabo. Naturalmente, conoscendo per fama l'indole di quella popolazione e il suo
odio per i cristiani, non aveva mancato di prendere tutte le precauzioni possibili. Tutto però era
andato bene e i somali — almeno apparentemente
— non avevano dato alcun segno di ostilità. Ma,
all'ultimo momento, quando gli ufficiali erano già
tutti quanti nella imbarcazione che doveva ricon-
durli a bordo, un somalo che in mezzo agli altri
alava la barca, tratto repentinamente il largo pu-

gnale lo immerse nel fianco del tenente Talmone che spirò poche ore dopo. L'uccidere un infedele è per essi un titolo di gloria e un mezzo sicuro per conseguire tutte le felicità nell'altro mondo... In quella occasione, come in altre, non volendo e non osando opporsi apertamente, fu però facile a coloro che alla nostra occupazione non intendevano di rassegnarsi tranquillamente, di trovare l'uomo, pronto a sacrificarsi, pur di non lasciar partire gli italiani senza ucciderne qualcuno.

Due giorni dopo, la *Staffetta*, per vendicare la morte del povero ufficiale, tirò sulla città indigena un centinaio di colpi di granata, e, dopo il bombardamento che sviluppò l'incendio in vari punti e distrusse quasi tutte le capanne, il comandante impose alla popolazione, che atterrita obbedì, di deporre le armi.

La popolazione di Merca si è sempre mantenuta ostilissima agli europei.

Nel primo periodo della nostra occupazione cadde ugualmente colpito dal pugnale di un fanatico, il Residente che vi aveva mandato la Compagnia Filonardi, il signor Trevis, e, cinque anni fa, un altro Residente, il tenente Badolo, fu pure aggredito, e dovette alla prontezza di spirito di un suo servo, che s'interpose e si slanciò contro l'aggressore, di sfuggire al pugnale già alzato su di lui.

Con questa popolazione nell'interno della città, e i Bimal, i quali anche nei periodi di tregua, non han mai dissimulato la loro ostilità contro i cristiani, Merca è una stazione nella quale l'europeo deve sempre stare sul chi vive, ed è quindi prudenza necessaria, anche per il Residente, il non uscire mai se non accompagnato da una scorta, non già di tre o quattro uomini, ma di una quindicina o una ventina di soldati — e bene armati.

Merca che ha dato — e dà ancora delle noie a

noi — è sempre stata un grattacapo anche per il Sultano di Zanzibar. Salvo errore, egli deve essere stato parecchio lieto di cedere definitivamente tutti i suoi diritti sui porti del Benadir, intascando subito la bella somma di 3.600.000 lire, poichè, se da una parte gli rendevano con le dogane, dall'altra gli davano altresì molte noie, e più di una volta — e non sempre con prospera fortuna — fu costretto a mandare i suoi soldati, per domare la rivolta or di questa or di quella tribù.

Quei soldati, quegli ascari cenciosi, dei quali un certo numero sono poi passati al servizio d'Italia, difendendo con una certa indifferenza il tricolore, dopo aver militato sotto la rossa bandiera comune a molti sultanati di quelle regioni, erano generalmente designati con un nome non troppo glorioso. Si chiamavano *chirobotos...* che vuol dire pidocchiosi! Nei dintorni dei porti del Benadir, e specialmente verso Merca, più di una volta questi Chirobotos hanno avuto la peggio e sono stati sconfitti, specialmente dalla tribù dei Bimal, che, più di una volta, sono entrati nella città, l'hanno devastata, e poi se ne sono andati carichi di bottino, senza che il valì di Merca pensasse nemmeno per un momento di inseguirli, e di punirli. Il che naturalmente ha fatto crescere la loro baldanza, anche contro le autorità italiane, le quali hanno un po' continuato, nelle tradizioni... zanzibaresi: lasciando cioè, per un gran pezzo, queste tribù indisturbate.

Merca, che ebbe il suo momento di splendore quando era in mano degli Aggiuran, — per un certo numero di generazioni, l'organizzazione più forte esistita in quelle contrade, — da molto tempo, e appunto per le incursioni e le stragi delle bellicose tribù vicine, è assai decaduta. Conserva però l'aspetto di una città importante, specie vista dal mare, e il biancheggiare delle sue case in muratura, relativamente grandi e numerose, fa

GI

Dagaiguda

Nucule
CÈXÈ
Canale
Idegude

●Asciai

TUNNI

Autale

TORRE

Amurduri

Sindassi

credere alberghi una popolazione più numerosa di quella che vi è realmente. Del bombardamento del 1890, ordinato dal comandante la *Staffetta* per punire la città dell'uccisione del tenente Talmone, avvenuta come ho narrato, non rimane più traccia. Del resto, le traccie scomparvero subito, perchè, dopo il bombardamento, il Console e il Comandante della nave obbligarono gli indigeni a riparare subito ai guasti arrecati e, specialmente, a ricostruire i tratti delle mura danneggiate, anche per la sicurezza della città. Non si entra in Merca se non passando dalle due porte aperte in queste mura che la circondano tutta quanta dalla parte di terra, ed alle quali anche ora come allora, i soldati un po' meno svogliati di una volta fanno buona guardia.

Il capitano Gherardo Pàntano, un bravo e valoroso ufficiale, decorato due volte al valore militare, che fu per parecchio tempo residente a Merca e che fu ferito anni sono in un combattimento contro i Bimal, ha pubblicato l'anno scorso una monografia dotta ed interessante, frutto di lunghe osservazioni e di studio assiduo, durante tutto il tempo che rimase al Benadir, che è, certamente, ciò che di più interessante e di più completo, è stato scritto intorno all'argomento. In tale monografia il Pàntano, narra le origini della città secondo le cronache esistenti presso alcune famiglie indigene locali, o secondo le tradizioni da queste conservate, e che risalgono a settecento anni or sono, quando Merca non esisteva ancora, e, sulle dune, vivevano delle *cabile* o tribù provenienti dalla lontana Arabia, immigrate su quella costa forse da secoli.

Il naufragio di un sambuco arabo gettò su quella spiaggia, verso il 1200, Scilk Jagub detto Sciek Abbale, che istituì una scuola, insegnò il Corano agli abitanti di quelle poche capanne, eresse una moschea, e, in breve, gettò le prime basi della città di Merca, dopo di aver fondata la tribù Dalubedi, che si chiamò in seguito Rer Catib.

Attraverso gli interessanti documenti e le tradizioni verbalmente tramandate, il capitano Pàntano rintraccia un lontano accenno alla occupazione portoghese, nella voce che della « gente bianca » occupò un giorno, molti anni or sono, Mogadiscio: segue poi le traccie della recentissima dominazione araba, e di quella Bimal, della quale non restano segni materiali, ma usi, tradizioni e consuetudini, per quanto attenuate dal tempo e dai governi posteriori.

Le case in muratura di Merca sono circa 300 e vi sono 16 moschee, che, però sono di proporzioni molto modeste.

Le tribù che iniziarono gli atti di ostilità contro di noi, e specialmente contro Merca, sono quelle dei Bimal considerate come le più bellicose di tutta la regione e che, in qualche periodo, sono riuscite ad imporsi e ad esercitare una certa supremazia su tutte le altre. In ogni modo, ancora adesso, sono sempre quelle che dànno il segnale della rivolta alle altre tribù, le quali non si muovono se non sanno di avere consenzienti i Bimal.

Sono stati anche questa volta i Bimal, a farsi iniziatori del movimento nel 1904 anche perchè sono stati i più danneggiati dalle nostre disposizioni per la schiavitù, quando furono, in pochi giorni, liberati una cinquantina di schiavi fuggiti da loro. L'ostilità dichiarata incominciò anzi quando videro questi schiavi partire liberi per la Goscia, accompagnati dai nostri ascari, per cui perdettero ogni speranza di poterli riavere.

La questione della schiavitù, come ho rilevato in un capitolo precedente, è una questione molto difficile e complessa, che non si può risolvere con gli impulsi del cuore. Tantopiù in paesi, dove essa fa parte dell'ordinamento sociale. L'abolire la schiavitù, come ho già avvertito, può voler dire renderla più dura e più crudele dove non possiamo arrivare ad imporci.

Un grande resultato è stato veramente ottenuto dall'accordo di tutte le potenze civili, nell'impedire la tratta. Ormai le spedizioni, come erano organizzate una volta per procurarsi gli schiavi, non si fanno più. O almeno, sono casi rarissimi. Appunto perchè non possono più farli partire dal mare. Ma vi sono nell'interno una quantità di tribù, vendono spontaneamente, uomini e donne di tribù nemiche, che non hanno la forza di ribellarsi, o magari, i loro figli. Il traffico si fa così alla spicciolata. I mercanti di carne umana, quando vengono dall'interno, dopo uno di questi viaggi, con un certo numero di schiavi, ne vendono per la strada di qua e di là, e non ne hanno più quando arrivano alla costa. Per tal modo sembrerebbe che il numero degli schiavi non dovesse essere molto grande in tutta quella zona. Ma, siccome, a poco per volta, le tribù ne comperano sempre, e, d'altra parte, anche gli schiavi prolificano esseri che appartengono ai padroni dei loro genitori e sono oggetto di commercio, così la popolazione schiava, deve avere raggiunto una cifra considerevole. Che non è però facile precisare. Secondo alcuni ascenderebbe, nell'*hinterland* del Benadir, a una decina di migliaia (1). Presso le tribù dell'interno, la schiavitù ha forme dure, e come ho già avvertito, la schiavitù domestica, quella intesa secondo le leggi del Corano, si può dire non esista. Mentre esiste nelle città; dove molti schiavi non sanno che farsene della carta di liberazione, perchè sono abituati alla loro condizione e non sentono alcun vantaggio mutando. Si è verificato più di una volta il caso di schiavi i quali hanno rifiutata la libertà, imponendo al loro padrone di riprenderli. Qualche anno fa, vi

_____

(1) Relazione d'inchiesta Chiesi-Travelli.

fu un soldato — l'essere schiavo non impedisce di arruolarsi, con l'assentimento, ben inteso, del padrone — che, mediante un compenso dato a quest'ultimo, si fece dichiarare libero. Viceversa, poco tempo dopo, convenne in giudizio l'ex padrone, pretese la restituzione del compenso, dichiarando preferiva rimanere schiavo. Probabilmente quel giorno avrà avuto bisogno di denaro per soddisfare i suoi vizi, e non ha trovato altra soluzione per procurarsene. Pretesto alla sua domanda, accolta dal tribunale mussulmano, fu il fatto che la liberazione non era avvenuta secondo le forme volute dal Corano. Del resto, accade ancora adesso, malgrado tutte le nostre leggi e le nostre ordinanze, che lo schiavo liberato non si senta veramente libero se non è intervenuto il padrone nelle forme prescritte dalla legge mussulmana. Per cui vanno dall'ex padrone, che mediante un piccolo compenso, pronunzia la loro liberazione nei modi prescritti.

È difficile rendersi conto della mentalità di quelle popolazioni nella questione della schiavitù, quando può capitare di assistere a una scena curiosa come quella che avvenne a Mogadiscio qualche tempo fa, e che, mentre destò meraviglia fra i nostri funzionari, sembrò agli indigeni una cosa naturalissima. Erano capitati a Mogadiscio due schiavi: un uomo ed una giovinetta. L'uomo si era presentato alle nostre autorità implorando la sua liberazione. Il Residente pronunziò immediatamente la liberazione di entrambi. Ma l'ex schiavo protestò energicamente.

— Che io sia liberato, sta bene. Ma la ragazza, no. Questa me la sono portata via io ed è mia!

Le tribù dei Bimal vivono sulle sponde dell'Uebi Scebeli, e specialmente nel tratto fra il fiume e la costa.

La tribù più ostile è quella dei Soliman a nord di Merca; quella un po' meno turbolenta è la tribù degli Iasmin al sud della città. I villaggi dei Bimal sono, parte sul fiume e parte nella boscaglia. Quelli sul fiume hanno un maggiore carattere di stabilità, mentre i villaggi della boscaglia, quelli dei Soliman, per esempio, sono composti di capanne fatte molto rudimentalmente come quelle delle popolazioni nomadi. Non mancano anche fra i vari *rer* (1) bimal le invidie e quindi delle ostilità latenti che sanno però far tacere di fronte al nemico comune. Fino a pochi anni addietro, questa dei Bimal era la sola tribù nella quale vi fosse veramente un capo — Ali-Issa — il quale aveva un grande ascendente, e che poteva esercitare veramente una certa autorità. Una piccola parte della sua influenza l'hanno ereditata i suoi parenti, e furono diffatti i figli e i nipoti del vecchio Ali-Issa, che, nel 1905, manifestando propositi di pace, trattarono con noi per venire a patti. Pare anzi che essi fossero favorevoli all'idea di addivenire ad un'intesa, mentre altre tribù si sarebbero opposte risolutamente. Fra i Bimal non vi è organizzazione politica, nemmeno rudimentale. Vi è soltanto una certa organizzazione militare che il capitano Pàntano ha descritto molto bene nello scritto già citato ed al quale rimando il lettore che avesse vaghezza di conoscerla nei suoi particolari.

La guerra (*ahbi*), se fatta in grande, si può svolgere di giorno e di notte: i grossi scontri si chiamano *gadile* e sono eseguiti preferibilmente a notte buia. Ma, qualunque indizio di sorveglianza da parte del nemico, basta perchè l'attacco non abbia luogo. La loro tattica è quella della sorpresa.

Quando ai capi appare evidente il *casus belli*, si mettono d'accordo fra loro e convocano delle

---

(1) Sotto divisione della tribù: famiglia.

adunanze per decidere il da farsi. Non sempre, anzi raramente, basta una adunanza per deliberare. Anche quando venne decisa l'azione contro di noi, prima di aprire le ostilità, di adunanze ve ne furono parecchie, e alcuni capi avrebbero ancora voluto evitare il conflitto che ritenevano pericoloso. Ma la maggioranza fu di diversa opinione e, due giorni dopo, venivano ammazzati i nostri corrieri fra Merca e Mogadiscio. E', come si è detto, il loro modo di fare la dichiarazione di guerra.

Quando l'assemblea ha deliberato la guerra, immediatamente partono tre somali a portare la notizia a tutte le tribù e a dare il grido di chiamata (*gallagat*). Quest'ordine di mobilitazione è trasmesso con velocità sorprendente; dopo poche ore è conosciuto da tutti, perchè i tre incaricati, quando sono stanchi, si fanno sostituire dai capi dei paesi. Nel gridar l'adunata, indicano il luogo e il giorno del convegno generale.

Al grido il paese intiero si commuove e chiede notizie; appena ripartiti i messi, i giovani preparano le armi; rinnovano l'*uabaia* alle frecce, si adornano del *rir*, distintivo di guerra dei Bimal, specie di sottile ventaglio di saggina cinto al fronte (i Dighil e gli Uadan portano in fronte il *calacc*, pezzo rotondo di guscio d'uovo di struzzo); si riuniscono e si recano dal *Melach* (comandante) eseguendo una speciale *fantasia*, il *gascian saar* (*gascian*, scudo; *saar*, coprire, mettere avanti). La fantasia è una specie di danza pirrica figurata; alla fine le lancie e gli archi e gli scudi, levati in alto, si protendono verso la porta del *Melach*, presso a poco come i nostri guerrieri d'un tempo prestavano giuramento col convergere le punte delle spade in alto, sopra il capo del condottiero. Se il *Melach* è assente, la fantasia si fa ugualmente davanti alla casa del *Mohallim*.

Ciò fatto, gli atti alla guerra partono verso il luogo di riunione generale. Questa marcia di concentrazione, accompagnata da canti guerreschi, si chiama *Scirip*. In due giorni al massimo tutti i Bimal possono essere riuniti. La marcia è eseguita còl *Mohallim* in testa a tutti, in avanti di qualche passo; lo segue il *Melach* coi suoi cento uomini; dietro il *Melach* marciano i soldati, e in coda alla colonna, munito di un *curbasc* (frusta fatta di pelle di ippopotamo) marcia il *garad* (*un liberto anziano*), il quale ha l'incarico di mandare avanti i renitenti, anche a bastonate. Ogni gruppo così costituito si chiama *gaan*. La mobilitazione è accelerata e garantita dai *Sagàla*, agenti di polizia in tempo di pace; in tempo di guerra hanno appunto l'incarico di riunire e chiamare tutti gli atti alle armi, e ne rispondono ai capi; funzionano in fondo come i nostri carabinieri, e le loro note si possono paragonare ai *ruolini di milizia mobile*.

Tutto l'esercito è comandato da un solo capo che si chiama *Islau*, il quale ha per capo di stato maggiore l'*Aduman*.

La carica di *Islau* è ereditaria nella famiglia omonima dei Suliman, nel Rer Issa. Fra i vari capi del Rer Issà, è scelto quello che per età o per senno ispira maggior fiducia.

I Bimal non hanno speciali formazioni di combattimento. Si gettano alla rinfusa sul nemico urlando in massa. Tentano sovente gli accerchiamenti, e la sorpresa, valendosi delle boscaglie che è la loro difesa naturale. Non fanno prigionieri. I feriti sono finiti dalle donne. E quando vi è molto odio, tagliano la testa ai morti.

Le freccie e la punta delle loro lancie è avvelenata. Veramente più che un veleno, ciò che mettono sulla punta delle freccie deve essere, ora, un miscuglio di materie sudice, che infetta la ferita ed impedisce la guarigione di prima intenzione. Ma, prima, si trattava proprio di un veleno — il *nabaio* — estratto da una radice, e

che veniva dalla Somalia del nord. Adesso un
po' perchè ne è stata vietata da noi l'importazione fino dall'epoca della Società, con pene severe,
o chi lo sa, forse anche perchè vi è ora scarsità
del prodotto, non ne arriva più al Benadir. Gli
effetti del nabaio sono rapidissimi e fatali. Pare
che, a volte, la morte sia istantanea o quasi. Tanto che gl'indigeni, quando ne erano colpiti, per
salvarsi, si facevano tagliare o si tagliavano da
sè un lembo di carne dove erano stati colpiti. Si
vedono ancora adesso dei somali con delle ferite orribili, e delle larghissime cicatrici, conseguenza di questa specie di operazione da macel-
laio, alla quale però debbono la guarigione.

I Bimal, non sono mai stati amici nostri, nemmeno quando non ci si mostravano ostili e lasciavano credere che la nostra occupazione fosse lor gradita perchè li liberava dal valì arabo
mandato dal Sultano e contro il quale dicevano
di avere ragioni di rancore. I loro capi non hanno
mai dissimulato l'avversione sua agli italiani,
cosicchè è stato necessario il sorvegliarlo molto
attentamente anche quando pareva o lasciava
credere di essere rassegnato al nuovo ordine di
cose. In ogni modo, anche quando promettono,
sarebbe una grande ingenuità il fidarsi. Dieci
anni fa non avevano forse promesso, precisamente a Merca, che ci sarebbero stati fedeli? Il
povero Cecchi, era andato a Merca col *Piemonte*,
per restituire gli ostaggi, in numero di dieci, che
il comandante della *Staffetta* aveva preso l'anno
prima dopo l'uccisione del tenente Talmone e che
erano stati in Eritrea. Veramente erano ostaggi
e prigionieri nel tempo stesso, perchè, su di loro,
pesava qualche indizio di complicità nell'assassinio del nostro ufficiale. Non essendo però ri-
sultata alcuna prova a loro carico, fu deciso di
rimandarli al loro paese... e di servirsene come di
testimonianza del modo con cui l'Italia, sull'e-

sempio di ciò che fa in Eritrea, si sarebbe comportata di fronte alle popolazioni somale. Quei dieci ostaggi, che difatti furono un po' gli oratori in quella circostanza, raccontarono meraviglie intorno all'Eritrea, e al modo col quale erano stati trattati... Ma non persuasero nè gli abitanti di Merca, nè i Bìmal... Nè tanto meno vi riuscì il povero Cecchi, il quale, in quella occasione, volle avere un abboccamento coi capi della turbolenta tribù. Promisero di rimanere tranquilli, dichiararono che la loro ostilità non aveva altra ragione se non il rancore da essi nudrito contro il valì il quale anche dopo la nostra occupazione, avevamo lasciato al suo posto. Ma il Cecchi, riferendo al Governo codeste loro dichiarazioni, ebbe cura di far subito rilevare come non si potesse prestar fede alcuna a quelle promesse.

Dopo molti anni, la situazione non solo non è mutata, ma è di molto peggiorata. Secondo una profezia, dovuta al sultano Jussuf, che, a tempo perso, pare abbia esercitato anche un po' l'ufficio di stregone, i Bìmal dovevano essere distrutti quando i *frengi* si fossero stabiliti sulla costa. Questa profezia fu essa pure una delle ragioni della loro animosità contro di noi, manifestata apertamente fino dal primo momento. Adesso ridono anche delle profezie, e vi deve essere anzi stato un periodo nel quale hanno avuto l'illusione di potere essere loro a scacciare i *frengi*.

Il blocco di Merca incominciò nell'aprile del 1904 ed ebbe conseguenze terribili per la popolazione che soffrì la fame e fu decimata da una epidemia. Alla Consulta si fece tutto il possibile per tener nascosto ogni cosa, e per togliere importanza alle notizie che, di quando in quando, comparivano su qualche giornale. Alla *Stefani* nulla fu mai comunicato, ed i giornali ufficiosi avevano una doppia consegna alla quale obbedirono: il silenzio, e la smentita. Si seppe, per caso,

in Italia, da una lettera diretta da un ufficiale
alla sua famiglia, di uno scontro grave avvenuto
fra i nostri ascari e i Bimal nel maggio del 1904.
E non fu che, qualche giorno dopo, quando cioè
la notizia era comparsa su qualche giornale inglese, che il Governo si decise a far comunicare
dalla *Stefani* un laconico dispaccio, come se si
trattasse di uno dei piccoli scontri di avamposti
che accadevano allora quotidianamente.

Quella volta la notizia non era pervenuta al
pubblico da fonte incerta, ma dalla fonte più autentica e più diretta che si possa immaginare,
cioè dalla lettera degli ufficiali che al combattimento presero parte. La pubblicò il giornale di
Torino il *Momento*, al quale la famiglia l'aveva
comunicata.

Il combattimento avvenne il 23 maggio.

D'ordine del capitano De Vito, che in quel periodo reggeva la Colonia, il tenente Molinari era
partito il 22 maggio da Mogadiscio per Merca
con l'ordine di mettersi in comunicazione con il
residente di questa città del quale da un po' di
tempo non si avevano più notizie perchè circondato dai Bimal. Nella sua lettera, dopo aver detto delle disposizioni prese per la marcia, e accennato alla posizione di Gesira dove passò la notte
circondato dai somali, scriveva:

« Al mattino, dopo che ci eravamo messi in mar-
« cia e avevamo fatto poco più di un chilometro
« i Bimal (in numero di circa un migliaio) ci
« sbarrarono la strada avvicinandosi a meno di
« 50 metri e facendo volare qualche centinaio di
« freccie avvelenate che, per fortuna, non fecero
« alcun danno. Naturalmente risposi con un buon
« fuoco e ne mandai all'altro mondo 35, feren-
« done una ottantina. Poche ore dopo fui di nuovo
« attaccato, ma allora noi eravamo 300, perchè il
« residente Monti si era unito a me con 100 ascari.
« Si aprì nuovamente il fuoco e ne uccidemmo

« altri 22, ferendone anche una settantina. Alle
« 10 arrivavo a Merca senza aver perduto nem-
« meno un ascàro. »

Totale 67 morti, e circa 150 feriti. Cifre che davano al fatto una certa importanza e che le notizie giunte qualche tempo dopo confermarono.

Si seppe altresì, e soltanto da un'altra lettera
del compianto ufficiale, che, un mese dopo, la
situazione era sempre grave, e che vi sarebbe stato da temere uno scacco se i nostri fossero usciti
all'aperto, senza aspettare nuovi rinforzi.

Il combattimento era avvenuto il 22 maggio.
Ed alla data del 27 giugno il tenente Molinari
scriveva:

« Sono ancora a Merca perchè questi Bimal,
« non soddisfatti della lezione che hanno avuto
« pare ne desiderino un'altra. Io non domando
« di meglio. Ma, naturalmente, voglio essere nelle
« condizioni migliori possibili, e perciò non li
« vado a cercare, ma aspetto si decidano a fare
« la corbelleria di venire attorno alla città, o sia
« certo di sorprenderli in qualche posto che mi
« sia conveniente. Io fuori non mi arrischio che
« a colpo sicuro... »

Ma, a parte il numero troppo esiguo degli
ascari dei quali poteva disporre, il Molinari si
trovava in condizioni tutt'altro che buone, anche
in Merca, per l'epidemia di *beri beri* che aveva
infierito facendo strage negli indigeni. Pare che
i morti sieno stati più di cinquecento e l'epidemia era scoppiata, sopratutto per la mancanza di
viveri.

Vi fu un momento, più tardi, nel quale si ebbero le più gravi preoccupazioni per la sorte del
presidio e della popolazione, poichè mentre la
situazione per la fame si aggravava ogni giorno
più nell'interno della città, i Bimal crescevano di
numero e di ardire. Sulle piccole alture che di-
stano poche decine di metri, i Bimal avevano

stabilito come dei piccoli posti, e, spesso, grida-
vano contro gli assediati, insulti e parole minac-
ciose. Fortunatamente non avevano fucili. Con
delle armi da fuoco, con le quali avrebbero potuto prendere di mira le persone in città, la situazione sarebbe stata terribile.

Il *beri beri* è una malattia finora poco conosciuta: ha alcuni dei caratteri della malattia del
sonno con la quale, qualche volta è stata con-
fusa. Dei soldati solo pochissimi ne furono colpiti. Ne ebbe un attacco anche il Molinari che, in
un certo periodo di tempo, temendo una sorpresa notturna, passò parecchie notti sotto le mura
dando, durante tutto quel tempo, un esempio no-
bilissimo di abnegazione, di coraggio e di instancabile attività.

Parecchi scontri più o meno gravi avvennero
anche dopo, ma quello di Adalle ebbe, a parte
la questione del numero dei combattenti, e delle
perdite dei somali, una importanza speciale perchè era la prima volta che i nostri ufficiali con-
ducevano al fuoco gli ascari inquadrati ed ai
quali si era dato una nuova organizzazione. Tranne una certa tendenza a uscir di mano, si con-
dussero abbastanza bene.

Mentre la Colonia era ancora in mano della
Società, il capitano Sapelli aveva proceduto a
questa trasformazione del corpo degli ascari, imponendo la ferma e il divieto di esercitare altri
mestieri. Da principio si credeva nessuno o ben
pochi sarebbero rimasti; ma, aperto il nuovo arruolamento, aderirono quasi tutti.

Questi nostri ascari, non costano certo molto...
in vestiario. In marcia specialmente, non portano che una specie di *futa* alla vita, il fucile in
spalla e la cartucciera, con una ottantina di cartuccie. Sono quasi tutti arabi e la maggior parte
dell'Haramut, i quali vengono a servire da noi
per un paio d'armi, al solo scopo di mettere in-

sieme un piccolo gruzzolo, per cui, dopo due anni, o quattro al più, se ne ritornano al loro paese. Ciò impedisce di poter formare della truppa agguerrita, obbediente; poichè, quando si sono fatti veramente dei buoni soldati se ne vanno, e coi nuovi bisogna ricominciare daccapo. Adesso poi vi sono anche grandi difficoltà per il reclutamento. L'Inghilterra e, per essa tutti i sultani del Golfo Persico che sono un po' i protetti della Gran Brettagna, osteggiano questo reclutamento, o lo vietano assolutamente. Con grandi difficoltà, e mandando segretamente degli emissari con dei sambuchi sul posto, la Società milanese, nel 1904, potè aumentare l'effettivo con nuove reclute. Ma la sorveglianza, da parte dell'Inghilterra, si è fatta negli anni seguenti molto più assidua, e, per una ragione o per l'altra, le autorità inglesi, quando questi ascari sono radunati in un porto inglese, o sul quale esercitino autorità, mettono tali restrizioni alla loro partenza per cui non se ne va che una piccola parte. È accaduto anche recentemente che, su una trentina di arabi arruolati ne abbiano lasciato partire sette soltanto.

Finora questi ascari, come si è visto, hanno fatto abbastanza buona prova. Certo non sono paragonabili alle truppe che l'Inghilterra ha organizzate dall'altra parte del Giuba, nella sua colonia, facendo venire dei sudanesi che sono dei soldati meravigliosi. Ma, parecchi degli ufficiali che li hanno veduti combattere, li giudicano molto favorevolmente.

Il fatalismo è anche per loro una gran forza e poi si possono spostare rapidamente senza preoccuparsi... delle salmerie. Dopo aver camminato tutto il giorno, quando, di sera, giungono alla tappa, magari con pochi datteri e nient'altro, han bell'e fatto il loro pranzo; bevono un po' d'acqua e poi si coricano per terra sulla sabbia e dormono saporitamente come se fossero in un letto di piume. Quando arrivano sul posto, e non v'è acqua, si dissetano... ripetendo parecchie volte: *Dio è grande*.

Il tenente Molinari era andato prima a Mogadiscio per prendere il comando di tutti i nostri ascari. Più tardi, quando il capitano De Vita fu chiamato a questa carica, il Molinari rimase col comando delle sole truppe di Mogadiscio.

All'Ufficio Coloniale andarono su tutte le furie per la pubblicazione del *Momento* e avrebbero voluto che il tenente Molinari fosse destituito o poco meno. Diffatti quando, qualche tempo dopo, il capitano Sapelli, prima di ritornare a Mogadiscio per assumervi nuovamente la reggenza della Colonia, andò a fare una visita di dovere al Ministro degli Esteri, questi gli diede ordine, di domandare subito, appena arrivava in Colonia, il richiamo del tenente Molinari.

Il Sapelli fece osservare al Ministro, che il Molinari non aveva nessuna colpa della pubblicazione di quella lettera: che non si poteva ritenerlo responsabile e punirlo per questo; e che nemmeno si poteva ritenere scorretto che egli avesse scritto quelle notizie alla sua famiglia, giacchè, in simili circostanze, nessun ufficiale avrebbe potuto supporre che di uno scontro di quella importanza non si avesse notizia in Italia.

— Francamente — aggiunse il capitano — io non mi sento di privare la Colonia, e in questo momento sopratutto, dell'opera di un ufficiale valoroso, che conosce il paese come pochi, e che può rendere dei grandi servigi: per cui se Vostra Eccellenza insistesse nell'esigere questo richiamo del tenente Molinari, mi troverei in una posizione molto imbarazzante. Posso dargli, se crede, una punizione, così pro-forma. Ma non posso assolutamente, perchè non è giusto e perchè farebbe una pessima impressione farlo richiamare, proprio dopo che ha dimostrato di saper fare in qualunque circostanza il suo dovere.

Il ministro Tittoni si arrese alle giuste osservazioni, e ritornando in Colonia, il capitano Sapelli mandò un bigliettino al Molinari, dicendogli che gli portava un regalo da Roma per i servigi che aveva reso e lo ordinò agli arresti per qualche giorno... con parole cordiali ed affettuose.

Durante tutto il tempo della costa chiusa, la grave questione fu quella dell'approvvigionamento della città bloccata, che poteva farsi soltanto per mare. Una volta la Società noleggiò un vapore tedesco che riuscì a far sbarcare i viveri e della legna in una certa quantità, perchè, anche questa mancava, e non si sapeva più come fare del fuoco. Il governo di Mogadiscio riuscì però quasi sempre, sebbene irregolarmente, ad approvigionare Merca per mezzo dei sambuchi indigeni, che si pagavano duecento talleri, e qualche volta anche più, secondo il mare.

All'apertura della costa, per mare, fu cambiato parte del presidio che era stremato e vennero destinati altri ufficiali a Merca. Vi andò il capitano Pàntano, il tenente Oglietti, il tenente Vitale ora capitano, il tenente Bertazzi, e vi rimase ancora per qualche tempo il Molinari.

Il capitano Pàntano essendosi un po' allentata la vigilanza dei Bimal, e, avendo sotto mano un maggior numero di ascari, e, militarmente, già meglio istruiti, decise di occupare le alture con dei piccoli posti. Quindi incominciò a fare qualche perlustrazione un po' più lontano e si ebbe un primo scontro fra i Bimal della tribù dei Soliman, e un reparto al comando del tenente Oglietti a mezza strada fra Merca e Catoi.

Questo nome arabo di Soliman che designa una tribù, e come avviene di sovente in quella regione anche la zona che essi accupano, e che, fra parentesi, è segnata erroneamente nella gran carta della Somalia edita per cura del Ministero

degli Esteri — richiede una spiegazione. È molto
dubbio che i Bimal, come essi pretendono, di-
scendano direttamente da Abiidalib zio di Maometto. Ma pare abbia qualche fondamento invece l'ipotesi che un lontano discendente di Abiidalib parecchi secoli fa abbia emigrato dall'Arabia alla Somalia settentrionale. Dal nome dei
suoi figli avrebbero avuto origine le principali di-
visioni dei Bimal, cioè i Saad, i Iasmin, i Suliman e i Daud, e sarebbero pian piano discesi
verso il Benadir. Avvalora questa ipotesi il loro
tipo distinto da quello delle altre tribù somale
e, quanto al loro soggiorno iniziale nella Somalia
settentrionale, la lingua che essi parlano che ha
notevole differenza con quella delle altre tribù e
molto si avvicina a quelle della Somalia del Nord.

Data l'energia spiegata dal capitano Pàntano —
ed era più che mai necessario agire, anche per
evitare i Bimal diventassero più baldanzosi —
era inevitabile che altri combattimenti di maggiore o minore importanza seguissero a non
grande distanza l'uno dall'altro. Dopo quello al
quale si è accennato, ve ne fu un secondo del quale non pervennero in Italia che notizie molto vaghe e, più tardi ancora, uno di maggiore entità
provocato presso a poco nelle stesse condizioni
nelle quali era avvenuto il primo scontro dei
Bimal con la colonna Molinari. Questo scontro avvenne a Gilib, dove la truppa del presidio di Merca al comando del Pàntano era arrivata facendo
una dimostrazione lungo la costa, per congiun-
gersi a Danane con parte del presidio di Mogadiscio che, con lo stesso scopo, gli veniva incontro. I nostri ascari furono sorpresi, di notte, ma
si batterono valorosamente, e inflissero serie perdite al nemico. Il capitano Pàntano rimase ferito
ma lievemente.

Il presidio di Merca fu nuovamente rinforzato.
La *Lombardia* che era in quelle acque andò la

Fantasia di Bimal.

TEN. PESENTI   TEN. ADORNI   TEN. HERCOLANI
CHE PRESERO PARTE ALLO SCONTRO DI DANANE.

mattina dopo a Merca. Secondo la lettera di un marinaio di questa nave — l'unica fonte dalla quale si ebbe in Italia notizia del fatto — a bordo era pronta per scendere a terra la compagnia da sbarco, quando invece, ritornato a bordo il comandante che era sceso a terra, la *Lombardia* fece rotta per Mogadiscio per andare a prendere altri cento ascari e delle munizioni e ritornò subito a Merca.

Questi scontri continuarono per parecchio tempa a ripetersi con frequenza, poi, a poco a poco, i Bimal si sbandarono e la guerra cessò.

Ma con questa sua attività il presidio di Merca era riuscito a rompere il blocco durato circa dodici mesi: dal 1° aprile 1904 al febbraio 1905.

Merca aveva molto sofferto da questo lungo blocco, che, in sostanza, meno gli assalti che sono mancati perchè i Bimal sanno benissimo che non possono riuscire contro i fucili, è stato un vero assedio. Ma anche le tribù dei Bimal le quali avévano avuto delle perdite considerevoli cominciarono ad essere prese dallo scoraggiamento. D'altra parte, Merca, la città sulla quale essi han sempre vantato dei diritti, che essi considerano come a loro usurpata, è il loro unico porto. Quel po' di movimento commerciale dei paesi della loro tribù passa tutto per Merca, ed a Merca usano rifornirsi di una quantità di cose. Nel maggio, senza addivenire ad una vera pace, fecero i primi passi verso le nostre autorità per smettere le ostilità... Salvo, ben inteso, a ricominciare daccapo, appena potessero di nuovo riunirsi e un pretesto qualunque glie ne fornisse l'occasione.

E realmente per un pezzo, a parte qualche incidente di lieve importanza, questi veri o falsi discendenti dello zio di Maometto non fecero più parlare di loro. Che anzi, qualche tempo dopo, giunse in Italia la notizia della loro completa sottomissione. Aderendo a un invito del Mer-

catelli alcuni capi Bimal erano diffatti andati a
Mogadiscio mostrando desiderio di vivere in pace
con noi.

I capi se ne andarono, portandosi via i regali
(s'erano recati a Mogadiscio unicamente per questo!) e facendo ogni sorta di promesse : giurando
e spergiurando della loro simpatia per noi. Viceversa, appena ritornati fra le loro tribù, essi
ebbero cura di far sapere che, i veri capi erano
degli altri, e che, se il Governo della Colonia voleva essere sicuro della loro amicizia, era con
questi ultimi che doveva trattare... ed era a questi
che dovevansi fare altri regali!

Difatti il 1° marzo dello scorso anno (1907) mentre in Italia si credeva oramai la Colonia perfettamente tranquilla, un telegramma della *Stefani*
diede la notizia di un nuovo scontro con queste
tribù ribelli, nel quale, secondo il dispaccio, erano
morti circa 200 indigeni e dalla parte nostra oltre
al tenente Pesenti lievemente ferito, vi erano 25
ascari feriti e uno morto. La notizia destò tanto
maggiore sorpresa in quantochè, qua e là, in
qualche giornale erano state pubblicate corrispondenze nelle quali si raccontavano particolari
della marcia che il capitano Pàntano aveva fatto
poco prima fino all'Uebi Scebeli arrivando fino a
Katoi — il punto che le truppe nostre non sono
riuscite ad occupare ora dopo lo scontro di Bahallè — e delle buone accoglienze avute da parte dei
Bimal.

Ma una tribù, come si seppe dippoi, aveva di
nuovo aperto le ostilità uccidendo i corrieri e
avanzandosi minacciosa. Fu il Governatore (comandante Cerrina) che diede ordine alla colonna
di partire per infrenare questo movimento.

Danane, dove avvenne lo scontro, è alla distanza di circa 39 chilometri da Merca, ed è presso a
poco alla stessa distanza da Mogadiscio. È un
villaggio sulla costa di circa un centinaio di ca-

panne — di *tucul* come dicono i nostri ufficiali i quali hanno trasportato al Benadir per molte cose che riguardano gli indigeni, la terminologia dell'Eritrea, sebbene la lingua del paese sia così diversa — formata con rami d'albero e arbusti riuniti con terriccio. Un muro di cinta circonda il villaggio e la piazza dove gli ascari si soffermano durante le ricognizioni tra Merca e Mogadiscio, sovente anche per ristorarsi all'unico pozzo, che è all'estremità del villaggio. A Danane non si approda poichè la costa è a picco ed è quindi impossibile lo sbarco. Gli sbarchi si possono fare invece a Gesira, a metà strada fra Danane e Mogadiscio, ovvero a Gelib, a Gonderscia-Oriale, tra Danane e Merca.

Danane è il punto di congiungimento tra le stazioni di Merca e di Mogadiscio per le consegne tra i due presidî, per la scorta dei fondi e per lo scambio della corrispondenza durante la chiusura della costa, quando incomincia il monsone. L'unica occupazione degli abitanti, in gran parte liberti, è la fabbricazione dei recipienti per trasportare acqua. Sono in tutto 4 o 500 indigeni. A Danane vi sono due capi stipendiati dal Governo con due o tre talleri al mese, e dipendenti dalla residenza di Mogadiscio. Uno di essi pareva affezionato al Governo, ma l'altro non ha mai ispirato fiducia.

Nell'interno del territorio di Danane risiede il capo religioso Hugas, stipendiato dalla residenza di Merca, e che riceve da noi uno stipendio... di 5 talleri al mese. Non si può dire che il clero somalo abbia delle grandi esigenze! Nè che il Governo italiano sia molto generoso. All'epoca della Società milanese aveva otto talleri. Subentrato il Governo, fra le grandi economie escogitate dal Regio Commissario, per dare un nuovo assetto alla Colonia, vi fu anche questa diminuzione di tre talleri nello stipendio dell'Hugas!

In ogni modo sull'amore e la fedeltà di questa gente non c'è davvero da contare. Durante una delle frequenti marcie lungo la costa che le nostre truppe facevano qualche anno fa fra Merca e Mogadiscio, a Danane, un ascaro, cadendo, si fece male ad un ginocchio in modo da non poter più camminare. I nostri ufficiali non potevano lasciarlo in paese per non esporlo alla morte, poichè gli indigeni, trattandosi di un arabo, lo avrebbero ammazzato. Fu invitato uno dei capi da noi stipendiati a fornire un cammello o un asino per trasportare l'ascaro. Il capo essendosi rifiutato, gli ufficiali lo invitarono a custodire l'ascaro, garantendone però la vita. Ma nemmeno questo poterono ottenere e gli ufficiali dovettero requisire con la forza un asino nel villaggio, e solo così poterono trasportare l'ascaro al presidio. (1)

_____

(1) Danane fu dei paesi della costa del Benadir abitati dai Bimal quello che si mostrò più restìo a trattare col capitano Filonardi quando vi si recò come rappresentante della prima Società che da lui prendeva il nome, per stabilire delle buone relazioni. A Danane sono avvenuti altri scontri anche prima della nostra occupazione; molti anni fa, sempre ricorrendo all'inganno, massacrarono una piccola spedizione del Sultano di Zanzibar.

Nell'anno 1874, nel mese di Giumada el Auel, Salem ben Alì Jakubi, governatore del Benadir, ebbe ordine da Said Bargasch di andare a Mogadiscio per costruire una *garesa*. Partitosi da Merca, presso la città di Danane, località occupata dai Bimal e cinta di mura, fu attaccato dai Somali, ma con poche fucilate li mise in fuga ed occupò la città stessa, senza esservi nè morti nè feriti da ambo le parti.

Stabilitosi in città, si presentarono molti capi Bimal e cercarono scusarsi presso il governatore, che il fatto successo non doveva attribuirsi che a pochi sconsigliati, e che non avesse a temere. Salem ben Alì disse loro che non sarebbe più andato a Magadiscio, ma che retrocedeva a Merca, e che non credeva punto alle loro parole se non facevano *jemin*

Rispondendo alle interrogazioni degli on. Santini e Viazzi sullo scontro di Danane, il Ministero degli Esteri disse che sarebbe stato puerile tentare di attenuare l'importanza dello scontro ovvero esagerarlo per valersene, nel primo caso, come argomento in difesa del Governo, e nel secondo come prestesto di attacco.

« Incidenti simili — continuava il ministro — si sono verificati in passato, specialmente nel periodo di costa chiusa, che ora si va avvicinando, e non è escluso che si ripetano in avvenire, fino a che noi, stabiliti soltanto sulla costa, non avremo un controllo e un dominio effettivo sulle tribù dell'interno.

« Ciò io ho detto altra volta alla Camera, oggi lo ripeto. La sicurezza dell'*hinterland* della Colonia costituisce il nostro programma per l'avvenire e l'attuazione di questo programma, che subì una sosta nel passaggio della Colonia da una Società privata allo Stato, sarà ora ripresa dal nuovo governatore; ma essa non può essere che lenta e graduale.

(giuramento) sul Corano. Giurarono i capi Bimal ed il governatore co' suoi soldati retrocedette verso Merca.

Ad un'ora ed un quarto circa di strada da Danane, in località detta Jak-ner, in terreno boscoso, accidentato, i Bimal assalirono improvvisamente il Valì ed i suoi, senza dar loro tempo di far uso delle armi, e tutti li uccisero, compreso Salem ben Jakubi. I morti furono in numero di quaranta, e solo scamparono all'eccidio due schiavi, che portarono la novella a Merca.

Said Bargasch mandò in seguito rinforzi, ma non fece nessuna azione per vendicare i suoi soldati, onde i Bimal si inorgoglirono di più. La maggior parte dei Bimal che combatterono appartenevano alla *cabila* Suleiman.

Da quell'epoca, fu tale il terrore che i Bimal ispirarono, che nessuno più si attentò di andare a Danane, o percorrere per via di terra quel litorale. (Da una relazione del capitano Ferrandi).

« Il programma del Governo potrà sembrare
più o meno buono; comunque, la prossima discussione del bilancio degli esteri darà modo alla
Camera di giudicarlo.

« In attesa che possa svolgersi il programma
per l'ordinamento della Colonia, vi sono dei provvedimenti che occorre non ritardare ulteriormen-
te. Occorre sopratutto per la sicurezza della Colonia un maggior numero di ascari ».

Fu questa la prima volta nella quale il Ministro degli Esteri, parlò della necessità di aumentare il numero degli ascari. E, manco a dirlo,
mentre nel resoconto ufficiale della Camera, a
questa dichiarazione si fa seguire la parola: commenti — e i commenti furono dei mormorii che
partirono da qualche banco dell'Estrema Sinistra
— nella stampa radicale incominciarono subito
gli attacchi al ministro, ed alla insana politica
africana del Governo che stava preparando altre
sventure ed altri disinganni al paese. Quel mormorio dell'estrema sinistra e gli articoli di due
o tre giornali radicali, come al solito, paralizza-
rono immediatamente l'azione del Ministro. Il
quale — anche questo bisogna riconoscere — è
malissimo servito alla Consulta ed ha sempre dovuto lottare, per tutto ciò che riguarda l'Africa,
con la resistenza passiva dell'on. Giolitti. Pur
troppo, di fronte all'autorità del capo del Governo, il ministro non ha mai avuto l'energia necessaria, non fosse altro per costringerlo ad occuparsi della Colonia e prendere una risoluzione.

Della necessità di aumentare laggiù le nostre
forze militari, rimasero convinti tutti dopo le notizie relative allo scontro di Danane e dopo le parole del ministro. Ma, come al solito, non se ne
fece nulla. E ciò sebbene il Governo continuas-
se a ricevere di laggiù l'avvertimento che, mentre un'azione esercitata subito, con forze sufficienti, e quindi con una spesa lievissima, non

presentava allora nessun pericolo, era, invece, evidente che, seguitando ad andare avanti a quel modo, senza decidersi, la situazione poteva mutare — non a nostro vantaggio — e finire per richiedere uno sforzo e una spesa molto maggiori.

Per quanto riguarda la questione dei Bimal, come per ciò che riguardava la situazione della Colonia nel suo complesso, il comandante Cerrina, dopo poco tempo che era sul posto, aveva saputo rendersene conto e informarne prontamente il Governo. Uno o due mesi dopo il suo arrivo a Mogadiscio per assumere la reggenza della Colonia, non solo aveva mandato al ministro una relazione chiara, precisa sulla situazione che aveva trovato, ma avera anche indicato con molta avvedutezza quale era la linea di condotta da seguire per dare un assetto definitivo alla Colonia ed evitare sorprese spiacevoli.

Accennando alla probabilità che qualche capo più ardito o più fanatico potesse far propaganda contro di noi, egli scriveva:

« L'esperienza sta a dimostrare la probabilità di queste previsioni — per quanto per il momento codesto pericolo non vi sia. Però, siccome un successo, anche piccolo, contro di noi, risveglierebbe questa baldanza che è ora fiaccata, occorre vigilare attentamente e, pur continuando nella linea di condotta prudente e schiva da ogni atto che possa sembrare provocazione, tenersi pronti a soffocare senza esitazione, al suo nascere, qualunque accenno a movimenti ostili verso di noi ».

Nell'ordinare la spedizione al comando del tenente Pesenti, il comandante Cerrina si era evidentemente attenuto al programma che si era imposto.

Nella relazione, alla quale accenno, egli dichiarava apertamente, confermando l'opinione già manifestata da parecchi dei suoi predecessori, che nulla, assolutamente nulla si può tentare in quella Colonia, « se prima non se ne garantisce la sicurezza e se sull'intiero paese situato al di qua del flume non si eserciterà la nostra azione diretta di dominio, se in sostanza, non si occuperanno stabilmente e saldamente alcuni punti sulla riva del flume, e, specialmente nei luoghi di guado, ai quali fanno capo le strade seguite dalle carovane ».

Tanto nel mondo parlamentare come in alcuni giornali, per dimostrare come codeste ribellioni dei Bimal non potevano impensierire gran che, si disse che quelle tribù non posseggono ancora dei fucili. Ma già fino dall'anno precedente sulle colonne del *Corriere della Sera*, quando avvennero gli altri scontri intorno a Merca, aveva io pure manifestato il timore che da un giorno all'altro anche per quel che riguarda le armi dei somali ci si sarebbe potuto trovare davanti a qualche sorpresa, e che poteva essere questa una delle ragioni per decidere ad agire senza aspettare dell'altro. Qualche tempo dopo, questi dubbi e questi timori erano manifestati molto più autorevolmente dal comandante Cerrina nella citata relazione. A questo proposito, e per evitare di mantenere il pubblico — e il Governo — in quell'ottimismo che ha provocato già in altre circostanze così ingrate sorprese, il comandante Cerrina diceva molto opportunamente in quella relazione:

« Una delle ragioni che dovrebbero, a mio giudizio — egli scriveva — sollecitare un'azione seria, sta nel fatto che, *attualmente, si compirebbe con forze non notevoli, essendo gli indigeni armati in modo molto primitivo di lancie e freccie: mentre d'altra parte le informazioni che giungono confermano che il numero delle armi da fuoco nell'interno, va continuamente aumentando, per modo che, se è ora limitato ovunque e nullo al di qua del basso Scebeli, fra pochi anni lo stato delle cose sarà differente ».

Al Ministero degli Esteri debbono esistere parecchie altre relazioni dello stesso genere, con le relative proposte per un'azione contro i Bimal intesa a liberare il territorio fra Merca e l'Uebi Scebeli. Che per raggiungere questo scopo bastassero allora — e bastano ancora adesso — pochi battaglioni, ne sono convinti nel modo più assoluto tutti coloro che sono stati laggiù. Così si fosse adottato questo programma fino da qualche anno fa! Fino da quando, nel 1904, il capitano De Vita, che aveva allora il comando degli ascari, in un rapporto al Console nostro a Zanzibar metteva in rilievo la nessuna importanza, la nessuna serietà che hanno tutte le trattative coi capi e gli accordi stipulati con quella gente:

« I capi somali non hanno autorità nè facoltà di deliberare sulle questioni d'ordine generale che interessano le tribù — scriveva il De Vita a proposito delle agitazioni per le ordinanze sulla schiavitù: — Invitati a trattare, essi non sono che dei parlamentari senza poteri di sorta. E' assolutamente vano lo sperare di garantire la tranquillità con questo sistema ».

Sulla quantità di forze necessarie lo stesso capitano De Vita scriveva nel citato rapporto: « Due battaglioni di Eritrea, al completo, operando attivamente, ed in ogni senso dal mare all'Uebi Scebeli, per un periodo di due o tre mesi, giudico sufficienti per dare un definitivo assetto alla sicurezza della Colonia, base indispensabile per lo sviluppo di qualsiasi programma. Gli ascari del Benadir basteranno in seguito. Circa l'opportunità di rimettere ad altra epoca le operazioni alle quali accenno, mi si permetta di fare osservare che col ritardo, aumenteranno le difficoltà, ed allora, *i due battaglioni non basteranno più. Non dobbiamo dar tempo a questa gente di organizzarsi e di provvedersi di fucili, la quale eventualità potrebbe essere, in questo caso, una delle sorprese riserbateci dall'avvenire.* Col ritardare, o con lo sperare che con un temporaneo accomodamento potremo trovare altre soluzioni al problema, a mio avviso, non si fa altro che prolungare il pericoloso attuale stato di cose e spendere briciola a briciola, una somma che, impiegata in una sol volta, ci permetterebbe di crear un edificio ben solido, che non avrebbe bisogno di riparazioni in avvenire. *Oggi l'impresa è facile, e a buon mercato: domani potrebbe non essere più tale* ».

Ho citato questo rapporto del De Vita perchè risale a quattro anni fa. Ma, lo ripeto, tutti indistintamente coloro che hanno avuto occasione di occuparsi delle cose del Benadir e che sono stati in Colonia hanno ripetuto la stessa cosa ed hanno indicato i pericoli ai quali si andava incontro non sapendo mai decidersi ad un'azione energica, e continuando ad andare innanzi giorno per giorno senza un programma stabilito.

VII.

L'UEBI SCEBELI.

Brava la Pacifica.

Il fiume dei leopardi. — Le prime notizie sull'Uebi Scebeli. — Il nob. Ruspoli. — Il progetto d'una spedizione. — Il conte di Torino. — I due itinerari. — L'idea abbandonata. Il solo fiume africano non ancora esplorato. — Le gite all'Uebi. — La parte conosciuta. — Il capitano Pàntano. — La sua ricognizione all'Uebi Scebeli. — Le accoglienze dei Bimal. — La marcia. — Le impressioni dei nostri ufficiali. — Il terreno. — Dalla parte di Brava. — Le concessioni a Guerle. — Nella Goscia. — La questione dell'Uebi Gofka. — I Tunni. — Brava. — Vi è molto meno fanatismo. — L'europeo vi è accolto bene. — La visita del comandante Sorrentino. — La storia di Brava. — Le guerre di Brava con Bardera. — I Dafferat. — I residenti di Brava. — I nostri ufficiali e l'esempio dell'arte medica. — Le coltivazioni. — Fertilità del suolo. — Una colonia di liberti. — I liberti nelle tribù dei bimal. — La schiavitù e l'agricoltura. — L'avvenire della Colonia. — Le previsioni del comandante Guillain. — Il commercio con la costa.

Le acque dei due grandi fiumi bagnano la nostra Colonia: quelle del Giuba che divide il Benadir dalla Colonia Inglese che per l'appunto da questo fiume prende il nome: Jubaland, e quelle dello Scebeli: il fiume dei leopardi, come lo chiamano gl'indigeni. L'Uebi Scebeli, che pare abbia la sua origine molto lontano nei contrafforti dell'Harrar, dopo essersi diretto perpendicolarmente alla costa, attraverso il paese degli Arussi, l'Oromo e l'Ogaden, giunto all'altezza di Warscheik, fa un gomito e avvicinandosi sempre più alla costa, e dopo aver percorso dall'altezza di Mogadiscio un lungo tratto, quasi parallelamente alla costa, dopo aver percorso dall'altezza di Mogadiscio un lungo tratto, quasi parallelamente alla costa e ad una distanza che varia dai quindici ai trenta chilometri, va a perdersi fra le sabbie al sud di Brava. Alcuni vogliono, per quanto l'ipotesi paia poco ammissibile, che non vada nelle paludi di Balli, ma, nel sottosuolo, prosegua fino al Giuba, del quale, una volta, sarebbe stato un affluente.

Dopo circa quindici anni, dacchè l'Italia ha preso possesso di quelle coste, non possediamo ancora che notizie relativamente molto scarse su questo fiume la cui importanza è così grande per lo sviluppo agricolo e commerciale della nostra Colonia. Ancora adesso non si sa, se e in quali tratti sia navigabile.

Dall'alto Uebi Scebeli, le prime notizie si sono avute dai viaggiatori Candeo e Baudi di Vesmea,

che, nel 1891, non avendo però per obiettivo l'e-
splorazione di questo flume, lo attraversarono a
Imi e furóno i due primi europei che posero piede
in quei paesi. Qualche mese dopo, lo attraversava
il Ruspoli, e fu, per l'appunto al passaggio di
questo flume, in un punto dove è largo una quarantina di metri, ma molto profondo, che si ma-
nifestarono le prime ostilità contro la spedizione
capitanata dal giovane patrizio, che doveva flnire
così tragicamente due anni dopo. Nella seconda
spedizione, partendo da Berbera nella Somalia
inglese, e discendendo a sud fu indotto dal timore delle razzie abissine, ad evitare l' Harrar
e a tenere una strada più ad oriente. Attraversò
quindi il flume più a valle e lo risalì per due
giorni sino a Imi. In memoria del giovane e ardito esploratore per parecchio tempo questo flume fu chiamato l'Uebi Ruspoli, e con tal nome
figura nelle carte del *Giuba esplorato* del Bottego,
che lo attraversò egli pure e nel suo libro ne descrive brevemente quel punto, illustrando la de-
scrizione con alcune fotografle.

Solo dopo lo scontro di Danane dello scorso
anno, al Ministero degli Esteri, si convinsero
della necessità di avere maggiori notizie e parve,
per un momento, dovesse realizzársi il progetto
di una spedizione della quale avrebbe preso l'i-
niziativa la Società geografica, d'accordo col conte di Torino che avrebbe avuto vivissimo desiderio di prendervi parte. Solamente, per quanto potesse essere penoso per il Governo di contrastare
la nobile iniziativa del Principe, nelle sfere mini-
steriali, tutti furono concordi nel ritenere che sarebbe stato assolutamente inopportuno che una
spedizione di questo genere fosse capitanata da un
Principe. Si comprende facilmente quale gravis-
sima responsabilità si sarebbe assunto il Ministero, consentendo che il Principe la comandas-
se o vi prendesse parte, pensando alle conse-

guenze, alle complicazioni alle quali una spedizione simile avrebbe potuto dar luogo, qualora fosse andata incontro — e l'ipotesi non si poteva escludere — ad una sciagura, o anche soltanto se il Principe fosse stato fatto prigioniero e tenuto in ostaggio.

La spedizione però, d'accordo fra il Ministero e la Società geografica, che se ne era mostrata sempre calda propugnatrice, era in massima decisa, e il Cerrina, il capitano di corvetta che reggeva la Colonia del Benadir, era stato interrogato per sapere se, a suo avviso, sarebbe stato meglio che la spedizione partisse da Mogadisciò o da Brava, risalendo il fiume o se pure gli sembrava più conveniente partisse dall'Harrar discendendo verso la costa.

Fu studiato il pro e il contro dei due itinerari. Il primo pareva presentare delle difficoltà gravi ed esigere quindi una organizzazione molto seria. O la spedizione era tanto forte da poter passare attraverso le tribù ostili; ed allora la spedizione avrebbe dovuto assumere un carattere militare, e lasciare man mano occupati alcuni punti, perchè senza essersi assicurata alle spalle, sarebbe stato molto pericoloso l'andare avanti: almeno fino ad un certo punto. O la spedizione non era abbastanza forte, ed allora vi sarebbero state pochissime probabilità di successo, e la quasi certezza di un disastro.

Scendendo invece lungo il fiume dall'Harrar, la spedizione avrebbe incontrato altre difficoltà. Prima di tutto, anche iniziandola a questo modo, avrebbe dovuto sempre disporre di una certa forza. Avrebbe dovuto poi affrontare verso la fine del viaggio quel pericolo col quale, risalendo il fiume, avrebbe dovuto lottare da principio: la ostilità vivissima delle popolazioni somale, le quali non possono immaginare in simili casi si tratti di una spedizione puramente scientifica, e che ve-

dendo della gente armata con dei bianchi, credono sempre vada per conquistare il loro paese.
Fin che la spedizione fosse stata negli Arussi, non
erano da prevedere grandi difficoltà : ma il pericolo sarebbe incominciato quando la spedizione
fosse giunta a Barri sui confini dell'Ogaden. Ivi
vi è un capo che dispone di qualche centinaio
di fucili e che, un paio d'anni fa, si misurò anche
con le forze del Mullah. Si chiama Nur Bor. Ha
fatto più di una volta domanda di amicizia al Governatore della nostra Colonia : ma è conosciuto
come uomo di dubbia fede. E — del resto — non
è il solo capo di quelle regioni, che, anche da lontano, dove nè per ora nè per un pezzo arriverà la
nostra influenza, di tanto in tanto domandi la
nostra amicizia... per avere qualche tallero. Su-
perata, in ogni modo, anche questa difficoltà, e,
chi sa che, per l'appunto con un po' di talleri
non si fosse potuta vincere; una volta giunta a
Schidle, la spedizione avrebbe avuto due vie da
sciegliere: o continuare seguendo il corso del
fiume e allora... si sarebbe trovata a combattere
contro i Bimal, — o abbandonare il fiume per
raggiungere la costa a Itala o a Warscheick, e
allora avrebbe tralasciato di esplorare, per l'appunto quella parte del fiume che più ci interessa.

Per cui, malgrado l'urgenza e l'importanza che
vi sarebbe stata di studiare il corso dell'Uebi Scebeli e le diramazioni di questo fiume, il solo fiume africano il cui corso non sia ancora stato esplorato e dal quale dipende in gran parte l'interland
dei nostri possedimenti in Somalia, l'idea della
spedizione fu quasi subito abbandonata. Si riconobbe impossibile tentarla fino a che la Colonia
non sarà veramente tranquilla.

Solo la bassa valle dello Scebeli fu, in una piccola parte, esplorata dal capitano Ferrandi. Di
una gita che egli fece da Brava al fiume, oltre
quello che egli stesso ne scrisse, abbiamo una

L'Uebi Scebeli.

breve relazione del compianto tenente di vascello Talmone, l'ufficiale di marina, ucciso Warscheick e che era stato destinato a far parte della piccola carovana dal comandante della *Staffetta* sulla quale era imbarcato. Andarono fino a Cablalle, dove passa la strada che da Brava va a Bardera sul Giuba, e dove il fiume ha una profondità di tre metri e una larghezza di dieci. Vi abbondano i cocodrilli, per cui è pericolosissimo per gli animali che si fanno traversare a nuoto non potendo naturalmente metterli nelle piroghe.

Negli anni successivi fecero delle gite fino al fiume quasi tutti i residenti di Brava, e anche recentemente il tenente Marchini, un brillante ufficiale di cavalleria che in questa qualità fu per parecchio tempo a Brava, ha raccontato i particolari di una di queste gite in un articolo molto interessante pubblicato dal *Momento* di Torino. Da quella parte non ha mai presentato difficoltà l'arrivare fino al fiume, poichè si attraversano paesi abitati dalle tribù dei Tunni, cioè dalle popolazioni più tranquille della nostra Colonia.

Ma la parte del fiume meno conosciuta, e che è stata veduta solamente in qualche punto, mèta di una rapida escursione da qualche ufficiale o residente a Merca, è quella che scorre all'altezza di questa città fino a Mogadiscio. La larga striscia di terra fra la costa e il fiume essendo abitata dai Bimal, le escursioni di questo genere hanno sempre presentato dei pericoli, e non sarebbe stato prudente fermarsi al fiume, dove possono rapidamente concentrarsi tutte le tribù che vivono sulle due sponde. I Bimal poi sanno benissimo, dall'importanza che ha per loro, quella che avrebbe anche per noi lo Scebeli e, come il giorno nel quale saremo padroni del fiume, dovranno finire per essere sottomessi: quindi han cercato sempre di impedire al bianco di arrivare fino all'Uebi.

Il merito di aver fatto la prima ricognizione ve-

ra, fermandovisi qualche giorno e percorrendo
un certo tratto sulla sponda del fiume, spetta al
capitano Pàntano, il quale, durante tutto il tempo
che fu residente a Merca, non solo seppe dar
prova di senno e di coraggio nelle operazioni militari, ma, preoccupandosi della situazione veramente penosa nella quale ci siamo trovati fino ad
ora, spiegò una grande attività, anche dal punto
di vista politico, intesa a preparare un migliore
assetto di cose; tanto in Merca, cercando di far
cessare le prevenzioni dei somali contro di noi
come nella questione dei Bimal. Vi fu un momento, come si è già avvertito, nel quale codeste tribù
parvero rassegnate a subire il nostro dominio ed
ebbero con le nostre autorità relazioni più che
cordiali, amichevoli. Il capitano Pàntano, che li
conosce meglio di chicchessia, non deve certo essersi fatte molte illusioni sulla remissività dei
Bimal, che, diffatti, poche settimane dopo attac-
cavano le nostre truppe a Danane, nello scontro
nel quale rimase ferito il tenente Pesenti. Ma
credette giustamente opportuno l' approfittare delle circostanze favorevoli per spingersi fino al
fiume.

Partì da Merca il 23 gennaio alle 6 del mattino
giungendo a Kaitoi alle 9. La colonna era compo
sta di 342 uomini di truppa, 4 ufficiali, 9 cammelli, 5 muli da sella. Il campo fu messo presso il
villaggio di Odor-Ossob, in un luogo non troppo
lontano dall'acqua e dalla boscaglia che doveva
fornire la *zeriba* e la legna. Dopo tre ore circa il
campo era già fatto; grossi rami di piante spinose
disposte in ampio quadrilatero riparavano la truppa e le tende; all'ingresso fu posta una guardia
che regolava l'uscita degli ascari e sorvegliava la
entrata degli indigeni. Al tramonto l'ingresso era
chiuso e da ogni lato del campo vegliavano due
sentinelle.

A venti minuti di distanza dove si accampò la

nostra colonna scorre l'Uebi Scebeli. Per uno sbarramento artificiale compiuto in seguito a uno sbarramento naturale avvenuto là presso, le acque del fiume presero definitivamente la via del Farta Kaitoi. Cosicchè alcuni paesi, come Nagadi e Goluin, non sono più sul fiume, ma sul suo vecchio letto e hanno acqua soltanto nei periodi di piena.

Il 24 e 25 gennaio le nostre truppe si fermarono a Kaitoi per la festa dell'Eid Arrafa; molta gente e molti capi affluirono dai paesi circostanti.

Il 26 mattina il capitano Pàntano mandò a Merca un drappello di sette malati accompagnati da un buluk-basci e lasciò il campo in custodia a tre Bimal, le truppe si recarono quindi a Genale, Malable e Sigole, grossi paesi appartenenti rispettivamente ai Kaule, ai Suliman e ai Mahàduach, che sorgono vicinissimi al fiume.

A Genale l'Uebi è largo 18 metri ed ha la profondità di un uomo; a Sigole è guadabile perchè l'acqua non giunge alla cintola. Qui vi è organizzato un traghetto: quattro rozze barche piatte, guidate da corde fisse alle rive, ne fanno il servizio molto attivo.

Il 27 gennaio le nostre truppe si recarono a Misciane e Uagadi; quest'ultimo è un paese grosso, cinto da argine e da siepe viva; ha per abitanti genti di tutte le tribù Bimal ed è quasi la fortezza di questi contro i Goluin. La popolazione ascenderà a circa 5000 abitanti.

Il 28 mattina le nostre truppe andarono a Goluin e poscia rientrarono a Merca.

Le nostre truppe furono splendidamente accolte e trattate dagli indigeni con molta espansione e cordialità. Furono tante le offerte di buoi, latte, frutta, grano, ecc., furono così larghe le provviste di legna, acqua e foraggio che il capitano Pàntano dovette rifiutarne la massima parte non riuscendo a consumare le provviste portate per gli ascari. Soltanto a Goluin gli furono offerti tredici buoi e quattordici grandi vasi di latte.

A Goluin, regione che è sempre stata relativamente tranquilla, il capitano Pàntano permise agli ascari di recarsi soli in paese e cogli ufficiali si recò in casa di Hagi Mohamed Issa e di Sceik Hamed Abubacher. Il primo, che si diceva fosse fuggito, venne a Goluin apposta da lontano e coprì i nostri ufficiali di gentilezze, offrendo loro ospitalità in una bellissima capanna abbastanza ingegnosamente costruita. Hamed Abubacher, giovane, bello e che gode in un certo ascendente, è il vero signore del paese. In un colloquio col capitano Pàntano, gli disse che tutta la sua vasta provincia è fedele e sottomessa al Governo italiano e che, per conto suo, non desidererebbe che di mostrare la più perfetta obbedienza : aspirerebbe però a una specie di investitura dall'Italia per essere riconosciuto come capo. Offrì al capitano Pàntano cinque buoi; ricambiati con 100 talleri, mezzo sacco di caffè e alcune bottiglie di sciroppi.

Gli ufficiali che presero parte alla marcia, descrissero nei termini più entusiasti, l'ubertosa regione attraversata, che, pur essendo coltivata con mezzi rudimentali, produce due raccolti.

Da Merca al fiume, per una parte, il terreno è tutto a boscaglie dell'altezza di un paio di metri, e qualche volta anche più, interrotte, di quando in quando, da radure abbastanza ben coltivate. S'incontra anche qualche albero d'alto fusto. Il terreno però non è perfettamente piano, ma, in gran parte, a monticoli, il che, rende facile per parte dei Bimal le sorprese. Si nascondono dietro questi piccoli rialzi per cui si arriva sotto il tiro delle loro frecce senza accorgersene.

Avvicinandosi al fiume, la vegetazione diventa sempre giù rigogliosa.

Dalla parte di Brava, si può passare facilmente anche al di là del fiume senza correre alcun pericolo. Il tenente Marchini che ha visitato questa zona, nella relazione che ho già citato, dice di averne avuto la migliore impressione, confermando, del resto, quella manifestata anche da altri.

« Salta subito all'occhio — egli scrive — come il terreno in mano a contadini europei sarebbe fonte di grande ricchezza. Immensi campi di granturco, che è preferito alla dura, poi dura, fagiuoli, sesamo, tabacco in quantità e bellissimo. Questa credo che con quella del cotone, ora coltivato in quantità minima, il solo necessario per gli usi domestici (materassi e fute), sarà una coltura molto proficua per chi vi si dedicherà. Così credo, anche la canna da zucchero, adesso poco e male coltivata, potrà dare buon utile se ben coltivata. Fra gli alberi il più ricco credo sia il caoutchouc, che gli indigeni prima tagliavano e sradicavano non conoscendone il valore, cosa che io proibii subito, promettendo loro d'insegnare il modo di ricavarne denaro; anche il tamarindo vi è in abbondanza, pochi cocchi stanno ora crescendo in riva al fiume ed anche da questi si potrà ricavare utile e molto, facendone grandi piantagioni, specie vicino all'acqua. Fra le frutta e verdure del luogo vi sono angurie, banane, patate dolci, zucche di ogni forma e dimensione ed in abbondanza mogo (tapioca, io credo), che è un frutice che produce molte radici, specie di patate gustosissime, anche crude, delle quali i Suaheli fanno molto consumo; fatte seccare queste radici e macinate, dànno una bellissima farina che i negozianti indiani, per imbrogliare il prossimo, mescolano a quella di grano.

Trovo pure delle piante di aranci, limoni, ananas e mango, ma piantate da poco tempo, daranno i frutti ai miei successori ».

Naturalmente, tutto questo è ancora in embrione, anche nella regione di Brava, cioè in quella parte della nostra Colonia, dove l'iniziativa degli indigeni aiutati e consigliati dai nostri residenti, ha potuto fare qualche cosa grazie alla tranquillità quasi assoluta che vi ha sempre regnato.

Solamente ora, dando finalmente qualche piccola concessione, per l'appunto in questa zona, il Governo ha agevolato degli esperimenti su scala più vasta. A mio modo di vedere, il dare queste concessioni piccole, a enti o persone le quali non possono disporre che di un modestissimo capitale, è un errore. L'insuccesso di una persona, che può essere causato da un complesso di ragioni e di circostanze che nulla hanno a che vedere con la fertilità del suolo, e che non si può escludere, può avere per conseguenza il discredito dell'intera Colonia. Tanto meglio se, come si spera, ciò non accadrà e queste piccole concessioni — credo fino ad ora ne sieno state date una decina — serviranno come esperimenti e proveranno che la Colonia non è affatto un paese arido e sabbioso, come, rievocando i ricordi della nostra prima occupazione di Massaua, una parte della stampa, qualche volta si compiace di descriverla! Il signor Gustavo Campanetti che ha fatto in questi due anni degli esperimenti per la coltivazione del cotone dalla parte del basso Giuba, ha ottenuto, a quanto mi si riferisce, degli ottimi resultati. Che gli auguro di cuore continuino e per il bene della nostra Colonia, e anche perchè la sua iniziativa e la sua attività, meritano tanto maggiore incoraggiamento, in quanto che credo che prima di riuscire ad ottenere di poter fare gli esperimenti abbia dovuto lottare parecchio. Tanto che, a un dato momento aveva pensato di rivolgersi alle autorità di Kisimaio — le quali si erano affrettate a concedergli ogni cosa — per attivare la sua industria nella Goscia inglese! Pare che solamente quando seppero di questo consenso delle autorità inglesi si siano decisi a Mogadiscio a dar seguito alla sua domanda e a rispondere favorevolmente!

Il cotone, del resto, nei tempi ordinari e tranquilli, è sempre stato una delle principali produzioni della bassa valle dello Scebeli e del Giuba. E tutti ricordano ancora come, nel 1893, per la prima volta, un vapore tedesco fosse stato noleggiato da un gruppo di commercianti indiani di Zanzibar, e mandato a Mogadiscio, per imbarcarvi 2000 balle di cotone del peso di circa 60 chilogrammi ciascuna. L'anno dopo, da Zanzibar, andò ancora lo stesso vapore, e ne caricò una quantità molto maggiore. Negli anni successivi l'esportazione scemò sensibilmente perchè, se la tranquillità non fu turbata nei porti da noi occupati, vi furono però numerose guerre fra tribù e tribù.

Per la regione di Brava un grandissimo ed immediato vantaggio lo si avrà appena sarà riaperto l'Uebi Gofka. È una questione per la cui soluzione hanno inutilmente insistito tutti i residenti di Brava, i consoli che hanno visitato la regione, e anche il comm. Dulio nella sua relazione mandata per il tramite della Società milanese al Governo, nel 1902. Ma la riapertura del canale non è una questione che possa essere risolta isolatamente; poichè si collega a tutta la politica che il Governo intende seguire.

Un canale detto Uebi Gofka che aveva la sua origine sopra Merca, cioè in territorio delle tribù Bimal, si dipartiva dall'Uebi Scebeli e conduceva una parte delle acque ad irrigare il territorio abitato dalle tribù dei Tunni, fertilizzando una vasta zona di territorio. I Bimal, in odio ai Tunni, circa trentacinque anni fa, ostruirono la bocca dell'Uebi Gofka con tronchi d'albero, fascine di legno e terra ed altri oggetti, per modo che, dopo vari tentativi riuscirono a chiuderla completamente e a deviarne le acque. I Tunni gravemente danneggiati, hanno più volte reclamato, prima presso il Sultano di Zanzibar e poi presso di noi per ottenere si facessero i lavori necessari per riaprire il canale, dichiarando anzi di essere disposti a prestare l'opera loro gratuitamente.

Dal punto di vista tecnico, la riapertura del Gofka non presenta alcuna difficoltà, e potrebbe essere compiuta in un tempo relativamente breve, e con poca spesa. Ma è evidente che, dato l'odio contro i Tunni nudrito dai Bimal, non è possibile iniziare lavori se non si'ha la certezza che i Bimal rimarranno tranquilli, o se non sono messi al dovere. Il Governo coloniale, diceva per l'appunto il Dulio nella relazione alla quale ho accennato, prima di tentare l'impresa, deve mettersi in condizione di poter rintuzzare le ostilità dei Bimal, qualora non bastassero le buone maniere e un compenso pecuniario che la Società pareva fosse anche disposta a dar loro. In ogni modo, siccome per il solo fatto di mettere mano a questi lavori, vi era la probabilità di un conflitto, la Società doveva essere autorizzata ad iniziarli dal Governo. Non so se la Società avesse chiesto formalmente questo consenso, che, in ogni modo, con la prospettiva di conflitti sarebbe stato senza alcun dubbio rifiutato. Certo è, che, dopo più di tre anni dacchè la Colonia è amministrata direttamente dallo Stato, la questione non ha fatto un passo innanzi, e i Tunni veramente nostri amici, sono rimasti molto disillusi nel vedere come anche il Governo italiano non si sia punto occupato di loro.

Eppure queste tribù dei Tunni che abitano nella regione di Brava, avrebbero meritato qualche riguardo da parte nostra, visto che, in tanti anni, non ci hanno mai creato la più lieve difficoltà! Per quanto esse pure di razza somala, queste popolazioni hanno un carattere distinto da quello delle altre tribù, tanto che in alcuni è sorto il dubbio abbiano nelle vene sangue di altre stirpi.

Chi scende a Brava, dopo aver visitato gli altri

scali del Benadir, come Mogadiscio e Merca, dòve il bianco non può uscire di casa senza essere scortato, sente subito, appena sbarcato, di trovarsi in un ambiente differente. Pare un paese diverso. Allo sbarco non si vede quell'apparato di forze che a Merca e a Mogadiscio è necessario. Chi vi dà il saluto è il capo della dogana, il vecchio ed arzillo Mohaemened Alì che vi viene incontro con due ascari, e che grida ai portatori di fare attenzione, poichè, per non bagnarsi, si scende a Brava... a dorso d'uomo. Entrando dalla dogana in città si ha subito una grata impressione anche per il fatto, che gli indigeni non vi guardano affatto con aria di diffidenza. Molti anzi vi salutano col tradizionale *yambo bana*, che equivale al nostro buon giorno.

La popolazione di Brava professa naturalmente la religione mussulmana, ma senza quel fanatismo per il quale altre popolazioni, non solamente nella Somalia, ma anche al Marocco, per esempio, sentono come istintivamente la ripugnanza e l'odio verso chi professa altra religione al punto da non rassegnarsi che a malincuore a subire il contatto con gli infedeli. Anche quando i nostri ufficiali di marina vi sbarcarono le prime volte ebbero festosa accoglienza, e il comandante Sorrentino, che con la *Staffetta* visitò ad uno ad uno tutti i porti e gli ancoraggi delle coste della Somalia italiana, non solo vi fu accolto bene, ma fu festeggiato anche dalle donne che rispondevano al *yambo* col quale il Sorrentino e i suoi ufficiali le salutavano senza che i loro uomini se l'avessero a male.

La storia di Brava è su per giù quella delle altre città della costa del Benadir. Le tribù dei Tunni, ora così fedeli amici nostri, hanno avuto anch'esse lunghe feroci guerre con le tribù vicine, e nel 1840 la loro capitale è stata distrutta quasi completamente dallo Sceik Ibrahim di Bardera che voleva convertire i Tunni ad un più rigido islamismo. Data anzi da questa lotta l'origine della animosità dei Bimal contro di loro.

I Tunni alleandosi col Sultano di Gheledi riuscirono a loro volta, qualche tempo dopo, a distruggere Bardera.

Trattandosi di città fatta quasi tutta di capanne, la loro distruzione per parte del nemico vittorioso non è un'operazione, che presenti delle difficoltà. Per le tribù somale è come la consacrazione della vittoria. Ma, per quanto meschine, quelle capanne sono pur sempre la casa dove vive quella gente, e la loro scomparsa lascia un lievito d'odio che difficilmente si estingue. A un certo punto i Tunni trovarono troppo pesante la protezione del Sultano di Gheledi e si ribellarono al loro antico alleato. I Bimal presero le parti della gente di Gheledi e fu allora che ostruirono il canale, aiutati, a quanto pare, dal valì, che a Mercà rappresentava l'autorità del Sultano di Zanzibar. È stato questo valì a dar loro il legname, delle vele di sambuco e quanto altro occorse ai Bimal per ostruire il canale. Senza però guadagnarsene la gratitudine. Chè fu appunto questo valì che i Bimal massacrarono qualche tempo dopo a Danane, insieme ai suoi quaranta *chirobotos*.

Brava è la sola città del Benadir nella quale non è mai avvenuto un attentato contro gli europei, e merita veramente il nome di *Brava la pacifica*, che le ha dato il viaggiatore Brenner. La tribù dei Tunni si divide in cinque cabile, la più importante delle quali è quella dei Dafferat che ha sempre dominato le altre e della quale è capo il vecchio Hagi Abdelkader che gode di un grande ascendente. I Tunni sono anch'essi gente valorosa e, condotti da abili *melach* (1), come, per e-

(1) Comandante.

sempio, dal loro famoso *Melach* Fanai Mirsi, potrebbero rendere ottimi servigi, con le cinque o sei mila lancie delle quali dispongono.

La città di Brava che si presenta un po' a guisa di piccolo anfiteatro sopra un leggiero rialzo di terreno, separato dal mare da una cinquantina di metri di spiaggia di arena finissima, è formata da un'ottantina di case in muratura lungo la spiaggia, e da un migliaio circa di capanne verso l'interno. È cinta da mura, dell'altezza di quasi due metri, ancora in buone condizioni.

Queste mura partono dall'estremo limite delle case e delle capanne lungo la spiaggia, e proseguono a forma di semicircolo con la parte convessa verso le dune di color rossastro, che fanno da sfondo al panorama di Brava vista dal mare.

Su di un isolotto a sud e a poca distanza dalla città vi sono gli avanzi di un'antica torre che deve essere stata costruita su antiche mura, attribuite ai portoghesi: ma delle quali finora non è stata accertata l'origine, dubbia, come lo è, del resto, quella delle altre rovine che s'incontrano su quelle coste.

A Brava, per maggior o minor tempo, sono stati come residenti parecchi ufficiali di terra e di mare dopo il capitano Ugo Ferrandi, che si può considerare oramai come il veterano della Colonia. Vi è stato il comandante Menini, il tenente di vascello cav. Cappello, il tenente di vascello Bossi per un breve periodo, quindi il tenente di vascello Badolo, il tenente di cavalleria Marchini, il cav. Pini e, salvo errore, anche il povero capitano Molinari. Il residente, fino a tempo fa, era l'unico bianco che fosse in tutta la regione, e, quindi ricadevano su di lui tutte le mansioni politiche, amministrative e militari. Era aiutato da due *carani* (scritturali) che risiedevano uno alla residenza come collaboratore del residente, e l'altro alla dogana. Ho parlato di mansioni, ma, con

tutto il rispetto dovuto ai nostri bravi ufficiali, sarebbe più giusto dire che dovevano fare un po'
di tutti i mestieri, perchè, oltre al tenere la cassa, dovevano fare anche da ufficili postali... ed
esercitare, a tempo e luogo, la medicina. Com'è
noto, molti esploratori sono riusciti a superare
difficoltà che parevano insormontabili, a catti-
varsi l'animo di popolazioni attraverso le quali
dovevano passare, facendo da medico e riuscendo a guarire delle ferite o a somministrare opportunamente qualche farmaco. I nostri residenti
a Brava si sono spesso cattivati la gratitudine
dei somali allo stesso modo, curando le febbri,
che si prendono in qualche punto dove il fiume
che non corre fino al mare, finisce a poco a poco
in mezzo a paludi, con del chinino a forti dosi,
o delle ferite con delle buone lavature antiset-
tiche, qualche punto di sutura, un po' di iodofor-
mio... e sperando nel clima e nella mite temperatura per la guarigione.

La guarigione ottenuta a questo modo, ha sempre, per i somali, qualche cosa di miracoloso.
Dal tenente Marchini capitò un giorno, implorando la sua opera... di medico, un capo dei Da-
ferat, che aveva in un braccio una ferita di lancia
piuttosto grave in suppurazione. Dopo una settimana circa di cure giornaliere, la ferita era quasi
guarita. Un giorno, mentre il tenente lo medicava,
a un tratto il somalo gli gridò:

— Ma tu chi sei? Iddio? Io ho fatto leggere sopra di me per dieci giorni di seguito il Corano
dal gran Scheik Aburbeker e stavo morendo, e
tu mi hai toccato, e mi hai guarito!

Tutta la regione di Brava, e la Goscia, cioè il
territorio compreso tra il Giuba fino ad una certa
altezza e la zona ove l'Uebi Scebeli si perde sotto
terra, è di una grande fertilità, e potrebbe dare
un prodotto ancora molto maggiore di quello che
dà ora, ove le coltivazioni fossero fatte più ra-

zionalmente. I cereali crescono in quantità enorme, e non è raro il caso di veder dare un sacco di dura in compenso di una *gisla*: cioè di un sacco vuoto fatto di foglie di palma, quando, per l'abbondanza, non sanno più dove mettere il prodotto. E il sacco contiene circa 80 chil. (1).

Nella Goscia sopratutto, la popolazione è eminentemente agricola, e assidua al lavoro dei campi, contrariamente a ciò che avviene nelle altre parti della Colonia, dove i somali cercano di lavorare il meno possibile e di addossare tutte le fatiche agli schiavi.

Anche da questa parte della Colonia, verso il Giuba vi sono dei Bimal: ma, emigrati solamente da pochi anni, col consenso delle autorità di Mogadiscio, e che hanno costituito un nucleo di popolazioni, a parte, e completamente isolato dalle altre tribù. Però il loro numero tende a crescere continuamente, e fa pensare essere stato certamente un errore il consentire la loro immigrazione, perchè, anche separati dalle loro tribù, non hanno perduto il loro spirito turbolento e battagliero e incominciano già a dare noie anche da questa parte. Hanno trovato degli amici e degli alleati al di là del Giuba nel territorio inglese, e, spesso, quando hanno delle contese con i loro vicini, chiamano in aiuto codesti amici loro d'oltre Giuba. Per ora, stante il loro numero relativamente esiguo, questi Bimal sono sempre stati messi a dovere senza difficoltà, e le autorità inglesi, appena richieste, hanno subito agito prontamente per impedire queste escursioni di gente loro sul territorio nostro per venire in aiuto dei Bimal. Ma è però necessario sorvegliarli, poichè, sebbene lontani, si mantengono in relazione assidua con le turbolente tribù dalle quali provengono nei territori intorno a Merca.

_____

(1) Due sacchi sono il carico normale di un cammello.

Abbiamo da questa parte una ragione assolutamente tranquilla, nella quale le vie, tanto quella che da Brava va a Giumbo, come le altre che vanno a Bardera e a Lugh senza passare per il flume, sono sempre state sicure e sarebbe imprudente il non prendere misure onde impedire una emigrazione di elementi che presto o tardi potrebbero dare da pensare.

Intorno a Brava, come si è detto, da qualche anno, per ciò che riguarda l'agricoltura si nota un sensibile miglioramento. Sono sempre le donne e gli schiavi che fanno il lavoro più penoso, ma anche l'uomo, il somalo che una volta disdegnava tutto ciò che non è la guerra, visto che di guerre non ve ne sono più e che ve ne saranno sempre meno in seguito, incomincia ad adattarsi... alla penetrazione pacifica. E l'esempio gioverà. Da quelle parti è andato a stabilirsi, e a fare l'agricoltore anche qualche arabo, contrariamente alle abitudini e all'indole della razza. A Soblale un nostro ex aghida si è reso proprietario di un bel pezzo di terreno e vi si è stabilito con la sua famiglia. Ve lo incontrò il tenente Marchini facendo una gita fino al flume. Servendosi di un aratro assai primitivo tirato da un cavalluccio, aveva già fatto dei bei campi con abbondante produzione di granturco, dura, sesamo ed un bell'orticello vicino all'acqua, con parecchie specie di legumi. Gentilmente l'ex ascaro offrì al suo ex superiore dei bellissimi pomodori.

Dipende dalla residenza di Brava anche la cosidetta repubblica di Avai: oramai è il nome che le si dà in Colonia, non potendosi considerare la sua popolazione come divisa in tribù, perchè appartiene a diverse razze e proviene da paesi diversi e spesso molto lontani. Formano la repubblica d'Avai — chiamiamola dunque così anche noi — alcuni villaggi di schiavi fuggiti dall'interno, e che, lì, lungo il fiume, hanno costituito dei nuclei per aiutarsi a vicenda contro le atrocità dei somali e per difendere la propria libertà conquistata a prezzo di tanti rischi. La gente di Avai ha oramai raggiunto la cifra di circa quattro mila persone, divisa in molti villaggi, ai quali han dato il nome delle tribù dalle quali sono fuggiti. Hanno i loro capi, le loro leggi, ed esiste fra loro una grande tolleranza. Quando uno schiavo fuggito càpita ad Avai è sicuro di trovare sempre la più festosa accoglienza e di essere considerato e trattato come pari.

Oltre i lavori dei campi, fra questi schiavi liberati florisce anche qualche piccola industria: quella dei tessuti, per esempio, confezionati con telai assai primitivi, ma che dànno prodotti abbastanza regolari, e quella del pesce secco che gli indigeni pescano assai abbondante nel fiume e che essiccato, portano a vendere a Brava e scambiano con caffè, zucchero, conterie. Fino a qualche tempo fa, anzi, il commercio con questi schiavi liberati, era fatto quasi esclusivamente da piccoli negozianti di Brava che erano andati a stabilirsi in mezzo a loro e li sfruttavano perchè questi schiavi liberati non si allontanavano da Avai avendo sempre paura di essere ancora catturati andando alla costa, malgrado i nostri residenti avessero garantito loro la sicurezza delle strade per accordi presi coi capi Tunni. I villaggi, specie quello dei liberti Bimal, sono circondati da una impenetrabile zeriba, e prima di entrare nell'abitato bisogna passare per tre porte successive dove, nei momenti di timore, montano regolarmente di sentinella.

In questo viaggio di Avai, nel quale la popolazione ha tanto terrore della schiavitù e ne conosce le crudeltà, non vi sono schiavi. Non è così, per esempio, in alcuni villaggi di liberti più a nord nel territorio dei Bimal, che hanno certamente un'origine diversa, e sono costituiti su altre basi. In questi villaggi di liberti Bimal, la maggior parte di razza suhaeli, questi liberti posseggono degli schiavi e li trattano più duramente ancora che non li trattino i Bimal. Come e in qual modo si sieno formate tali agglomerazioni di liberti in mezzo ai Bimal, nessuno ricorda: cosicchè per spiegare questa anomalia, in mezzo alle popolazioni Bimal che ben raramente liberano degli schiavi, si sono affacciate varie ipotesi: quella che possano essere stati liberati in blocco da parecchie generazioni o per utili servigi resi alle tribù bimale combattendo al loro fianco o perchè la misura è stata consigliata dalla grande abbondanza di schiavi. Anche da questa parte come dalla parte di Brava i liberti non sono divisi in tribù ma si designano col nome dei paesi che occupano o con quello delle tribù bimale alla quale hanno appartenuto i loro avi. Vivono oramai della stessa vita, e combattono con loro, assistendo alle assemblee delle tribù, quando vi sone delle deliberazioni importanti da prendere. Hanno però soltanto diritto di dire la loro opinione, non di deliberare: possono dare ciò che da noi si direbbe un voto consultivo. Sebbene mussulmani anch'essi, questi liberti, non discendono... dal famoso zio di Maometto!

Purtroppo, come diceva in un precedente capitolo, parlando della schiavitù, la schiavitù domestica che esiste nelle città e per la quale non ci s'accorge nemmeno che, a Brava, per esempio, su una popolazione di 5000 abitanti vi sia un migliaio circa di schiavi, non si sa nemmeno più cosa sia al di là delle mura della città. Nelle tribù somale dell'interno, lo schiavo sostituisce veramente la bestia da lavoro. Man mano che dalla costa si procede all'interno, gli schiavi sono più oppressi. Al di là dell' Uebi-Scebeli, ove cessa del tutto la tenue irradiazione della civiltà nostra,

PORTA D'UN VILLAGGIO CINTATO ABITATO DA SCHIAVI LIBERATI.

la schiavitù è orribile. I somali non conoscono
l'aratro; sicchè lo schiavo zappa la terra, semina
il granoturco e la dura e li raccoglie ripetendo
questi lavori due volte l'anno ed in qualche località anche tre.

Il lavoro dura dal levar dal sole al tramonto,
spesso senza interruzione pel cibo che, scarso e
cattivo, vien gettato al povero paziente alla fine
della sua triste giornata.

Se lo schiavo si ribella solo un istante, è per-
cosso e caricato di catene; ma non perciò è di-
spensato dal lavoro. Non può più camminare, ma
è costretto ad avanzare nei solchi saltellando a
piè pari. Fra i Schidle (tribù al nord dell'Uebi-
Scebeli, fuori della nostra azione) è uso di porre
sulle spalle dello schiavo incatenato un sacchetto
di sabbia affinchè egli rimanga sempre curvo sul
lavoro.

Vi sono esempi di schiavi che tennero i ferri ai
piedi per dodici anni e più, di seguito. I ferri,
grossi quanto un pollice, si consumano: le cavi-
glie del paziente, benchè avvolte in luridi stracci,
sono denudate fino all'osso; le gambe indebolite
diventano storte.

La razza suaheli che fornisce il maggior numero di schiavi, è una delle più solide fra le africane; ma i ferri finiscono col dare a quegli ercoli
lo aspetto di gnomi dalle gambe sottili e corte
e convergenti alle ginocchia, mal reggenti il po-
deroso torso.

I tre quarti almeno dei campi, al Benadir, scrive
il Dulio nella relazione al Governo che ho già
avuto occasione di citare, sono coltivati da schiavi che si servono di una piccola zappa a manico
brevissimo, che li costringe a lavorare accoccolati
sul terreno. Un po' perchè sono mal nutriti, un
po' perchè non sono spronati dall'interesse proprio, il risultato che, ognuno di questi schiavi
dà, non è molto. Date queste circostanze, non è

possibile il progresso dell'agricoltura, nè la conversione delle lande deserte in fertili campagne coltivate senza sostituire allo scarso e debole lavoro dell'uomo, l'aratro tirato da buoi. Nella Colonia del Benadir, vivono moltissimi bovini, ma nessuno ha mai pensato a servirsene per la lavorazione della terra. Tale questione, osserva l'ex governatore, in apparenza umile, ha invece una importanza grandissima: politica ed umanitaria. Non è possibile pensare all'abolizione della servitù domestica, e liberare le decine di migliaia di schiavi che ancora vi sono al Benadir, senza aver prima insegnato agli indigeni il modo di sostituire il lavoro dello schiavo con quello dei buoi.

Il bestiame è sempre stato una grande ricchezza della Colonia e fino al 1890, all'epoca cioè nella quale l'epizoozia fece strage in tutta la Somalia, e i cui effetti si sono risentiti per molti anni.

La nostra Somalia Meridionale non è quindi un paese povero, e se non ha ancora preso quello sviluppo vaticinatole da parecchi dei viaggiatori che la visitarono nella seconda metà del secolo scorso, è stato in gran parte per causa nostra. Abbiamo perduto tutti questi anni, cioè un tempo preziosissimo, perchè intanto, molti commerci, che forse avrebbero potuto continuare ad avere come sbocco la nostra costa, sono stati sviati, e hanno preso altre vie. Certo, molte cose sono mutate nel Continente Nero, dall'epoca nella quale il comandante Guillain (1856), scriveva che dietro questa costa « vi è una contrada non solamente ricca per sè stessa, ma in contatto colle regioni centrali del Continente e i cui prodotti debbono venir trasportati, attraversando i territori Somali, e che le carovane dei paesi galla dovevano necessariamente dirigersi a Brava, Merca o Mogadiscio, dando al Benadir una grande prosperità anzichè dirigersi a nord ». Ma, ancora oggi, malgrado che, da una parte, l'Harrar sia destinato ad esercitare una grande attrazione con la ferrovia per Gibuti sui prodotti dei paesi a ridosso della nostra Somalia; e dall'altra; gli inglesi, da anni, cerchino coi mezzi, di cui dispongono e con la tenacia di cui sanno dar prova, di far convergere i prodotti dell'alto Giuba nella loro Colonia anzichè nella nostra — indipendentemente dai prodotti che può dare il suolo — è sempre considerevole il commercio che si potrebbe avviare verso il Benadir, assicurando la tranquillità delle comunicazioni, e studiando seriamente il problema che può dare nuova vita al Benadir e alle regioni retrostanti: quella della navigabilità dell'Uebi-Scebeli che bisognerebbe conoscere meglio.

Maggiori risultati si sarebbero avuti senza dubbio se, a tutto questo, si fosse pensato un po' prima, quando il povero Cecchi, partendo dall'Italia, scriveva di voler vedere se era ancora possibile di salvare il Benadir! Ma, oggi ancora, per le attestazioni concordi di tutti coloro che sono stati laggiù, per i dati di fatto sui quali si può fare assegnamento, per ciò che riguarda la produttività del suolo, la ricchezza del bestiame, e la possibilità di attrarre nell'orbita nostra i commerci di varie zone di quella parte del Continente Nero, risulta evidente che la Colonia del Benadir ha un valore tutt'altro che disprezzabile, e che sarebbe un delitto il continuare a trascurarla come abbiamo fatto finora.

DOCUMENTI.

LA RELAZIONE DI UN CONSOLE INGLESE SULLA COLTIVAZIONE DEL COTONE.

A questo capitolo nel quale ho accennato alla fertilità del suolo e alla coltivazione del cotone che si fa per ora su scala limitata dagli indigeni, ma che potrebbe prendere un grande sviluppo, nii pare opportuno far seguire un documento recente, la relazione cioè mandata dal signor E. Brand, assistente agricolo dell'*East-Africa Protectorate*, sulla coltivazione del cotone in quella colonia, ma specialmente nella provincia del Jubaland: che è appunto la regione limitrofa alla nostra Gossia, dalla quale è solo divisa dal corso del Giuba.

Il signor Brand, un tecnico in materia, nel suo rapporto, dopo avere passato in rapido esame le condizioni climatologiche, idrologiche, di terreno, di mano d'opera e di produzione, delle regioni cotonifere del basso Egitto, dell' India, degli Stati Uniti (Sea Island), ne fa il confronto colle zone dell' Est Africa da lui studiate, e cioè: Tanaland (Lamu e Malindi) e Goscia inglese o Jubaland (Kisimajo), e mette in rilievo i grandi vantaggi climatologici, idrologi, di terreno, nonchè il minor costo della mano d'opera e, quello che più importa, incomparabilmente minore, dei terreni in quelle regioni, che renderebbero la coltivazione del cotone una delle colture più sicure e rimunerative.

Il costo della coltivazione del cotone nel basso Egitto, che è la regione più similare al Jubaland, è valutato, secondo le cifre ufficiali presentate dal signor Brand, in Lst. 8.18,8 per *acre* (e ciò in causa dell'enorme costo dell'irrigazione, valutata in lire sterline 5 per acre): nel Jubaland, invece, tale coltivazione, per la stessa unità di superficie, è valutata in Lst. 2,7 3/4, all' irrigazione supplendo le pioggie periodiche ed occorrendo solo pochi lavori di sistemazione per le acque colanti, valutati in 14 scellini all'acre. Il signor Brand calcola che nel Tanaland vi siano circa 540.000 acri di terreno coltivabili a cotone e circa 700.000 nel Jubaland; e conclude dicendo che quelle regioni: « sono destinate a contare ben presto fra i principali luoghi di produzione cotoniera nel mondo. »

Il rapporto del signor Brand, al quale il Governo inglese ha dato, colla pubblicazione fattane, il suggello di documento ufficiale, è consolante anche per l' Italia, che possiede sull'altra sponda del Giuba, nella Goscia italiana, grandi territori in condizioni affatto simili e per certi riguardi (climatologia) anche migliori di quelli studiati dal signor Brand.

I PRODOTTI DEL BENADIR.

LE IMPRESSIONI DEL COMANDANTE CERRINA.

Sulla fertilità del suolo, su ciò che esso produce e su ciò che potrebbe produrre, esistono numerose e lunghe relazioni, tutte concordi, dei comandanti delle navi che hanno visitato la costa, e degli ufficiali di terra e di mare che hanno passato qualche tempo in Colonia o come governatori o come residenti nelle varie città. Fra le più recenti e particolareggiate notizie, scelgo quelle date dal comandante Cerrina al suo ritorno in Italia e che il dott. Gioli ha riferito nel suo periodico l' *Agricoltura coloniale.*

Secondo il comandante Cerrina Feroni, pochi paesi dell'Africa orientale appaiono come il Benadir così naturalmente propizi allo sfruttamento agrario.

La dura è coltivata su assai larga scala, ma da qulche anno il granturco va diffondendosi a scapito di essa e ciò principalmente nella Goscia e fra i Bimal. Con questi due cereali si hanno normalmente due raccolti abbondanti nel corso dell'anno; la prima cultura si fa con le piogge del monsone di nord e si raccoglie in febbraio. La produzione di questi due cereali è così abbondante da superare i bisogni delle popolazioni, le quali ne esportano una parte assai ragguardevole, per mezzo dei mercati arabi, sui mercati dell'Arabia.

Seconda per importanza è la cultura del sesamo, il cui prodotto solo in parte è utilizzato sul posto per l'estrazione dell'olio, mentre è notevole la quantità esportatane. I fagiuoli sono pure diffusamente coltivati dagli indigeni e così taluni ortaggi; si sa inoltre che nei tempi andati il riso fu coltivato con profitto dagli arabi nella Goscia, dove lo Scebeli s'impaluda. Anche la cotonicultura è nota agl'indigeni da tempo remoto, ed in alcuni territori, come quello di Scilde, ha acquistato una grande estensione, tanto da alimentare l'industria casalinga della tessitura: del cotone se ne esportano ogni anno discrete quantità.

Quale indizio delle disposizioni climatiche e telluriche della Colonia sono pure da rammentare alcune piante da frutto ed industriali o coltivate dagli indigeni, o di cui è stata tentata l'introduzione recentemente; il banano e la papaia sono assai coltivati nella Goscia ed il primo lo è pure nella bassa valle dello Scebeli. Il cocco cresce bene, fruttifica abbondantemente e comincia a diffondersi anche quale pianta da riparo e da ornamento; lo stesso si deve dire della palma datterifera dalla quale si ottengono ottimi frutti, localmente molto apprezzati; infine nei Bimal si trova anche, sebbene raramente, la canna da zucchero, che viene portata in piccola quantità sul mercato di Mogadiscio e dovunque sono bianchi; presso le stazioni costiere, la coltivazione delle piante ortensi europee è assai diffusa.

Nè è da dimenticare che a Brava il tenente di vascello Cappello sperimentò la cultura del garofalo e della vainiglia e ne ebbe dei risultati incoraggianti, e che nello scorso anno il signor Carpanetti di Milano in un suo campo sperimentale situato nella valle del Giuba a 15 km. da Giumbo coltivò il tabacco e ne ottenne prodotti splendidi, sia per quantità, sia per qualità.

Le acacie, che si trovano in prevalenza nelle boscaglie del littorale e dell'interno, dànno gomma in misura notevole, sebbene di qualità non molto apprezzata in commercio e la mirra si raccoglie nelle regioni più interne e si esporta in discreta quantità; la sanseviera nasce nelle regioni marittime ed il ricino è abbastanza diffuso in qualche tratto del territorio Bimal. Fra le piante arboree molte se ne hanno che godono grande fama presso gli indigeni per le loro proprietà coloranti e concianti, e qua e là nella valle dello Scebeli s'incontrano boschetti di limoni selvatici, il cui frutto è assai ricercato dagli europei.

La palma dum si estende in molte plaghe lungo il Giuba, e da quando il nocciolo del suo frutto ha principiato ad essere utilizzato nell'industria dei bottoni, lo sfruttamento può diventare di una importanza tutt'altro che trascurabile. Infine anche la legna da ardere, che costituisce in molte colonie africane un problema di capitale importanza, è ovunque abbondante e a buon mercato.

* * *

Due cifre valgono a stabilire il posto che occupa nell'economia indigena l'allevamento del bestiame: nell'anno 1905-1906 si esportarono dalla Colonia circa 300 mila pelli di capra e di pecora e 60 mila di bue.

I pascoli sono abbondanti e favoriti dalle pioggie che cadono regolarmente in due periodi dell'anno; ed i territori riservati alla pastorizia son vasti e sufficientemente provvisti di acqua per l'abbeveraggio.

Altro allevamento che ha attualmente la più grande estensione ed assorbe le maggiori cure dei pastori indigeni, è quello dei cammelli, che sono l'unico mezzo per l'esercizio del traffico: se ne hanno razze pregevolissime e ricercate anche nella vicina colonia inglese.

Nella parte più meridionale della Colonia non si conosce il cavallo che è invece allevato nella Somalia del Nord e nel sultanato di Obbia; nel Benadir invece è molto usato l'asino il quale si sostituisce al cammello là ove questo non si può adoperare a causa della mosca «tze-tze» che inflerisce nei luoghi boscosi subito dopo le pioggie.

Nessuna serie di dati meteorologici positivi è stata raccolta che possa lumeggiare gli aspetti climatici delle varie regioni; se è noto il regime delle pioggie, non si conosce però l'entità; così pure, mentre sappiamo che nella regione costiera la temperatura è pressochè costante nelle varie stagioni, con una escursione termometrica che va dai 22° ai 35° C. a un massimo di 45°, pure si può dire che la Colonia è climatologicamente inesplorata.

Parimente riescirebbe di grandissima utilità per l'avvenire della colonizzazione poter conoscere le condizioni igieniche del paese, tanto riguardo alle popolazioni quanto al bestiame.

Dunque molto è ancora da fare per conoscere le risorse agrarie e naturali del paese e per apprezzare nel loro giusto valore le possibilità che esso presenta all'avviamento di una parte, sia pure minima e scelta, dalla nostra emigrazione.

Il comandante Cerrina trattò poi a fondo nel suo interessante colloquio, il problema dell'occupazione della terra, in rapporto alle popolazioni indigene.

Riassumendo: si tratta di intraprendere lo studio

della Colonia sotto i suoi varii aspetti. La climatologia, le risorse zootecniche, le condizioni igieniche
dell'uomo e degli animali, le possibilità agrarie delle
varie regioni, l'utilizzazione delle risorse naturali della flora e della fauna quasi inesplorate, la recogni-
zione delle terre allo scopo di proporzionare a quelle
i provvedimenti necessari all'avviamento del capitale
e del lavoro, tutto reclama un'opera di organizzazione dalla quale possa manifestarsi la potenzialità
produttiva del paese, e suggerire al tempo stesso le
modalità dei metodi di colonizzazione più acconci a
mettere questa in valore.

VIII.

IL COMBATTIMENTO DI BAHALLÈ.

LE RAZZIE ABISSINE.

Dopo la nomina del marchese Salvago-Raggi a governatore dell'Eritrea, l'on. Tittoni, come si è visto, fece cadere la sua scelta per il posto di console generale a Zanzibar e di Commissario al Benadir sul cav. Carletti che era console a Lima. Quindi, appena nominato, e malgrado la Colonia fosse da molto tempo retta provvisoriamente, si ebbe ancor la prospettiva di veder passare altri due o tre mesi almeno, prima che il nuovo governatore fosse al suo posto. Il tempo cioè necessario per ritornare in Italia, e per studiare un po' le questioni relative a quella nostra Colonia, della quale non si era mai occupato prima. Con quale criterio l'on. ministro abbia fissato la sua scelta sul Carletti, la cui nomina aveva anche questo inconveniente di prolungare di parecchi mesi una situazione provvisoria, non si è saputo. Indipendentemente dalla persona fu anche osservato che, non avendo un grado elevato nella gerarchia, e, in ogni modo, essendo completamente nuovo a tutte le questioni relative al Benadir, si correva il rischio di avere nel nuovo governatore del Benadir un funzionario troppo remissivo verso l'Ufficio Coloniale del quale, avrebbe dovuto eseguire cecamente gli ordini e le istruzioni. Ciò che forse poteva essere desiderato, o gradito da questo Ufficio, ma, che, si disse, avrebbe anche potuto creare una situazione imbarazzante. Poichè è stato appunto questo voler comandare e regolare ogni cosa da Roma, ciò che ha dato luogo ad una quantità di inconvenienti ed ha sempre paralizzato tutte le buone iniziative.

Prima che il console Carletti s'imbarcasse, nella natia Viterbo un gruppo di amici offrì al nuovo commissario un banchetto dandogli a questo modo occasione di pronunciare un discorso, del quale i giornali riportarono dei sunti, per accennare sia pure per sommi capi, al programma che d'accordo col Governo egli intendeva di sviluppare.

Incidentalmente, e senza dare alla cosa una soverchia importanza, osservai allora, nel giornale che ho l'onore di dirigere (1), come sarebbe stato desiderabile che il banchetto di Viterbo non costituisse precedenti.

Ognuno vede però a quali inconvenienti si andrebbe incontro, se fosse consentito ai consoli o ai diplomatici, nominati a questo o a quel posto, di far sapere al pubblico quale è il programma che intendono seguire e in qual modo eserciteranno il loro ufficio.

A parte tale osservazione, v'era da rallegrarsi nel constatare che il nuovo commissario confermava con le sue parole, ciò che il ministro aveva lasciato travedere un paio di mesi prima rispondendo alle interrogazioni sul combattimento di Danane, che cioè nulla sarebbe stato possibile pensare di veramente pratico per la Colonia, se, prima di tutto, non si provvedeva alla sua sicurezza. Il console Carletti, in quel discorso, annunziò che il Governo avrebbe aumentato gli ascari, e accennò a una quantità di altri provvedimenti che rivestivano carattere di assoluta urgenza e che sarebbero stati presi con sollecitudine. Il nuovo governatore partì insomma, pieno di buone intenzioni.

Senonchè, appena arrivato alla sua nuova re-

---

(1) La *Nazione* di Firenze.

sidenza, ha capito che, prima di tutto, bisognava
si rendesse conto della situazione, che visitasse
le varie stazioni e il paese fin dove si può andare, e si formasse anche un concetto degli elementi
sui quali avrebbe potuto contare, sul modo come
funziona l'amministrazione, su tutto quello insomma che riguarda l'andamento e l'organizzazione della Colonia. E dopo poche settimane, cioè
dopo aver fatto in fretta e furia questa specie di
apprentissage se ne ritornò in Italia... per mettersi d'accordo col Governo. Si vede quindi che,
o perchè egli non avesse le idee molto chiare, o
perchè non le aveva punto chiare l'Ufficio Coloniale, in tutti i colloqui che egli aveva avuto alla
Consulta nulla era stato concluso. E si ripiom-
bò quindi nel provvisorio un'altra volta, e chi sa
per quanto altro ancora, facendo andare dall'Eritrea, per sostituirlo, il comm. Corsi, egli pure
nuovo al Benadir, e scelto per ragioni alle quali
ho già accennato (1).

La Colonia pareva tranquilla, quando la lasciò
il comm. Carletti. Nessun sintomo faceva prevedere ribellione o conflitti. Ma l'Africa è la terra delle
sorprese. Quando nessuno pensava alla possibilità
di complicazioni o di pericoli, un telegramma ci
diede notizia di un'altra sventura africana, narrando di uno scontro sanguinoso avvenuto dalla
parte di Lugh fra alcuni reparti dei nostri ascari
e una colonna abissina.

Il telegramma fu pubblicato dalla *Stefani* con
un comunicato del Ministero degli Esteri del seguente tenore:

9 gennaio, sera:

« Un telegramma da Mogadiscio, pervenuto ieri
sera al Ministero degli Esteri, annunzia che verso
il 12 dicembre duemila abissini provenienti non
si sa bene da quale direzione, hanno compiuto

_____

(1) Vedi pag. 116 cap. IV.

una scorreria nella regione di Baidoa a Revai Burhacaba razziando le carovane ed uccidendo o facendo prigionieri i commercianti.

« Essendosi le popolazioni razziate rivolte per aiuto al residente italiano di Lugh, scoppiò un conflitto, al quale presero parte da un lato gli abissini con Arussi e Ogaden e dall'altra irahaurin » o gli ascari al servizio dell'Italia. Sembra che ambedue le parti abbiano sofferto rilevanti perdite.

« In seguito a tale conflitto Lugh fu bloccato; ma non attaccato.

« Mancano altre notizie. Il ministro degli Esteri, appena ricevuto il telegramma, ha chiesto al ministro della Marina di affrettare l'invio a Mogadiscio delle regie navi che si trovano nel mar Rosso. Il ministro degli Esteri ha anche telegrafato subito al reggente la Legazione italiana di Addis Abeba di presentare formale protesta all'Imperatore Menelick per violazione dello *statu quo* nel territorio di Lugh e del trattato di commercio fra l'Italia e l'Etiopia, che garantisce la sicurezza dei commercianti e chiedendo il ritiro immediato degli abissini, la punizione dei colpevoli e le dovute indennità per i danneggiati.

« È da ritenere che l'Imperatore Menelik non conoscesse la razzia compiuta da un capo abissino dalla frontiera, perchè era pervenuto al ministro degli Esteri un rapporto del reggente la Legazione di Addis Abeba, il quale riferiva di avere avuto dall'Imperatore Menelik formale assicurazione per il mantenimento dello *statu quo* nella regione di Lugh durante le trattative che, per iniziativa di Menelik, stavano per iniziarsi circa la delimitazione del confine tra l'Abissinia e la Somalia Italiana.»

La dolorosa notizia fece una impressione profonda. Prima di tutto perchè, ammaestrati da una triste e dolorosa esperienza, fu generale la convinzione che le notizie dovevano essere più gravi di quello che appariva da quel telegramma, e poi perchè, questa volta, non era più contro le tribù somale che le nostre truppe avevano avuto il combattimento, ma contro gli abissini, contro i nostri antichi nemici del 1895, coi quali ci incontravamo anche da questa parte. Anche alla Borsa, dove la notizia giunse dapprima molto esagerata, l'impressione fu grandissima, ed alcuni agenti di cambio frettolosamente telegrafarono agli industriali ed a rappresentanti residenti al Cairo, in Alessandria d'Egitto, ad Aden, a Massaua ed all'Asmara per avere con la massima sollecitudine la smentita o la conferma dello scontro. Ma da nessuna parte vennero altre notizie, e, solamente due giorni dopo, il ministero degli Esteri comunicò, sempre per mezzo della *Stefani*, un telegramma del reggente la Colonia in data del 4 gennaio, così concepito:

« Il reggente dice che manca di notizie dirette da Lugh e che da uno speciale informatore, partito da Bur-hacaba il 1° gennaio, ha avuto le seguenti notizie, raccolte anche da un ferito reduce dallo scontro.

« Lo scontro tra gli ascari del capitano Buongio-
« vanni e gli abissini è avvenuto la mattina del 15
« dicembre nella località di Bagallei, presso Bar-
« dabè, a 10 ore da Bur-hacaba. Nello scontro ri-
« masero morti il capitano Buongiovanni, due *yus-*
« *basci* e pochi ascari; gli altri si ritirarono in
« due gruppi: uno verso Lugh, l'altro, col capi-
« tano Molinari, rimasto incolume nello scontro,
« verso altra direzione. Il Segrè tiene Lugh dove
« sono rientrati 15 ascari.

« A Bur-hacaba si assicura che gli abissini si
« sono ritirati verso il nord ».

Anche a proposito di questo secondo dispaccio, la convinzione generale fu che il Ministero non avesse pubblicato integralmente tutte le notizie che aveva ricevute, e si cominciò ad avere delle grandi preoccupazioni per la sorte del capitano Molinari. I giornali ufficiosi asserirono ripetutamente che il Ministero aveva comunicato, dalla prima all'ultima parola, tutto ciò che aveva ricevuto e che non aveva alcuna informazione di più, sulle ragioni che potevano aver spinto il capitano Bongiovanni ad allontanarsi di parecchie giornate di marcia, poichè la località designata dal secondo telegramma, è a una forte distanza da Lugh. Nessuno seppe spiegare nemmeno come e perchè il signor Segrè, un agente della *Coloniale* di Milano, avesse fatta la marcia con la colonna fino a Lugh. Sta però il fatto che, parecchi giorni dopo, il *Secolo* di Milano, dava la notizia che anche il capitano Molinari era morto, e che il comunicato recante la dolorosa notizia fu fatto soltanto dopo la pubblicazione del *Secolo*. Da una corrispondenza da Mogadiscio pubblicata circa un mese dopo dal *Corriere della Sera*, si seppe poi per quali ragioni il signor Segrè aveva fatto il viaggio fino a Lugh con la nostra colonna, e come il Ministero si fosse interessato vivamente per il ricupero di merci razziate ad una carovana della *Società Coloniale*.

Come si è veduto dal primo comunicato del Governo, immediatamente, furono dati gli ordini necessari per affrettare l'invio a Mogadiscio delle navi italiane che erano allora nel mar Rosso (1). Nel

---

(1) Oltre al *Caprera*, partito qualche giorno prima per Aden erano in quel turno di tempo sulle coste occidentale dell'Africa le seguenti navi: gli incrociatori *Aretusa* a Massaua, comandata dal capitano di fregata Stampa, e *Colonna* ad Aden, comandato dal capitano di corvetta Salazar; la *Staffetta*, comandata dal capitano di fregata Giavotto, partita il 7 da Zanzibar per Kisimaio e Brava; la squadriglia di sambuchi: *Antilope*, della costa somala, comandata da un tenente di vascello; *Camoscio*, della costa somala, comandato da un capo timoniere; *Capriolo*,

tempo stesso che il Ministero aveva telegrafato al nostro residente ad Addis Abeba, aveva altresì informati i Governi di Londra e di Parigi, che dopo l'accordo anglo-franco-italiano per l'Etiopia, era naturale dovessero procedere d'accordo con noi, per superare le difficoltà, ove se ne fossero presentate. Diffatti, e non era possibile dubitarne, i Governi britannico e francese telegrafarono immediatamente al loro rappresentante ad Addis Abeba di appoggiare presso Menelick le domande nostre. Anche la Germania fece ugual passo presso il suo rappresentante, volendo dare una testimonianza d'amicizia all'alleata, e, nel tempo stesso, forse, lieta di cogliere anche tale occasione — è la sua politica — per far rilevare che s'interessa alle questioni etiopiche.

Tre giorni dopo fu comunicata dal Ministero in due telegrammi, uno dell'11, l'altro del 12, la risposta data dal Negus alle rimostranze del nostro rappresentante:

Il capitano Colli di Felizzano telegrafò in data 11 da Addis Abeba:

« Ho comunicato al Negus Menelick l'incidente di Lugh presentandogli la formale protesta del Governo del Re per la violazione dello *statu quo* a Lugh e territorio adiacente e per le funeste conseguenze derivanti e partecipandogli le domande del Governo per la soddisfazione e riparazione. Il Negus Menelick è rimasto vivamente impressionato ed addolorato per l'incidente del quale non aveva finora alcuna notizia. L'imperatore ha riconosciuto la gravità del fatto e mi incarica di comunicare ufficialmente al Governo del Re la espressione del suo più profondo rammarico e la speranza che le notizie pervenute possano essere

Gazzella e *Zebra*, di Massaua, comandati da capi timonieri; il trasporto *Volta*, comandato dal capitano di fregata Pedemonti era in viaggio da Aden, dove era giunto il 31 dicembre, per Mogadiscio.

esagerate. Rinnova le sue proteste di amicizia e di lealtà pel Governo Italiano non esita ad attribuire tutta la responsabilità dell'incidente a capi ribelli ai suoi ordini e dichiara di essere disposto a dare tutte le giuste necessarie soddisfazioni.

« Intanto disponè nel modo più sollecito ed energico pel richiamo di tutti gli abissini che ancora si trovassero nel territorio di Lugh e nell'*hinterland* del Benadir e per lo sgombro di Lugh qualora fosse occupato.

« Confermando le assicurazioni precedentemente date pel mantenimento dello *statu quo* nel territorio di Lugh e nell'*hinterland* del Benadir, lo Imperatore Menelick assicura che prenderà le misure necessarie per mantenerlo effettivamente.

« Inoltre il Negus garantisce formalmente che il responsàbile ed i colpevoli saranno esemplarmente puniti e che saranno indennizzati i danni cagionati dalle razzìe e dal conflitto.

« Dalle dichiarazioni del Negus Menelick che dimostrano come egli sia stato dolorosamente colpito e preoccupato per l'incidente ho attinto la sicurezza che egli è assolutamente estraneo ad esso e che i capi amhara hanno agito non solo a sua insaputa, ma anche contrariamente ai suoi ordini formali. »

E in data del 12 mandava questo altro dispaccio:

« Confermando mio precedente telegramma ho l'onore di informare Vostra Eccellenza che il Negus ha già provveduto per l'immediato ritiro degli abissini dall'*hinterland* del Benadir, per ricerche di Buongiovanni e Molinari e per rilascio dei prigionieri e del bestiame. Ho comunicato direttamente per corriere al residente di Lugh le assicurazioni e disposizioni del Negus. »

Meno male. Si trasse un respiro. Dal punto di vista diplomatico l'incidente era chiuso. Si potevano mettere in dubbio, sino che si voleva, le buone intenzioni del Negus, sia nella **questione** dei confini, come per quello che poteva riguardare la punizione dei colpevoli: ma cessò con quella risposta l'incubo sotto il quale si era rimasti per qualche giorno: che cioè il Negus desse qualche risposta evasiva, nel qual caso ci saremmo trovati nella più imbarazzante delle situazioni, giacchè nessuno potendo pensare ad una nuova guerra, saremmo rimasti col danno senza nessuna riparazione.

La soluzione dell'incidente è stata certamente facilitata dal nostro accordo di due anni fa, con la Francia e l'Inghilterra, sebbene, quell'accordo a tre, non riguardi ed abbia lasciato impregiudicata la questione dei confini fra la Somalia nostra e l'Impero Etiopico. A tale proposito, anche coloro i quali hanno accolto senza entusiasmo quell'accordo, han dovuto riconoscere che, in questa occasione, ci è stato utile.

Alla pace e alla tranquillità, non solo noi, ma oramai anche più di noi sono interessate le altre due potenze che con l'Italia hanno firmato quell'accordo, col quale si è voluto garantire lo *statu quo* reciprocamente tra le potenze firmatarie.

Non è necessario insistere soverchiamente per dimostrare come un'Abissinia in armi se potrebbe rappresentare un grande pericolo per noi, ne rappresenterebbe uno anche maggiore per le altre due potenze, che hanno oramai in Abissinia cospicui interessi. Il porto di Gibuti interessa la Francia, non solo come sbocco di quella regione, ma altresì come importantissimo punto di rifornimento e di rifugio per la sua flotta, per le sue relazioni con l'Indo-Cina. Poi vi è la questione della ferrovia, nella quale ha impiegato dei forti capitali.

Per parte dell'Inghilterra poi, un'Abissinia turbolenta potrebbe compromettere e ritardare la realizzazione di quella ferrovia dal Capo al Cairo — che, come è noto, per un certo tratto deve

passare pel territorio del Regno — e che deve
essere come il coronamento di quel vasto programma coloniale che da tanti anni ha seguìto
nella sua azione in Africa. Basta ricordare queste
circostanze per capire come il Negus non ha più
tutta quella libertà di azione di una volta, e come,
se anche vi fossero davvero velleità bellicose in
Etiopia, egli troverebbe in questa situazione un
ostacolo insormontabile.

A queste considerazioni ve ne era da aggiun-
gere un'altra, quella cioè che nell'attuale situazione internazionale, nè la Francia, nè l'Inghilterra, potrebbero vedere volentieri l'Italia impegnata in un'azione militare, anche limitata in A-
frica.

Il Negus sapeva benissimo di trovarsi di fronte
non a una sola potenza ma a tutte e tre. Senza
quell'accordo non si può escludere in modo assoluto l'ipotesi che la risposta e l'atteggiamento del
Negus potessero essere poco soddisfacenti.

L'incidente fu dunque prontamente esaurito
dal punto di vista diplomatico, ma nel fatto, e
malgrado tutte le dichiarazioni, non ho una grande fede che, se sarà risoluta, col pagamento di
qualche milione, come pare, anche la questione
di Lugh, cesseranno ovunque le incursioni abissine sul nostro territorio.

E ciò malgrado che nelle sue assicurazioni questa volta il Negus sia stato esplicito. Qualche giorno dopo diffatti il nostro rappresentante ad Addis
Abeba telegrafava ancora:

« Iersera (16) ho conferito nuovamente col Negus per l'incidente di Lugh. Egli mi ha ancora
confermato che la spedizione abissina, partita
da Arussi, aveva ordini tassativi di andare in
aiuto del fitaurari Gabrè e che, contrariamente a-
gli ordini ricevuti, si è recata nel territorio di
Lugh.

« Il Negus mi ha assicurato di aver preso i più

urgenti ed efficaci provvedimenti per l'immediato ritiro degli abissini dall'*hinterland* del Benadir, ritiro che egli crede sia già avvenuto, ammenochè essi non vogliano dichiararsi apertamente ribelli. Tale ipotesi però non è probabile. »

Peccato, ripeto, che a queste assicurazioni, almeno fino a tempo fa, non abbiano punto corrisposto i fatti; poichè non fu questa la prima incursione abissina nel nostro territorio diventate oramai una cosa abituale ogni due o tre anni. E stupisce molto che, alla Consulta, abbiano aspettato a preoccuparsene, come al solito, soltanto quando la notizia di un altro triste episodio della nostra politica coloniale, è venuto a commuovere l'opinione pubblica. Tanto più stupisce, in quanto che, di due di tali spedizioni abissine, fatte con forze considerevoli, si era avuto notizia anche in Italia, e, sull'ultima, avvenuta fra l'ottobre e il novembre dello scorso anno, era stata richiamata l'attenzione da due corrispondenze pubblicate da un giornale di Brescia, riprodotte dalla stampa di tutta Italia. La prima di queste incursioni in ordine di tempo, risale all'epoca nella quale la Colonia era ritornata da poco tempo allo Stato, e fu la più grave da un certo punto di vista, perchè gli abissini arrivarono a poca distanza dal mare, e di una giornata e mezzo da Mogadiscio!

Avvenne nel 1905. E per quanto vi si fosse accennato, in più d'una occasione, anche dai giornali, nessuno credette di occuparsene; nè pare abbia fatto una grande impressione nemmeno quando, nello scorso anno, discutendosi l'interpellanza De Marinis sul trattato anglo-italo-francese per l'Etiopia, questo deputato riferì alla Camera il racconto che a lui era stato fatto di quanto avvenne in quell'occasione, da persona che si trovava a quell'epoca a Mogadiscio, ed era quindi in grado di sapere bene come erano andate le cose.

Il 30 marzo 1905 giungono a Mogadiscio corrieri del Sultano di Gheledi che avvisano il governatore console Mercatelli che un corpo di 1000 amhara armati tutti di fucile, comandati da un capo grande si avanzava sull'Uebi Scebeli verso Balad ad un giorno da Gheledi; la gente fuggiva abbandonando i villaggi e le coltivazioni, perchè questi amhara rapinavano bestiame ed uccidevano le persone che trovavano sulla loro strada. Il sultano di Gheledi domandava il soccorso di un nostro presidio. Ma il governatore disse di non credere a questa invasione e non diede risposta al sultano di Gheledi.

Il giorno dopo arrivarono corrieri più pressanti, avvertendo che la gente di Baled e di Scidle, spaventata dalle razzie degli amhara, era fuggita sulla sponda sinistra del flume e si invocava un pronto soccorso. Poco dopo arrivò un abissino latore di una lettera di Degiac Lull Seghed, governatore degli Arussi, al console italiano. La lettera era in un cattivo francese. In questa lettera Lull Seghed avvertiva il governatore italiano di Mogadiscio che il suo imperatore lo aveva mandato a combattere i Dervisci che infestavano « i suoi confini », che aveva avute molte battaglie, molte vittorie. Ci avvertiva della sua presenza sul flume e si metteva a nostra disposizione, se avevamo bisogno del suo aiuto per combattere i Dervisci (!!); intanto ci pregava, essendone rimasto sprovvisto, di mandargli delle vettovaglie. Il francese, come ho detto, era cattivo, ma si capiva lo stesso che ai suoi avvertimenti e alle sue domande aveva voluto dare una certa intonazione di arroganza.

Il cavaliere Sapelli, che fino allora era stato governatore della Colonia per conto della Società milanese, propose al governatore di mandare a Lull Seghed due ufficiali, ed un interprete amharico, per fargli capire che egli aveva sconfinato, ed invitarlo coi miglior modi a ritornare al suo paese facendolo accompagnare fin sopra a Lugh per garentire la incolumità delle popolazioni a noi soggette.

Ma il console Mercatelli non volle saperne e si limitò a scrivere a Lull Seghed ringraziandolo delle sue profferte e mandandogli due camelli carichi di scatole di carne in conserva, caffè, siroppi e vino spumante. Ma i camelli furono trattenuti dalle tribù che erano al di là del fiume e che non volevano si portasse roba agli abissini. Lull Seghed dopo aver aspettato invano la nostra risposta, mandò due giorni dopo un'altra lettera nella quale ci avvertiva « che essendo finita la sua missione se ne tornava negli Arussi, ci salutava e ci pregava di telegrafare al Negus, per la via di Roma, che egli aveva sgominati i Dervisci, che la sua gente stava bene, e che ritornava negli Arussi.

Nel raccontare i particolari di questa incursione abissina, e del modo col quale si era regolato in quella circostanza il governatore del Benadir, l'on. De Marinis manifestò il dubbio che, a questo modo, si fosse voluto creare un precedente per gli eventuali diritti dell'Etiopia, sulla destra dell'Uebi Scebeli e invitò quindi il Governo a vigilare.

Ma anche quel monito rimase inascoltato. Eppure sarebbe stato allora il caso di prendere l'iniziativa di trattative col Negus per risolvere la questione dei confini, tanto più che, sebbene sia stato asserito il contrario, Menelick in seguito alle nostre tardive rimostranze per quel fatto, non punì affatto Lull Seghed, lasciandolo tal quale come prima, governatore degli Arussi.

Nè diede gli ordini recisi che aveva promesso per evitare che simili fatti si rinnovassero.

Tant'è vero che l'anno scorso, mentre la missione abissina della quale era capo il *degiasmacc*

Masciascià, era ricevuta a Racconigi dal Re, una
colonna di abissini partita dallo Harrar sotto il
comando dei fitaurari Gabrè, dopo avere attraversato l'Ogaden, si diresse a Barri sulla sinistra
dell'Uebi Scebeli a breve distanza dal mare, con
l'intendimento forse di fare una punta alla costa.

Una fortuna imprevista ci assistette in quella
circostanza, perchè la banda abissina si scontrò
con uno dei luogotenenti del Mullah il quale con
una grossa banda di somali armati di fucile dalla
valle del Nogal era passato in quella regione.

Il 10 settembre fra gli abissini e gli uomini del
Mullah, ai quali si erano unite altre popolazioni,
avvenne un conflitto sanguinoso nella località di
Uddo-Uen, nel quale gli Amhara ebbero la peggio
e pare che lo stesso fitaurari Gabrè sia rimasto
ferito. Gli Amhara si sarebbero ritirati su una
altura a cinque giornate da Uddo-Uen verso l'interno; vi si sarebbero fortificati con zeribe e ter-
rapieni in attesa di aiuti dal fitaurari Aba-Nabrò
che con altri armati scendeva all'Harrar per l'alta
valle dell'Uebi Scebeli.

Corse voce però che anche la colonna di Aba-
Nabrò fosse stata messa a mal partito dai Somali.

Sul seguito di codesta spedizione corsero varie
voci, finchè si seppe che fitaurari Gabrè, dopo
quattro mesi di assenza, rientrò all'Harrar. Arrestato nella sua marcia, oltre che dall'asperità dei
luoghi, dalla resistenza trovatavi, fitaurari Gabrè
si era visto per un momento a mal partito. Rag-
gruppate però le sue genti e ritiratosi in luogo
forte potè sostenervisi ed attendere rinforzi. La
situazione veniva così a migliorare, ma le gravi
perdite subìte nei vari scontri col nemico tenuto
in rispetto ma non debellato, consigliarono il fitaurari ad interrompere il suo piano d'avanzata
ed a ritirarsi prudentemente. Bisognava tuttavia
in qualche modo rifarsi dello scacco subìto, cercare insomma di non ritornare a mani vuote, e

le tranquille popolazioni trovantisi sulla via del ritorno, furono, secondo il sistema amhara, razziate, cosicchè anche nella ritirata non mancò il suo bravo bottino di armi.

Nelle corrispondenze dall'Harrar al giornale di Brescia alle quali ho accennato, e che erano in data dell'ottobre e del novembre, si accennava al pericolo che un'altra spedizione di questo genere si stesse organizzando e s'invitava il Governo a provvedere....

Ma il Governo aveva altro da pensare e non se ne preoccupò.

Sullo scontro di Bahallè — è questo il nome della località ove avvenne il combattimento — furono presentate alla Camera parecchie interrogazioni, ma il loro svolgimento ebbe luogo prima che giungessero da Mogadiscio il rapporto ufficiale del reggente la Colonia e le corrispondenze dei giornali, cioè quando non si sapeva ancora in quali circostanze era avvenuto il combattimento (1), nè le forze impegnate, nè l'entità delle perdite.

---

(1) La situazione e dislocazione delle nostre forze nella Somalia meridionale al 1° dicembre scorso era questa: il totale della forza ascendeva a 2442 uomini, di cui 1952 nelle sedi di Mogadiscio, Merca, Brava, Lugh e Giumbo, il resto distaccato a Itala, Warsceik, Giezirat, Gelib e Bardera. Queste forze erano così distribuite: Mogadiscio: la compagnia al comando del capitano Oglietti e dei tenenti Petrazzini, Pesenti, Hercolani e Goddi con 650 uomini, più una compagnia di cannonieri con 90 uomini al comando del maresciallo Caracciolo e 73 uomini del corpo di polizia alla dipendenza diretta del residente; Merca: 2ª compagnia, capitano Pàntano, tenenti Dal Canto, Taramasso e Adorni con 670 uomini, più 30 cannonieri. — A Merca è anche il capitano medico Buratti; Brava: 3ª compagnia, capitano Piazza, tenente Testafochi con 492 uomini; Giumbo: 4ª compagnia, capitano Ferrari, tenente Negri, con 180 uomini; Lugh: 5ª compagnia, capitano Buongiovanni con 71 uomini..

Da questi rapporti, da queste corrispondenze, e anche da un rapporto diario del signor Perducchi, nostro agente negli Arussi, appare che i duemila abissini i quali combatterono a Bahallè, erano stati mandati da Lull Seghed a suo figlio Fitamar Astan per soccorrere il corpo di spedizione che, al comando di Degiac Gabrè, aveva avuto lo scacco del quale ho parlato nell'Ogaden. Nel commentare queste notizie il nostro agente riferiva che erano partiti decisi a spingersi anche nel paese dei Rahanuin ripromettendosi abbondanti rapine. Pare difatti, secondo il rapporto del reggente la Colonia, arrivato a Roma, come ho detto, due o tre giorni dopo la discussione della Camera che i duemila abissini formassero una colonna staccatasi dal grosso corpo abissino, partito dall'Harrar e che operava.... allo stesso modo, nell'alto Scebeli.

Secondo le informazioni avute a Mogadiscio, e da quel che hanno raccontato i pochi superstiti, la forza della colonna spintasi fino a poche giornate da Lugh nel territorio del Benadir, era di circa duemila fucili. La colonna abissina era arrivata nella regione Baidoa verso il 12 dicembre, aveva fatto centro delle sue operazioni

---

I distaccamenti erano distribuiti come segue: Itala, una centuria della 1ª compagnia, con 129 uomini al comando del tenente Ardinghi; Warsceik, un *buluc* della centuria di Itala con 31 uomini al comando di un *yusbasci*; Giezirat, un *buluc* della prima compagnia con 31 uomini al comando di un *yusbasci*; Gelib (Merca) una centuria della 2ª compagnia con 129 uomini al comando del tenente Tappi e una centuria della 4ª compagnia, con 86 uomini, al comando del tenente Bertazzi; Bardera: una centuria della 5ª compagnia, con 80 uomini, al comando del tenente Cibelli.

Nello specchio, dal quale queste notizie sono tolte, non è compreso il capitano Molinari, poichè egli era già virtualmente in licenza, in attesa del rimpatrio quando fosse arrivato a sostituirlo il **capitano Buongiovanni.**

Bardale dove aveva posto il campo, nella regione
Baidoa a tre o quattro giornate di marcia da
Lugh in direzione sud-est. Questa regione ha
sempre attirate le razzie degli amhara perchè è
fertilissima e molto ricca di bestiame. Nel loro
libro sulla seconda spedizione Bottego, il Vanutelli
e il Citerni, parlano con entusiasmo della uber-
tosità di quei paesi e di Revai, considerati come
il centro principale dei Baidoa, dove passa la
carovaniera Mogadiscio-Lugh, e dove risiedevano
allora alcuni commercianti di Mogadiscio.

Chi non ha visitata questa regione — chiamata giustamente il *granaio della Somalia* —
non può immaginare come, dopo tante aride
sterpaie, succeda, quasi per incanto, un terreno
così ubertoso... Per avere un'idea di tale fera-
cità, bisogna pensare alle ricche coltivazioni delle nostre campagne. La pianura si stende a perdita di vista come immenso giardino tropicale,
tutta coltivata a dura, a cotone, a fagiuoli e a
tabacco; ed è così prodiga da render due raccolti
all'anno. Il suolo, in generale, ha l'aspetto di un
terriccio grasso, che ogni esperto agricoltore giu-
dicherebbe il più adatto per tali generi di colture. Nè si creda che per non essere solcati dai
fiumi e da torrenti sia povero d'acqua. In ognuno dei numerosi villaggi furono scavate ampie
cisterne, serbatoi d'acqua piovana, più che sufficiente ai bisogni della gente e del bestiame (1).

In queste loro razzie gli abissini si spinsero
fino a Bur Hacaba, altro nodo stradale delle vie
che, dalla costa conducono a Lugh, cioè a dire
nel punto strategico più adatto per dare l'assalto
alle carovane. Il Corsi, nel suo rapporto, dice diffatti che qualche carovana potè salvarsi avendo
saputo che vi erano gli abissini, nascondendosi
nella boscaglia: ma che però gli abissini, riu-

---

(1) L'*Omo* di Vanutelli e Citerni. — Hoepli, 1900.

scirono a far scempio della popolazione di parecchi villaggi.

E qui, lasciando i periodi del rapporto Corsi relativo alle istruzioni date al Buongiovanni, alla sua partenza, alle altre istruzioni che gli mandò intorno al modo di contenersi di fronte alle scorrerie abissine e pervenute a Lugh quando egli ne era già partito, periodi dai quali traspare troppo evidente la preoccupazione di stabilire che il governo di Mogadiscio non ha alcuna responsabilità in quanto è accaduto, mi pare opportuno riprodurre testualmente ciò che il Corsi scrisse.

« Senonchè, egli scrive, mentre gli abissini dal campo di Bardale irradiavano intorno le loro razzie ed altre ne minacciavano, sopraggiunse sui luoghi la colonna dei capitani Buongiovanni e Molinari che era partita da Lugh appunto in quella direzione, come il Buongiovanni riferiva nelle lettere giunte a Roma con precedente rapporto e state già lette alla Camera dal ministro degli Esteri.

Mentre in ogni caso non era possibile dare al capitano Buongiovanni nessuna diversa istruzione, essendo egli già partito il giorno stesso in cui inviava la sua lettera , giunta a Mogadiscio ad avvenimenti già compiuti, era d'altra parte da ritenere, anche dopo avuta la notizia della comparsa degli abissini nei luoghi stessi ove il capitano Buongiovanni si era diretto, che nessun grave incidente avrebbe potuto accadere. Affidava pienamente in proposito l'esperienza e la avvedutezza di quel provetto ufficiale, qualità che appunto l'avevano fatto presciegliere dal governatore per quell'importante e delicata missione, a costo di privarsi assai a malincuore della sua collaborazione fidata; e rassicuravano inoltre le prudenti istruzioni impartitegli dal titolare medesimo prima della sua partenza; non dovevano infine farne rimanere alcun dubbio le esplicite dichiarazioni di prudenza da lui ripetute.

Il capitano Buongiovanni partito col capitano Molinari e 113 ascari per Bussul incontrò lungo la via di Lessan i Rahanuin che supplicarono di difenderli dagli Amhara. Egli si diresse allora verso Bardale, dove gli abissini erano accampati. È così da ritenere che il capitano Buongiovanni, trovatosi per causale coincidenza più che per proposito sui luoghi stessi ove si compiva la incursione abissina; avuta notizia e spettacolo degli orrori che accompagnano simili imprese; supplicato di soccorso dalle popolazioni colpite o minacciate, giudicando deleterio per il nostro prestigio e la nostra influenza su quella gente una nostra acquiescenza in quell'ora: nè possibile ed efficace altra forma di interessamento o difesa; ritenendo che la bandiera che come poi e stato riferito, innalzava la colonna abissina volesse significare presa di possesso; per tutte queste circostanze e considerazioni, il reggente il governo della Colonia ritiene che il capitano Bongiovanni, mosso da un alto sentimento di umanità e di dignità e da quello che nella retta sua coscienza giudicava il proprio dovere, fatta astrazione dà considerazioni più gravi se non più elevate, che in quel momento, data la sua qualità, ben potevano sfuggirgli, abbia creduto doveroso di attaccare gli abissini, contando con la sorpresa, il suo ardire, la disciplina dei suoi soldati, l'ausilio delle popolazioni interessate a difendere la vita e gli averi ,potessero fargli avere ragione della barbarie e del numero; mentre poi le forze soverchianti dei nemici, il panico che colse dapprima i meno coraggiosi dei suoi, quello che travolse poi gli altri, pur coraggiosamente condottisi, quando videro cadere il loro capo, la confusione più che l'aiuto portato dagli ausiliari, fecero volgere le cose alla peggio.

Ed è d'altra parte da considerare che dallo scontro uscirono fiaccati anche i nemici; e gran parte dei loro prigionieri destinati a rifornire i mercanti di schiavi della Etiopia, potè solo così scampare a tale misera sorte, cui non avrebbero valso a stornare richiami di patti elusi ed irrisi; e che si potè conseguire con la sollecita ritirata di quelli, la salvezza di altre popolazioni.

Il reggente della Colonia, unisce a questo suo rapporto la deposizione di un buluc-basci, scampato al combattimento, raccolta a Lugh dal Segrè e quelle di altri informatori raccolte a Mogadiscio, dalle quali ha desunto gli elementi per la sua narrazione. »

Soverchiata dal numero la nostra piccola colonna fu completamente distrutta, e han perduto la vita in questo triste episodio due valorosi soldati, che in Eritrea e al Benadir avevano reso grandi servigi e che erano considerati fra i migliori.

Il reggente la Colonia, come si vede, non ha abbondato in particolari, e ha scritto il suo rapporto fondandosi su delle supposizioni. Le notizie e i particolari dello scontro di Bahallè si seppero qualche giorno dopo, principalmente da una lettera mandata al *Corriere della Sera* dal suo corrispondente laggiù. Tale narrazione (1) che fece una grande impressione, ha posto in evidenza come, anche in questa occasione, i nostri ufficiali abbiano dato prova di vero eroismo e come gli ascari avessero essi pure tenuto una condotta lodevole. Ma è giunta opportuna altresì per spiegare le ragioni che avevano determinato il capitano Buongiovanni a spingersi così distante da Lugh, e perchè il signor Segre era partito da Mogadiscio insieme alla colonna Buongiovanni. Tutte cose che il reggente la Colonia comm. Corsi

---

(1) Vedi *Documenti* in fine del capitolo.

aveva taciuto nel suo rapporto, nel quale ha alluso solo vagamente ad istruzioni date al capitano Buongiovanni, per vedere se poteva avviare o concretare trattative di buon vicinato con alcune tribù.

In quei giorni, chi scrive questo libro, ebbe, con altri a rimproverare il Governo di Roma di non aver pubblicato tutte le notizie che aveva su questo punto: sulle ragioni cioè della spedizione Buongiovanni. Ma, dopo la corrispondenza così circostanziata del signor Cipolla al *Corriere della Sera*, si compresero benissimo le ragioni di tale silenzio. Anche questa volta il Governo era stato mal servito, tanto dal governatore Carletti, come da chi lo sostituì per quel mese, perchè la spedizione Buongiovanni è stata non solo consentita, ma ordinata da Mogadiscio, naturalmente, non contro gli abissini, ma per mettere a dovere una tribù: anzi per riprendere le merci rapite da una tribù ad una carovana della Società Coloniale di Milano. Naturalmente non prevedendo, malgrado la presenza degli abissini nel territorio della nostra colonia fosse nota a Mogadiscio, che i nostri ascari si sarebbero trovati di fronte ad essi. Il capitano Buongiovanni si è recato due volte nei dintorni della località dove avvenne il combattimento con uno scopo ben definito (1), e in base ad istruzioni che aveva avuto dal Governo coloniale, il quale prima si era manifestato contrario all'idea di un intervento per ricuperare la merce rapita alla *Coloniale*, e poscia, su pressioni ricevute non si sa se da Milano o da Roma, diede invece gli ordini perchè l'operazione si compiesse e autorizzò un impiegato della *Coloniale*, il signor Segrè, a seguire la colonna che si recava a Lugh.

_____

(1) Vedi citata corrispondenza al *Corriere della Sera*.

Senza dubbio anche la discussione che ebbe luogo alla Camera, per la parte almeno che riguarda il fatto di Bahallè, avrebbe avuto un carattere completamente diverso, qualora fosse stata pubblicata prima questa corrispondenza, o, in altro modo, si fossero conosciute le circostanze alle quali ho accennato. Si sarebbe discusso se nelle attuali condizioni della Colonia non sia stato un grave errore il consentire, anzi il dare ordini, per una operazione di quel genere: si sarebbe discusso molto se, per riscattare le merci della *Coloniale*, metteva veramente il conto di correre dei rischi, che l'incertezza del console Carletti e del comm. Corsi nel dare in questo senso istruzioni al Buongiovanni, fa vedere si ritenessero piuttosto gravi: e sarebbe stata messa in rilievo la parte di responsabilità che spetta al Governo coloniale nel doloroso avvenimento.

Il brano della lettera del capitano (1) nella quale egli parla, con una certa ironia, del modo col quale la spedizione fu organizzata, mostra altresì che il Governatore intendeva assumere un atteggiamento, se non bellicoso, certamente molto più energico e risoluto di fronte alle tribù somale ostili alla nostra occupazione. Si sarebbe quindi discusso se con le scarse forze che avevamo laggiù a quell'epoca, non sarebbe stato molto meglio rinunziarvi assolutamente, almeno fino a che vi era troppa sproporzione fra i mezzi dei quali disponevamo e questo obbiettivo che certamente dobbiamo proporci, di garantire, cioè, il commercio.

Vi è stato come il presentimento che questo nuovo atteggiamento potesse condurre a conseguenze dolorose. Tale presentimento traspare dalle parole del capitano Bongiovanni, quando

---

(1) Vedi citata corrispondenza.

CAPITANO MOLINARI.

Capitano Simone Bongiovanni.

scrive che spera *almeno, qualunque cosa accada, ne possa venire un po' di bene alla Colonia...*

Sorprese dolorose di questo genere, siamo d'accordo avvengono in tutte le colonie africane — e non bisogna per questo lasciarsi vincere dallo sconforto. Però vien fatto di domandarsi se, appunto perchè ci troviamo di fronte ad un paese così difficile, con le questioni di confine ancora insolute, con popolazioni ribelli da tutte le parti, per cui è necessario per poter agire di avere la maggiore conoscenza possibile dei luoghi e dello spirito di quella gente; vien fatto di domandarsi se non sia stata una grande imprudenza da parte del Ministero degli Esteri il chiamare, tanto per la carica di governatore, come per quella di vice-governatore, due uomini completamente nuovi a quei paesi — in un momento nel quale era noto che, tanto per le questioni coi somali come per quelle con l'Abissinia, la situazione non era punto chiara.

Perchè vuol dir nulla o ben poco il fatto di aver passati molti anni in Eritrea come il Corsi. Anche questo è un pregiudizio radicato alla Consulta; in chi non ha visto nè l'una nè l'altra delle nostre colonie. Non è detto, solo pel il fatto che, tanto l'una che l'altra, sono abitate da razze nere, che chi è stato nell'Eritrea, abbia già una certa pratica e debba essere, solo per questo, un buon elemento al Benadir. Questo pregiudizio da parte dei Governo nella scelta delle persone alle quali affidare degli incarichi in Somalia, e da parte di alcuno di coloro che ci vanno, è stato esso pure causa di inconvenienti, ogniqualvolta il funzionario o l'ufficiale proveniente dall'Eritrea non ha saputo disfarsi subito da preconcetti, e riconoscere che si trovava in un mondo e in mezzo a gente completamente diversi.

Il che non ha impedito abbiano fatto splendida prova molti ufficiali provenienti dall'Eritrea;

non però per massima, ma perchè, naturalmente, si tratta d'ufficiali che amano la vita delle colonie, che desiderano distinguersi ed agire anzichè rimanere nelle guarnigioni in Italia, ed
allora hanno anche la facilità di adattamento a
nuovi paesi. In ogni modo è più facile per l'ufficiale che è più frequentemente a contatto con le
popolazioni, che, poco o molto, si muove dalla
Colonia, lo spogliarsi presto da preconcetti e con-
vincersi che si trova in un ambiente completamente diverso, che non per il funzionario civile.

Tanto il capitano Molinari che il capitano Buongiovanni erano de' veterani d'Africa.

Nel 1896, quando scoppiarono le ostilità con
Menelick, il Molinari chiese ed ottenne d'essere
inviato in Africa, dove rimase fino al 1903. Promosso capitano, fu inviato al Benadir, dove, due
mesi dopo il suo arrivo, sostenne con onore un
combattimento con la tribù dei Bimal e un assedio di 60 giorni a Merca. In seguito fu inviato
a Lugh come residente, e vi rimase circa due
anni.

Il Buongiovanni era andato in Africa la prima
volta nel 1887, all'epoca di Saati e di Dogali, come
sottotenente. Vi era ritornato nel 1895 ed aveva go-
duta la fiducia del Baldissera il quale ebbe a lodarsi del modo col quale disimpegnò le mansioni
affidategli e, quando vi ritornò per una terza volta,
ebbe quella dell'on. Martini. Aveva partecipato
col capitano inglese Walter alla delimitazione dei
confini tra l'Italia e l'Inghilterra al nord dell'Eritrea. L'accordo, anzi, porta ancora il nome di « accordo Walter-Buongiovanni ». Aveva comandato
a lungo la compagnia costiera, dimostrando in diverse circostanze una calma e una freddezza non
comuni.

Si era meritata la medaglia d'argento al valor
militare in un episodio che senza il suo intervento avrebbe potuto finire tragicamente.

Una sera un ascaro, impazzito improvvisamente, si era messo a sparare da un angolo del campo contro i compagni. Era già buio, e l'uomo, che stava appiattato dietro un mucchio di casse e tirava mirando accuratamente, era indicato soltanto ad intervalli dal piccolo lampo del colpo. In un attimo il campo fu in iscompiglio: gli ufficiali, che sedevano alla mensa, si precipitarono fuori incerti e furono travolti dagli ascari che fuggivano terrorizzati. Il pazzo si era intanto alzato e si avânzava riempiendo il serbatoio del fucile e puntando. Il Buongiovanni solo, inerme, senza un istante di esitazione, gli si scaglia contro, evitando per miracolo i suoi colpi e cade a terra con lui, impegnando una lotta terribile. Nel buio i due erano invisibili e gli altri ufficiali non poterono immediatamente soccorrere il Buongiovanni che riuscì però da solo a domare l'arabo impazzito, disarmandolo e riducendolo all'impotenza.

Era al Benadir da parecchi anni. Ritornato in Italia fu per qualche tempo addetto all'Ufficio Coloniale. Ma non era temperamento da rimanersene tranquillo a fare il burocratico... E ripartì per il Benadir. Per qualche settimana, durante una gita che il console Carletti fece l'anno scorso verso il Giuba, ebbe anche la reggenza della Colonia.

Povero capitano! Il presentimento che egli mostrò di avere, scrivendo pochi giorni prima agli amici, di una triste sorpresa, di un avvenimento tragico che lo indusse a preparare le sue disposizioni testamentarie, doveva, pur troppo, verificarsi a pochi giorni di distanza!

DOCUMENTI.

TELEGRAMMA DEL REGGENTE LA LEGAZIONE ITALIANA AD
ADDIS ABEBA AL MINISTRO DEGLI ESTERI.

« *Addis Abeba*, 11 *gennaio*.

« Ho comunicato al. Negus Menelik l'incidente di
Lugh, presentandogli la formale protesta del Governo del Re per la violazione dello *statu quo* a Lugh e
territori adiacenti e per le funeste conseguenze derivanti; e partecipandogli le domande del Governo
per soddisfazione e riparazione.

« Il Negus Menelik è rimasto vivamente impressionato ed addolorato per l'incidente, del quale non aveva finora alcuna notizia. L'Imperatore ha riconosciuto la gravità del fatto e m'incarica di comunicare ufficialmente al Governo del Re l'espressione del
suo più profondo rammarico e la speranza che le
notizie pervenute possano essere esagerate; rinnova le sue proteste di amicizia e di lealtà per il Governo italiano; non esita ad attribuire tutta la responsabilità dell'incidente a capi ribelli ai suoi ordini; e dichiara di essere disposto a dare tutte le
giuste, necessarie soddisfazioni. Intanto disporrà
nel modo il più sollecito ed energico per il richiamo di tutti gli abissini che ancora si trovassero nel
territorio di Lugh e nell'*hinterland* del Benadir e
per lo sgombro di Lugh, qualora fosse occupato.

« Confermando le assicurazioni precedentemente
date per il mantenimento dello *statu quo* nel territorio di Lugh e nell'*hinterland* del Benadir, l'Imperatore Menelik assicura che prenderà le misure necessarie per mantenerlo effettivamente. Inoltre il
Negus garantisce formalmente che il responsabile
e i colpevoli saranno esemplarmente puniti e che
saranno indennizzati i danni cagionati dalle razzie
e dal conflitto.

Dalle dichiarazioni del Negus Menelik, che dimostrano come egli sia stato dolorosamente colpito e
preoccupato per l'incidente, ho attinto la sicurezza
che egli è assolutamente estraneo ad esso, e che i
capi Amhara hanno agito, non solo a sua insaputa,
ma anche contrariamente ai suoi ordini formali. ».

In mancanza di relazioni ufficiali su questo
combattimento col quale è stato iniziato, doloro-

samente, un nuovo periodo nella vita della nostra Colonia, credo opportuno riprodurre qui la relazione che mandò al suo giornale il signor Cipolla, corrispondente del *Corriere della Sera*. Fu da questa corrispondenza, come ho già osservato, che si seppero in Italia i particolari del combattimento e le razzie che avevano determinato lo spostamento del capitano Buongiovanni.

Particolari sul combattimento di Bahallè

Mogadiscio, 5 febbraio.

Solo oggi il governatore Carletti, riprendendo la direzione degli affari della colonia, annunziava ufficialmente l'eroica morte dei capitani Buongiovanni e Molinari, soggiaciuti il 15 dicembre nel combattimento di Bahallè.

Le cause di questo non sono ancora a tutt'oggi conosciute esattamente e forse non lo potranno esser mai per la mancanza di superstiti europei e per un complesso di fatti, che il lettore potrà rilevare nell'esposizione obiettiva degli avvenimenti che ci siamo proposti di fare. Una folla di dicerie, esagerate od insussistenti, passate di bocca in bocca dagli indigeni dell'interno a quelli della costa, con quella volubilità e con quella rapidità caratteristiche delle notizie che si propagano nel centro africano, resero dapprincipio il governo della colonia non solo assai incompletamente edotto degli avvenimenti, ma fecero assumere ad alcuni fatti un aspetto assolutamente contrario alla realtà. Per citarne due dei principali: la brillante iniziativa del tenente Cibelli, comandante del presidio di Bardera, che alla prima eco del combattimento volò con la sua centuria a Lugh, scambiata per il ritorno del capitano Molinari ed il momento davvero angoscioso che attraversò il governo a Mogadiscio, quando si credette che Bardera fosse stata attaccata dagli amhara e la colonia pressochè perduta mentr'essi erano in completa ritirata. Ma procediamo con ordine.

Gli scopi della spedizione. — Il 9 novembre scorso il capitano Bongiovanni partiva da Brava per Lugh allo scopo, com'è noto, di rilevare il capitano Molinari. Il Bongiovanni era accompagnato dal signor Segré, agente della Società coloniale italia-

na. Il governatore Carletti prima di lasciare la
colonia aveva dato al capitano Bongiovanni istruzioni tassative perchè nel recarsi da Brava a Lugh,
percorresse l'itinerario diretto. Cerchiamo di esaminare quali furono i motivi che indussero il capitano o lo costrinsero a spostarsi di ben cinque
giornate ad oriente recandosi in zona dove era facile trovar questioni serie. Il governo coloniale nelle sue scarse informazioni, giustifica l'itinerario un
po' tumultuario seguito dal capitano, con le istruzioni dategli perchè trattasse con varî capi indigeni per stringere con essi relazioni amichevoli e
garantire sempre più la sicurezza delle carovane
provenienti dall'interno e dirette al mare. Ma v'era
anche un altro scopo da raggiungere: e cioè il capitano Bongiovanni doveva cercare di ricuperare
10,000 talleri della Società coloniale, o meglio mercanzie ammontanti a tal valore, di una carovana
di questa Società diretta a Lugh e razziata alcuni
mesi or sono dagl'indigeni Bur Hacaba (dintorni
di Revai). Ed essenzialmente per questo il Segré
seguì la spedizione.

All'insaputa del Governo, molto tempo prima, il
Segré aveva scritto a Milano ed a Roma lettere
nelle quali asseriva che il capitano Molinari a Lugh
nulla aveva fatto per cercare di ricuperare il valore
della mercanzia razziata alla sua Società. Le lettere
sortirono l'effetto desiderato e i primi ordini di
Carletti subirono una modificazione radicale. La domanda del Segré di poter seguire il Bongiovanni
a Lugh fu accolta. E questi dovè proporsi come
scopo dello spostamento effettuato di rivendicare le
mercanzie razziate.

L'«ULTIMATUM» ai Bur-Hacaba. — La marcia si
svolse senza alcun incidente da Brava ad Umbo sino
a Revai. Numerosi capi *rahaunin* accompagnarono
la spedizione, forte di centoventi ascari della compagnia di Merca, e promisero al capitano obbedienza e rispetto al governo ed alle mercanzie delle
carovane dirette alla costa. Giunto a Revai e precisamente in una località limitrofa chiamata Bur-Hacaba, il capitano fece una specie di inchiesta per
scoprire gli autori della razzia fatta a danno della
Coloniale e riuscire ad ottenere il risarcimento. Le
intenzioni e gli atti del Bongiovanni provocarono
fra gli indigeni un certo fermento, tanto che egli,
dopo aver preso con sè quattro ostaggi Bur-Hacaba,
nell'intento di abbreviare la risoluzione dell'incidente, giudicò più opportuno dirigersi su Lugh, raffor-
zare quivi la sua truppa e tornare per la risoluzio-

ne definitiva, la cui riuscita egli oramai considerava come una specie di puntiglio personale.

Il 4 dicembre la spedizione entrava in Lugh e da qui il suo capo mandò ai Bur-Hacaba un *ultimatum* nel quale prescriveva loro di restituire entro sette giorni le cotonate o il valore in bestiame della mercanzia razziata alla Coloniale. Se allo spirare della data non avessero annuito, il capitano li avvertiva che sarebbe andato a rilevare il bestiame con i suoi ascari. Intanto spediva al governo a Mogadiscio un rapporto nel quale, fra le altre cose, diceva:

« *Domani 10 dicembre scade l'ultimatum e domani partirò con gli ascari essendo convinto che quando la forza della centuria di Merca sarà ripartita con Molinari mi sarà impossibile ottenere la restituzione delle mercanzie razziate.* »

Infatti la mattina dell'11 dicembre, dopo aver presa la consegna della residenza di Lugh e accompagnato dal capitano Molinari in sott'ordine, come meno anziano, il quale insistette per unirsi al collega, Bongiovanni ripartì per Revai per ottenere la soddisfazione e la restituzione reclamate.

Il Segrè rimase in Lugh, garantito, oltre che da 64 ascari, dall'aiuto di un vecchio e molti aggiungono anche valoroso interprete abissino, Stefano Robba, che per circa un anno prima dell'arrivo di Molinari aveva comandata la stazione. Così tranquillo sulla sicurezza di Lugh, il capitano Bongiovanni si avviò verso Revai. Avendo dovuto lasciare a Lugh gli ascari meno resistenti per sostituirli con altri che già presidiavano cotesta località, l'effettivo della colonna risultava rinforzato soltanto per qualità fisiche del personale; il numero degli ascari rimaneva 120.

La vigilia di questo giorno, cioè il 10, il Molinari così scriveva ad una persona che è da molto al Benadir:

« *Carissimo...*

« *Domani partiamo con pochi ascari per andare a riprendere la carovana razziata alla* Coloniale. *Il governo si è messo in testa di far vedere agli indigeni che siamo... molto forti!!!* »

Il Segnale di possesso. — Intanto un forte nucleo di truppe abissine, composte da 2500 amhara ottimamente armati, aumentati da un altro migliaio fra *ogaden* ed *arussi*, comandati dal figlio di Lul-Seghed, dopo aver commesso numerose razzie nella regione Baidoa, si era quasi stabilito nei dintorni di Bur-Hacaba presso Revai in una località chia-

mata Bahallè. Fu allora che gli indigeni del territorio, e precisamente le tribù *Gubain* e *Lersan*, spa-
ventate dalla incursione amhara, pensarono di rivolgersi al residente di Lugh perchè li proteggesse.

Il capitano Bongiovanni aderì di buon grado al-
l'idea di patrocinare presso gli abissini gli interessi
di quegli indigeni dai quali voleva ottenere la restituzione delle mercanzie della *Coloniale*. La domanda di protezione era implicitamente un atto di sottomissione. Sembrò opportuno al Bongiovanni pro-
fittarne. Si afferma che egli fosse convinto che qualora gli abissini avessero saputo di trovarsi in territorio italiano si sarebbero ritirati. Ma non si comprende come un uomo così pratico in materia come
il Bongiovanni potesse illudersi che gli abissini di
punto in bianco acquistassero quella convinzione,
dal momento che essi, razziando, stavano compiendo
una funzione paragonabile a quella esercitata da
un esattore in paesi civili e in un territorio considerato sempre come aperto alla violenza dei loro diritti.

La sua convinzione in ogni modo non durò a lungo. Il 13 gli fu riferito — almeno così affermano le
dichiarazioni ufficiali — che gli abissini nel mezzo
della loro ampia zeriba a Bahallè avevano inalbe-
rato una bandiera, il significato della quale è affer-
mazione di diritto di possesso e di proprietà del territorio. Le informazioni del governo aggiungono che
il capitano Bongiovanni, avvistando il 15 il campo
abissino, scorgeva il simbolo della presa di possesso
sventolare sulla sommità di un antenna dinanzi la
tenda del capo, e affermano che di fronte a tale u-
surpazione, persuaso della inutilità di adire a tentativi per comporre pacificamente l'incidente, cre-
dendosi troppo inoltrato oramai per retrocedere
senza esporsi a sicuro esterminio, attaccò (erano le
6 del mattino) risolutamente la zeriba abissina, fidando anche della possibilità di un esito favorevole
in forza delle sorpresa. Non si conferma ufficialmente il fatto riferitoci da parecchie persone de-
gnissime di fede che il capitano Bongiovanni scrisse
il 14 una lettera al figlio di Lul-Seghed nell'intento
di persuaderlo a ritirarsi o almeno a restituire le
razzie fatte al Lersan ed ai Gubain, attese un giorno
la risposta e si decise ad attaccare quando si persuase che gli amhara non avevano intenzione alcuna di dargliela. Si decise in ogni modo sembran-
dogli esser giunto il momento di compiere quel sacrificio cui fino da Lugh si sentiva con il collega
predestinato, quel sacrificio che, per adoperare le

sue parole, « *qualche frutto di bene avrebbe derivato alla patria* ».

Brillante attacco — Il luogo dove si svolse il combattimento è una piana scoperta circondata da una boscaglia, una specie di radura. Nella loro zeriba circolare gli abissini avevano disposto il bestiame all'infuori. Alla nostra centuria s'erano uniti trecento lancieri Lersan e Gubain, gente ottima per la ricognizione, adattatissima nell'assalto e negli inseguimenti. Il capitano Bongiovanni li aveva posti innanzi come esploratori della piccola colonna. Avvistata la zeriba nemica, i 300 somali avevano ordine di riunirsi dietro la linea della centuria. Così fu fatto. Scoperta la zeriba, i somali sgombrarono il fronte e la centuria italiana si spiegò rapidamente in catena a 300 metri dal bestiame degli amhara.

I due capitani si collocarono alle ali. Bongiovanni a destra, Molinari a sinistra, inquadrando i combattenti.

Fu dato l'ordine pel fuoco rapido. Fu, mi racconta un ascaro superstite, un inferno nella zeriba nemica. La sorpresa era pienamente riuscita. Gli amhara fuggirono precipitosamente abbandonando il recinto trasformato in un macello dove i muggiti ed i nitriti degli animali colpiti coprivano i lamenti dei feriti numerosi, il pianto angoscioso delle donne, le grida dei fuggenti.

Il capitano Bongiovanni dette ordine di cessare il fuoco. Gli ascari avevano sparato in media dai dieci ai dodici colpi ciascuno. Fu allora che i 300 lancieri somali Lersan e Gubain vennero spinti avanti ad inseguire, mentre la centuria, conservando la sua formazione, avanzava di un altro centinaio di metri verso la zeriba.

Intanto gli amhara fuggiti erano riusciti a riannodarsi e mettersi in condizioni di ritentare il controattacco. Nella loro avanzata cozzarono contro i 300 lancieri somali che, venuti a trovarsi fra gli abissini ed i nostri, impedirono alla centuria di riprendere il fuoco se non dopo liberato il fronte. Gli amhara così poterono sottrarsi agli effetti delle nostre armi, mettere facilmente in rotta i lancieri infliggendo loro perdite rilevantissime; più della metà dell'effettivo dei somali rimase uccisa.

Dispersi i lancieri, la centuria riprese il suo fuoco con effetti formidabili. Senonchè un gruppo di parecchie centinaia di amhara, fra i quali molta cavalleria, recatosi a razziare nei dintorni il giorno precedente, sentito il rumore delle fucilate, accorse sul luogo dello scontro prendendo alle spalle i nostri.

LA RESISTENZA EROICA. — In breve l'esigua centuria si trovò circondata e in condizioni tali da non
consentire che la risoluzione disperata di immolarsi
al prezzo della maggior resistenza. Quei nostri a-
scari arabi, recentemente tanto calunniati in Italia,
infiammati dall'esempio dei due ufficiali, compirono
prodigi di valore. Ho veduto io stesso gli occhi del
governatore Carletti inumidirsi di commozione al
racconto che alcuni capi Bur-Hacaba gli facevano
dell'eroismo dei nostri.

Per ben due ore durò la fucileria ininterrotta e
gli amhara non osavano avanzare a finir di distruggere quel pugno di leoni.

Solo quando cominciarono a mancare le munizioni, quando il capitano Buongiovanni, colpito alle
reni, cadde morto, quando due terzi dei combattenti
giacquero uccisi o feriti, gli amhara strinsero il cer-
chio di attacco.

La resistenza assurse allora al parossismo del fu-
rore eroico nella lotta corpo a corpo. L'*yus-basci*
(sott'ufficiale indigeno) Idris Garimed, un gigante
decorato della medaglia al valore a Danane, cri-
vellato di ferite riusciva, benchè caduto e quasi im-
possibilitato a muoversi, ad atterrare uno dopo l'altro tre amhara e a strozzarli con le mani ancora po-
derose. Said Ramadan, altro *yus-basci*, pure decorato al valore, non si comportò, morendo, meno eroicamente. La compagnia di Merca, la stessa che com-
battè a Danane, fornì il numero maggiore di combattenti, ed ora che è rimasta quasi distrutta, può
ben chiamarsi una compagnia di eroi

Il capitano Molinari, contrastando il terreno palmo a palmo, tentò con pochi superstiti di guadagnare la boscaglia. L'*uachit* (appuntato) Nagash
racconta che, vistosi assalito da tre amhara, sparò
un colpo uccidendone uno. Mentre gli altri due stavano sciabolandolo e tentando di strappargli il fucile, un gruppo poco lontano, composto del capitano
Molinari, del suo servo Salem-Him, e di un *yus-basci*
richiamò l'attenzione degli assalitori che abbandonarono l'*uachit* per rivolgersi al capitano. Fu allora
che lo si vide estrarre il revolver e far fuoco con tale precisione da fulminare ad ogni colpo uno di
quelli che tentavano di farlo prigioniero. Non si
osò colpirlo che all'ingiunzione di un capo abissino
che gridò: « *Uccidetelo, uccidetelo, se no ci am-
mazza tutti.* »

Fu colpito, cadde. L'*yus-basci* era stato ucciso anch'esso: il servo, terrorizzato, stava per abbandonare il padrone cercando di salvarsi con la fuga

nella boscaglia, quando Molinari, rizzatosi, gli disse: « *Tu abbandoni il tuo padrone mentre muore.* » Il servo rimase e fu ucciso anch'esso accanto al capitano. Nelle tasche gli fu trovato, con il ritratto della madre, un volumetto delle *Odi barbare* del Carducci.

LA FUGA DEGLI ABISSINI. — Come vi telegrafai, 83 ascari su 120 combattenti, soggiacquero, 40 morirono sul campo, 43 nella boscaglia vicina. Quelli riusciti a scampare e raggiungere Lugh furono diciassette. L'*uachit* Nagash fu il solo che raggiunse Merca, benchè avesse riportato otto ferite.

Ricoverato a Bur-Hacaba, fu curato amorevolmente dagli Helai. Convalescente, tornò sul campo del combattimento a ricercare il suo fucile che aveva nascosto in un cespuglio, ritornò a Bur-Hacaba, e, accompagnato poi da due capi di Merca, potè giungere in codesta nostra stazione, fatto oggetto lungo il cammino a dimostrazioni di simpatia per parte delle popolazioni interne.

Il risultato del combattimento, sebbene fatale pei nostri due valorosi ufficiali e per la centuria che comandavano, fu disastroso per gli amhara. In principio si parlava di 200 morti, oggi una numerosa carovana proveniente da Lugh ha portato a Mogadiscio la notizia che i morti, fra amhara, arussi e ogaden, furono almeno cinquecento.

Gli abissini si ritirarono così in fretta che non ebbero neppure il tempo di seppellire i loro morti e li gettarono entro pozze d'acqua e le fosse già esistenti. Le fosse e le pozze riempite di uccisi sono 18. Da qualcuna furono estratti fino 35 cadaveri.

Forse gli amhara supposero che la centuria Bongiovanni non fosse che un'avanguardia di un corpo maggiore che stesse per sopraggiungere, ma certamente, giudicando dalle perdite, non si può che giustificare la rapida improvvisa ritirata al nord passando a 110 chilometri ad oriente di Lugh. Lugh quindi non ricevette mai una minaccia neppure indiretta.

E' da notarsi che gli amhara non solo si ritirarono, ma lasciarono dietro ad essi tutti i segni della sconfitta, abbandonando agli Helai una quantità di bestiame, che ora comincia a giungere alla costa. Pare accertato che per loro conto gli Helai, dopo il combattimento, sieno piombati alle spalle del corpo amharico in ritirata. Gli stessi Helai, consci della gratitudine che dovevano al governo italiano, si recarono sul campo di battaglia dove dettero sepoltura alle salme dei nostri ascari, e raccolte quelle dei due capitani le trasportarono a Bur-Hacaba.

Leggenda epica. — Quivi furono dagli indigeni resi agli eroi gli omaggi lugubri e suggestivi ch'essi prodigano ai massimi capi. I guerrieri danzarono le tristi fantasie della morte, le donne ululàrono le grida selvagge del cordoglio, e per tutti i villaggi fra l'Uebi ed il Giuba si sparse rapidissima la leggenda delle gesta dei centoventi ascari italiani comandati dai capitani bianchi vincitori di tremila amhara, morti per difendere le tribù degli Helai, dei Lersan e dei Gonnin.

Vi ho telegrafato una frase della lettera di un mercante arabo di Bur-Hacaba che, scrivendo al governo per informarlo degli avvenimenti, dice:

« *E i capi Helai per celebrare la memoria di questi due bianchi morti per loro ne raccolsero e ne onorarono le salme e vollero che la loro tomba fosse grande e sicura perchè le jene non potessero rovinarne i corpi.* »

Oggi giunse a Mogadiscio la notizia che le due salme sono state disseppellite e trasportate con grande onore dagli stessi indigeni a Lugh, dove il tenente Cibelli le ha ricomposte all'ombra della bandiera tricolore.

Il 18 dicembre i primi scampati giunsero a Lugh. ed il Segrè si affrettò ad informare il governo degli avvenimenti. La lettera del Segrè giungeva a Mogadiscio il 31 dicembre. Furono date subito disposizioni le quali partivano dal supposto che Segrè corresse qualche pericolo e quindi si trattasse di salvarlo, ma con felice ed opportuno pensiero il 28 dicembre il tenente Cibelli, avuta notizia dello scontro, si moveva da Bardera verso Lugh in eventuale soccorso del Segrè, e vi giungeva il 2 gennaio

Il capitano Ferrandi ed il tenente Testafochi partono oggi da Brava con una centuria e l'incarico di andare a Bardera. Quivi rimarrà il tenente Testafochi, mentre il Ferrandi andrà a prendere il Segrè a Lugh e lo riaccompagnerà alla costa.

L'INVOCAZIONE DEGLI INDIGENI. — Le conseguenze del combattimento sono state essenzialmente favorevoli alla Colonia, almeno come effetto immediato. Si è creato d'un subito all'interno un ambiente favorevolissimo al governo ed ai nostri interessi. Le tribù e i capi che sinora furono i più tenaci a considerarci con ostilità, tempestano di lettere e di ambasciate il governatore ed il Ferrandi, invitandoli ad occupare militarmente Bur-Hacaba e Revai, informando che sono pronti a costruire le zeribe pei nuovi campi degli ascari e le case dei comandanti. Purtroppo sinchè non sarà risolta con il Negus la questione diplomatica dei confini, il Governo centrale non oserà procedere a quelle occupazioni. Speriamo che la risoluzione giunga prima che svanisca il prestigio acquistato.

Così continuando si prolunga una condizione di cose intollerabile per una colonia che, possedendo le migliori attitudini per progredire, ne ha anche tutti i desideri. Intollerabile, poichè la mantiene in un perenne stato di guerra. Intollerabile, perchè non si può concepire che noi ci limitiamo ad essere del Benadir soltanto i doganieri, rimanendo così come siamo aggrappati alla costa, a far pagare alle mercanzie dazi di sortita, contentandoci di constatare che il paese all'interno è ricco, denso di popolazioni intelligenti, avide di scambi e di pensare che se l'Italia se ne fosse un po' più interessata, questa Somalia meridionale, detta Italiana, non lo sarebbe soltanto di nome.

Si temeva che come contraccolpo dei fatti di Bahallè, l'affluire delle carovane alla costa rimanesse sospeso per un lungo periodo di tempo. Invece, arrestatosi in gennaio, ha ripreso con maggiore intensità in questi giorni, e tutto dà a credere che nulla interverrà a turbare questo magnifico spettacolo di ininterrotte lunghissime file di cammelli carichi che il sole nascente profila sulla cresta delle candide dune retrostanti Mogadiscio, Merca, Brava e che invadono i mercati di pelli, di avorio, di caffè e degli echi degli entusiasmi suscitati dal recente combattimento.

Occupate Revai e Bur-Hacaba, resterà neutralizzata l'ostilità del Sultano di Gheledi e dei suoi ottanta fucili e l'occupazione dell'Uebi-Scebeli, del *fiume* per antonomasia, dove si distendono campi infiniti e rigogliosi di messi, deriverà come una conseguenza. Occorrono dei mezzi, del personale, occorrono soprattutto dei soldati.

IX.

LA QUESTIONE DI LUGH

ALLA CORTE DI MENELIK.

Il Giuba, che divide i nostri possedimenti del Benadir da quelli inglesi, è il fiume per primo esplorato dal capitano Bottego, che nel 1892 fondò a Lugh, una stazione commerciale. Il Bottego stesso ha raccontato nel suo splendido libro *Il Giuba esplorato*, come gli venne l'idea della grandiosa impresa, quando al circolo degli ufficiali di Massaua, il generale Gandolfi, governatore dell'Eritrea, discorrendo, disse che toccava agli italiani, ed ai giovani, di organizzare spedizioni per esplorare quella parte dell'Africa, che i protocolli avevano messo sotto la nostra influenza, e che erano ancora poco o punto conosciuti. In pochi mesi l'idea maturò nella mente del compianto ufficiale, che, ottenuta una licenza, si presentò a Roma, alla Società Geografica, con un piano e un programma ben stabilito.

Ma, fin da molto tempo prima, il Bottego aveva sentito questa sua vocazione. Era stato conquistato dal fascino dell'Africa, fin dal giorno nel quale vi aveva messo piede per la prima volta, all'indomani di Dogali. Come tenente d'artiglieria, era stato assegnato alla batteria del capitano Michelini: il valoroso superstite della strage di Dogali. Quante volte, durante i lunghi mesi di inazione sulle alture di Saati, l'ho sentito sfogarsi contro la vita noiosa e senza emozioni che vi si conduceva, invidiando i nostri grandi esploratori africani, i cui nomi correvano allora

su tutte le bocche e che erano stati gli antesignani
di quella politica che pareva dovesse dare all'I-
talia un grande impero nel continente nero, che
cominciava allora ad aprirsi alla civiltà! Quante
volte, alla sera, raccolti intorno ad un tavolo,
nell'accampamento della brigata Baldissera — la
brigata di avanguardia — e sotto l'impressione di
un libro che aveva letto, di una notizia che gli
era capitata sott'occhio in qualche giornale, ci
parlò dei suoi vari progetti con un certo senso
di melanconia, persuaso che non avrebbe mai
trovato sufficiente appoggio per aiutare qualche
sua iniziativa! Quando, dopo la ritirata del
Negus, le truppe della spedizione San Marzano
rimpatriarono quasi tutte, il Bottego rimase ancora in Africa e, tranne in qualche breve periodo
di licenza passato in Italia, fece parte delle nostre truppe eritree, fino alla sua partenza per la
prima spedizione. Era stato promosso capitano,
ed aveva avuto il comando di una batteria di indigeni. La nostra occupazione si era spinta più
in là. Eravamo saliti sull'altipiano, creando la
stazione di Asmara, e, dall'altra parte, avevamo
pure occupato Keren, dove era comandante il
Barattieri, allora colonnello.

S'era in un periodo di calma e di tranquillità
perfetta. Nelle lunghe cavalcate che il Bottego
faceva anche al di là del nostro confine, aveva
cominciato a raccogliere qualche interessante col-
lezione della fauna e della flora di quei paesi,
da mandare in dono alla natìa Parma, che l'anno
scorso ha consacrato alla memoria dell'illustre
esploratore una sala del Museo, nella quale sono
riunite tutte le preziose raccolte donate alla sua
patria anche dopo.

A Roma, la Società geografica incoraggiò il
Bottego, e il Crispi, allora al Governo, lo appog-
giò vivamente. Meno il piccolo tratto dalla foce
fino a Bardera, esplorato dalla spedizione Vonder

Derken nel 1865, finita così tragicamente, nulla, assolutamente nulla, si sapeva intorno a questo fiume.

« All'Italia, nella cui sfera d'influenza politica, è compresa la maggior parte di quella estesa plaga del continente africano, — rispondeva l'onorevole Crispi al Bottego, dicendo di aver preso in esame il suo progetto — incombe il dovere morale di compierne l'esplorazione tante volte tentata da stranieri e da italiani. Con ciò verremmo ad avere, su queste regioni, il non trascurabile diritto di possesso che è stabilito dalla priorità dell'esplorazione. Sarebbe perciò dannoso lasciarsi precedere da altri ».

Il Bottego, organizzata la spedizione che partì da Berbera nel 1902, riuscì nell'impresa, compiendo una delle più belle e più interessanti esplorazioni africane, e gittò fin da allora le prime basi per la fondazione di una stazione italiana a Lugh, che gli sembrò, per la sua vicinanza alla confluenza di tre fiumi, per la sua posizione facilmente difendibile, e sopratutto, per la riputazione che aveva in tutta quella vasta zona di esserne un grande centro commerciale, un punto importantissimo per noi.

Ed ora ,dopo quindici anni, il possesso di Lugh ci è ancora contestato, e, forse non arriveremo ad affermarvici in modo definitivo, che dopo lunghe trattative, e sborsando ancora qualche milione al Negus!

Il primo europeo che pose il piede a Lugh fu il capitano Grixoni, il quale faceva parte della spedizione Bottego. Mentre quest'ultimo, attraversato il paese degli Ogaden scopriva e studiava gli affluenti del Ganana, spingendosi fino ai Sidama, un reparto della spedizione, dopo aver studiati e riconosciuti altri paesi, entrava in Lugh il 15 maggio 1893. Quel reparto era comandato dal capitano Grixoni. Il Bottego ve lo raggiunse dopo, nel luglio dello stesso anno, e vi si fermò parecchio tempo, riuscendo a vincere le diffidenze del vecchio sultano e anche quelle... della sua bella Fatima, che, più fanatica mussulmana del marito, non nascondeva il suo odio e il suo disprezzo per gli infedeli — e per il bianco. Questa Fatima, che potrebbe chiamarsi la Ninon de Lenclos di Lugh, era una bellezza parecchio matura. Il Bottego dice che aveva allora settant'anni circa... ma che li portava bene. Certo è, che era riuscita ad avere un grande ascendente sul marito, fino al punto da fargli congedare, una dopo l'altra, le sue numerose mogli, e che era temuta e rispettata, anche da trenta o quaranta figli del vecchio Alì, posti tutti quanti dal padre a capo di qualche villaggio, o gruppo di capanne del suo minuscolo sultanato.

Questo nome di sultano che in noi suscita subito l'idea della potenza, della ricchezza, dello sfarzo, in Africa, ha una importanza molto relativa e un significato spesso molto modesto. In numerosi casi è assunto da un piccolo capo il quale vive, malamente, in una capanna, mezzo nudo — anzi nudo del tutto, con una fascia ai lombi, un lenzuolo bianco posato sulle spalle, e un gran turbante multicolore. Quello di Lugh non aveva una tenuta molto diversa e la bella Fatima non disdegnava ogni mattina di fare un po' di pulizia, spazzando le capanne regali, discretamente sudice come tutte le altre e circondate come al solito da una zeriba.

Il Bottego ed i suoi compagni riuscirono a vincere le diffidenze degli indigeni, e ad ispirare simpatia al sultano. Tantochè, qualche anno dopo, nell'ottobre del 1894 prima, e poi nel luglio del 1895, quando i porti del Benadir erano in mano della compagnia Filonardi, la quale aveva spinto la sua azione commerciale fino a Lugh, il vecchio sultano mandò a Mogadiscio, uno dei suoi figli, e poi un secondo con una lettera nella quale chiedeva la protezione italiana, dei fucili e delle munizioni.

La lettera, che è, in certo qual modo, il primo documento relativo alla questione di Lugh, era del seguente tenore:

« A Filonardi che Dio protegga, salute. Qui, « in Ganane, tutto è in pace. L'altro anno venne « in Mogadiscio mio figlio il quale ti pregò di « concederci 10 ascari. Ma, fino ad ora non li « ho veduti. Adesso noi temiamo che gli amha- « ra vengano qui a razziare. Noi non abbiamo « forza per difenderci. Ti prego per ciò di man- « darmi una bandiera italiana e un documento « che certifichi che Ganane è italiana. Ti racco- « mando di far presto, e di non mettere da parte « la mia lettera. La bandiera e il documento puoi « consegnarli ad Hamed Harun. Non indugiare « troppo. »

Ganane 5 dutheggia (1 giugno 1905.

Fino da allora, come si vede, la questione di Lugh si presentava già sotto l'aspetto che ha ora, per le frequenti incursioni degli amhara su quei territori.

Mentre il Sultano insisteva per avere aiuti e protezione da noi, si stava organizzando in Italia, la seconda spedizione Bottego per l'esplorazione dell'Omo, ma che, nella prima parte del suo pro- gramma, si prefiggeva altresì di studiare nuo- vamente il corso del Giuba risalendolo dalla foce, e di fondare, secondo il progetto dell'ardito e- sploratore che aveva trovati tutti consenzienti a Roma, la stazione commerciale di Lugh.

Di questa seconda spedizione, nella quale il Bottego perì ucciso dagli scioani, quando stava per ritornare in Italia, facevano parte il dottor Maurizio Sacchi, caduto vittima egli pure in un agguato presso il lago Regina Margherita, il sot- totenente di vascello Vanutelli e il sottotenente Citerio, i soli due che, dopo essere stati per un pezzo prigionieri degli scioani, e attraverso dolorose vicende, rividero la patria. A Brava si unì alla spedizione il capitano Ferrandi, scelto per prendere la direzione della nuova stazione commerciale di Lugh.

Il capitano Ferrandi è oramai il veterano dei veterani del Benadir. Era già noto per altri viaggi africani, quando nel 1891-92 riconobbe le basse valli dell'Uebi Scebeli e del Giuba. Nel 1893 guadagnò primo per via di terra Bardera, il paese al quale non era più arrivato altro europeo dopo l'eccidio della spedizione Von der Deken. Ed è ancora adesso nostro residente a Bardera, perchè, come vedremo in seguito, Menelick non lo vuole a Lugh. Da circa venti anni insomma, con qualche intervallo, egli spiega la sua attività al Benadir, avendo reso grandi e segnalati servizi, sopratutto in momenti difficili, e senza che l'importanza dei servizi resi, e il valore dell'uomo sieno stati riconosciuti come dovrebbero esserlo. In molte circostanze, avrebbe potuto dare consigli preziosi anche al Governo, poichè è certamente fra i funzionari del Benadir, quello che ha maggior pratica e conoscenza delle popolazioni. Ma non è un carattere eccessivamente pieghevole: non è di quelle persone alle quali si possa facilmente far dire ciò che si vuole; epperò, a Roma, lo han sempre lasciato volentieri in disparte sebbene tutti i governatori e commissari che si sono succeduti a Mogadiscio non abbiano avuto che da lodarsi dell'opera sua, e lo abbiano sempre adoperato nelle missioni più delicate, più difficili e spesso più rischiose.

Fu lo stesso Bottego che insediò il Ferrandi a Lugh, come capo della nuova stazione. Vi erano arrivati il 18 novembre del 1895. Qualche giorno prima, ne erano partiti gli abissini, che, per un certo tempo, l'avevano occupata. Il Ferrandi, che col titolo *Lugh* ha scritto un bel libro pubblicato a cura della Società Geografica, descrive nelle prime pagine lo spettacolo triste che presentava quel giorno il villaggio deserto, con le porte delle capanne aperte o divelte che mostravano l'interno vuoto per il recente saccheggio. Una vecchia schiava, egli dice, unica creatura vivente, male coperta di cenci in brandelli, carcassa incartapecorita, curva, col volto solcato da rughe profonde, era tutto ciò che rappresentava Lugh, la fastosa città della leggenda somala!

Pian piano gli abitanti ritornarono dalla riva destra del Giuba dove si erano rifugiati. Ma non credettero veramente che l'Italia avrebbe stabilito un presidio a Lugh, se non quando videro mettere mano ai lavori per la costruzione del forte. Allora, da ogni parte, si recarono a Lugh i capi delle tribù vicine, domandando di essere riconosciuti sudditi del sultano di Lugh, sapendo che questi aveva conchiuso un trattato di amicizia e di protettorato con l'Italia. La città si ripopolò in pochi giorni, e, nel giorno di Natale, il capitano Bottego, ammainata la sua bandiera al campo, faceva issare sull'asta della stazione la bandiera nazionale e ne rimetteva il comando con una certa solennità, presenti tutti i notabili, al capitano Ferrandi.

Il 27 mattina Bottego partiva con la spedizione da Lugh lasciandovi, agli ordini del Ferrandi, un presidio di 43 uomini, un posto trincerato, e delle precise istruzioni perchè mettesse al più presto, la città in istato di difesa contro i possibili e preveduti attacchi degli amhara.

Fortunatamente Lugh, per la sua posizione circoscritta dal fiume, è di facile difesa. Dalla parte di terra il muro di cinta nel quale erano state fatte delle breccie dagli abissini, fu prontamente rifatto, e tutto ciò che si poteva fare coi mezzi limitati dei quali il capitano Ferrandi disponeva, e con quei somali che di lavorare non ne volevano sapere, fu eseguito prontamente. Nel maggio il Ferrandi riceveva la notizia del combattimento di Amba-Alage, e, con un corriere successivo, ebbe quella della battaglia di Abba Carima. Nel tempo stesso una lettera del Cecchi lo avvertiva dello stato dell'Abissinia e del pericolo che, dopo la campagna del Tigrè, ed essendo lo Scioa sfornito di vettovaglie, si organizzassero spedizioni lontane che, molto probabilmente, sarebbero arrivate fino a Lugh.

Difatti, nel novembre, circa un anno dopo la fondazione della stazione, le notizie che giungevano da tutte le parti erano concordi nel riferire che alcuni capi abissini, con grande seguito d'armati, razziando nelle regioni che attraversavano, erano in marcia verso Lugh. Al Ferrandi non rimaneva altro da fare che preparare la difesa, e prevedendo anche la possibilità di un assedio, di dare le opportune disposizioni. Il 13 novembre un capo abissino mandò un inviato al Ferrandi con una lettera, nella quale lo invitava a sgombrare il paese e a pagare il tributo. Ma il Ferrandi, ad ogni buon fine, e perchè non andasse a riferire al campo abissino, che tutta la forza della quale egli poteva disporre non oltrepassava i novanta fucili, lo trattenne prigioniero. Allora il capo abissino Uolda Gabru, mandò a dire, che se prima del tramonto il messo non era libero, la mattina dopo sarebbero venuti a prenderlo. La sfida era gettata. Alla mattina dopo, però, invece di attaccare, gli abissini si ritirarono. Ben inteso col proposito di ritornare presto con forze maggiori. Fortunatamente, due giorni dopo, il tenente di vascello Manini arrivava a Lugh da Brava con una piccola colonna di alcune decine di ascari di rinforzo, che lasciò al Ferrandi, ritornando subito a Brava, secondo le tassative istruzioni ricevute da Mogadiscio. Ma, anche con tale rinforzo, la guarnigione di Lugh era molto piccola di fronte alle forze con le quali nel dicembre gli abissini si ripresentarono nei dintorni della città, decisi di impadronirsene.

Nella speranza di evitare ancora la guerra, e secondo il consiglio fattogli pervenire dal Cecchi, il capitano Ferrandi informò i capi della spedizione abissina, (erano due *degiasmacc*) come fosse stata conclusa la pace fra il Re d'Italia e il Negus, e come, per conseguenza, dovevano cessare da ogni ostilità nei territori nostri. Dei capi abissini, parecchi erano stati ad Adua, e avevano avuto notizia della pace conclusa, prima di partire dallo Scioa. Ma Lugh, essi dicevano, era stata data a loro, dal capo del paese, fino da quando essi vi erano stati l'anno prima: quindi, il capo italiano doveva ritirarsi.

Il Ferrandi fece osservare che il capo di Lugh non poteva aver dato il suo paese agli abissini, dal momento che aveva già concluso un trattato regolare con l'Italia. Ma ciò non li persuase affatto a rinunziare ai loro propositi, chè anzi, la sera stessa, mandarono una nuova intimazione al capitano, dandogli tempo ventiquattr'ore a sgomberare: dopo di che avrebbero attaccato.

Difatti, all'indomani, dopo il mezzogiorno, gruppi di abissini numerosi si presentano a· sud-est del forte al limitare dei boschi, e di corsa, stendendosi in catena — come narra lo stesso Ferrandi — fronteggiano a duecentocinquanta metri circa le mura che chiudono l'istmo. Contemporaneamente, delle grida nel bosco di Lugh-Guddei lo avvertono che il nemico si appresta ad attaccarlo anche da quella parte. In un attimo la difesa è organizzata, e, malgrado l'esiguità delle forze delle quali disponeva, ma avendole saputo dividere bene nei punti su indicati, e trovandosi sempre presente dappertutto per impartire gli ordini, il Ferrandi riesce a mettere in fuga gli abissini infliggendo loro gravissime perdite.

Lugh rimase quel giorno ancora all'Italia, grazie all'abilità, alla fermezza e al coraggio del valoroso capitano.

Ma, malgrado la vittoria — e tale poteva dirsi veramente quella ottenuta dal Ferrandi contro un nemico tanto superiore, il quale dalla ordinata resistenza deve aver creduto vi fossero a Lugh forze considerevoli — dopo Adua non si poteva fare altro che una politica di raccoglimento. Fu ritenuto pericoloso il continuare a tenere un europeo al comando della stazione e fu deciso di mandarvi invece un arabo che comprometteva meno. Said Mohamed ben Sel, fratello del *vali* di Brava, con una settantina di ascari, fu mandato a sostituire il capitano Ferrandi e la sua truppa.

E non si parlò più di Lugh fino a quando, nel 1903, si pensò di mandare nuovamente a reggere quella stazione un funzionario italiano, e per insediarvelo si organizzò una piccola spedizione alla quale presero parte il tenente di vascello Capello e il tenente di vascello Badolo che ne fu il primo titolare in questo secondo periodo.

Ma, in tutti quest'anni di abbandono o quasi, quel fiume intorno al quale un italiano dette le prime notizie, è diventato, almeno nella sua parte navigabile, un fiume inglese, e Kisimaio, la città che sorge alla sua foce sulla sponda destra, — la capitale dell'Jubaland — ha preso quello sviluppo, che, inutilmente, noi abbiamo sperato per la capitale della Colonia nostra.

Kisimaio ha senza dubbio l'enorme vantaggio di avere uno splendido porto naturale formato da una grande ed alta scogliera, nel quale le navi, anche di grossa portata, possono facilmente trovare un riparo in qualunque stagione dell'anno. Ma, il suo sviluppo, è dovuto altresì al fatto che l'Inghilterra, appena messo piede su quelle coste, e più che mai quando lo Stato avocò a sè l'amministrazione della Colonia, ha sempre seguito un programma, sia riguardo allo sviluppo commerciale del paese, sia per ciò che riguarda le relazioni con gli indigeni e la sicurezza del paese. Perchè non è a credere che, dall'altra parte del Giuba, gli inglesi non abbiano incontrato le stesse difficoltà contro le quali noi lottiamo ancora. Solamente hanno avuto sempre un concetto chiaro e preciso di quello che volevano e che si doveva fare.

Non sono mancati sulla sponda destra del Giuba, nemmeno gli episodi tragici che hanno più volte contristato la nostra Colonia. Da qualche anno, è stato inaugurato a Kisimaio un monumento grandioso per quelle regioni, alla memoria del capitano Jenner, che essendo residente inglese nell'Jubaland, fu trucidato, con tutta la sua spedizione, in condizioni analoghe a quelle nelle quali perdettero la vita il capitano Cecchi e i suoi compagni. Il capitano Jenner, partito per una escursione che avrebbe dovuto durare un certo tempo, e durante la quale si proponeva di visitare una discreta zona di territorio soggetta al protettorato inglese, fu attaccato dopo tre ore di marcia, a pochi chilometri da Kisimaio.

Immediatamente fu organizzata la spedizione per punire gli Ogaden del basso Giuba, i quali furono costretti a pagare come ammenda 10.000 capi di bestiame, e che, ancora adesso, pagano 1000 capi di bestiame all'anno, per la pensione alla famiglia. Da quell'epoca la tranquillità regna intorno a Kisimaio e la guarnigione è composta in tutto e per tutto di circa 300 uomini: 200 ascari, e 100 del bellissimo corpo dei camellieri indiani.

Sul Giuba, da Kisimaio fino verso Bardera, un vaporetto inglese fa un servizio abbastanza rego-

lare e la nostra stazione di Giumbo, dove abbiamo
un residente dal quale dipende il territorio fra
il flume e la regione di Brava, cioè tutta la Goscia, — il paese più ricco e più fertile — fa una
ben meschina figura di fronte a Kisimaio, ed
anche di fronte alla stazione di Yonie sulla sponda inglese, alla stessa altezza, cioè a parecchi chilometri dalla costa. A Giumbo è stato residente
per parecchi anni il signor Perducchi, un antico
sottufficiale dell'esercito, che, da qualche tempo,
è nostro agente commerciale negli Arussi. Vi è
un presidio da ottanta a cento ascari, presso a
poco cioè della stessa forza di quelli che abbiamo a Gelib, un'altra stazione più in su sul flume dove, credo, sia da poco stata istituita una
residenza alla dipendenza di quella di Giumbo,
ed a Bardera.

Il commercio che prende la via del flume, il
commercio dell'alto Giuba e dei paesi il cui movimento commerciale gravita da quella parte,
tende sempre più ad incanalarsi verso la Colonia inglese. È lo scopo del resto al quale mira la
politica del residente britannico di Kisimaio.
Tenendo presente questa considerazione non si
può davvero essere molto entusiasti per quella
concessione fattaci dall'Inghilterra a Kisimaio (1)
di una striscia di territorio al mare perchè le nostre navi possano approdarvi liberamente, nel-
l'epoca della costa chiusa, considerando quel territorio come italiano, per quanto non vi si possano esercitare, da parte nostra, atti di sovranità.
L'on. De Marinis, relatore della legge per i provvedimenti del Benadir presentata dal Governo nel
maggio del 1905, e colla quale il Ministro degli
Esteri presentò alla Camera i documenti relativi
a tale concessione, disse anzi, apertamente, che,
con la concessione fattaci, il programma inglese

_____

(1) Vedi *Documenti* in fine del capitolo.

di incanalare il commercio per Kisimaio, poteva essere agevolato a tutto detrimento della azione nostra. Appunto perchè non abbiamo in quel lembo di terra una vera sovranità, si può correre il rischio, spingendo verso questo porto le correnti commerciali, di rendere un beneficio ad altri a danno dei nostri possedimenti. L'on. De Marinis in questa sua relazione, commentando argutamente l'articolo quarto della concessione, notava che esso è un vero invito al Governo italiano a spendere per opere portuali a Kisimaio... che poi, per effetto dell'articolo successivo, diverranno proprietà britannica al termine dell'affitto; giacchè solamente con questo carattere ci è stata fatta la concessione di un piccolo territorio di 150 yarde per 150 — cioè meno di due ettari di terreno!

Per ora, la concessione non è stata da noi in alcun modo utilizzata. All'atto pratico si è veduto che ci si erano fatte molte illusioni sulla possibilità di darle uno sviluppo: e, in quanto a lavori, poco o nulla si è fatto.

Nessuno da noi si è ancora occupato nè della concessione di Kisimaio, nè della questione della navigazione del Giuba, sebbene, come diceva, da parecchi anni, le acque di questo flume, che avevamo sperato potesse diventare un flume italiano, sieno solcate da un vaporetto inglese, e gli avanzi del piccolo battello a vapore della spedizione Von der Decken, naufragato a Bardera, sul quale sono cresciuti gli arbusti, sieno là come una sentinella avanzata della civiltà, a dimostrare come fin dal 1865, quasi un mezzo secolo fa, fosse stata compresa l'importanza di questa grande via fluviale nell'Africa Orientale.

Il Von der Decken, un meklemurghese ricchissimo, aveva formulato il progetto di risalire il Giuba e, a questo scopo, aveva fatto costruire il vaporetto adatto a tal genere di navigazione. Ma giunto a Bardera, il vaporetto arenò a valle di un isolotto che divide il fiume in due rami. I somali si precipitarono sulla spedizione e trucidarono tutti coloro che ne facevano parte. Nessuno scampò. Trent'anni dopo, quando il Bottego, nel ritorno della prima spedizione, si fermò a Bardera, vide che gli avanzi del battello del Von der Decken erano ancora considerati come una miniera dai somali i quali ne traevano continuamente pezzi di ferro per far freccie e lancie. Recandosi, ben inteso, fino al posto dove emergono questi avanzi, con una grande prudenza, perchè, se i pesci cani non s'avvedono dei neri in mare e li risparmiano, i coccodrilli numerosissimi dei quali è infestato il Giuba, non hanno di tali riguardi.

Data l'importanza del Giuba, la ricchezza dei paesi i cui prodotti, o sul fiume, o lungo il fiume, debbono scendere fino alla costa, risulta evidente la grandissima importanza di Lugh, che, indipendentemente dal fiume, è anche un nodo stradale al quale convergono parecchie carovaniere comprese quelle che scendono alla costa, a Brava e a Mogadiscio, e, per le quali passava un tempo tutto il commercio di una vastissima zona dell'Africa Orientale. Forse è esagerato il dire che senza Lugh la nostra colonia non ha più alcun valore, perchè, dall'epoca alla quale ho alluso ad ora, molte cose sono mutate anche in Africa, e non è-più come una volta, quando il vantaggio di certe posizioni geografiche, non poteva in alcun modo neutralizzarsi, nè era possibile spostare le vie commerciali segnate dalla natura. L'importanza di Lugh dal punto di vista geografico è certamente scemata, ma ne ha sempre uno molto grande per il Benadir, ed è veramente deplorevole che, ora soltanto, se ne sia convenuto e si sia compresa la necessità di uscire da uno stato di cose provvisorio che durava da troppi anni, a proposito della questione dei confini.

Il Negus, checchè si possa essere detto in contrario, non ha mai riconosciuto all'Italia il possesso di Lugh, pur consentendo all'Italia di mantenervi una stazione commerciale. Allo Scioa è ancora vivo il ricordo della stazione di Let Marefià, fondata a poca distanza dall'antica capitale di Re Menelik dal marchese Antinori, e il nome di stazione commerciale, non suscita l'idea del possesso. Ma, in tutte le circostanze, il Negus ha lasciato comprendere molto chiaramente, che non intendeva affatto rinunziare alle sue pretese su Lugh.

Data una tale situazione, non sempre vi è stato da parte nostra il tatto che sarebbe stato necessario... Appunto perchè nel trattato di pace con l'Etiopia, non avendo noi voluto accettare la proposta del Negus, che la linea di confine partisse cioè dal Giuba ad una altezza di cento ottanta miglia e a quella distanza procedesse parallelamente alla costa fino al confine della Somalia inglese, la questione dei confini era rimasta in sospeso. E questa mancanza di tatto, nel 1903, ha dato occasione al Negus, di farci capire ben chiaro che non ci riconosceva affatto il possesso di Lugh e di farci subire una umiliazione di più. Tanto più è stato deplorevole quel passo falso in quanto che non era possibile dubitare in quel volgere di tempo delle buone disposizioni del Negus a nostro riguardo, delle quali dava continue prove al nostro ministro plenipotenziario, il maggiore Cicco di Cola.

La Società milanese, d'accordo col Governo, aveva stabilito di mandare a Lugh come residente il capitano Ferandi, la cui nomina non avrebbe potuto essere migliore dal punto di vista della persona, trattandosi del valoroso che aveva così strenuamente difeso quel paese contro gli abissini; ma che, appunto per questo ricordo, non poteva riuscire gradita agli abissini e avrebbe anche potuto creare una situazione difficile. Forse, personalmente, al Negus non importava gran cosa vi fosse a Lugh il Ferrandi piuttosto che un altro. Ma, mentre, da una parte, deve aver trovato scorretto che di fronte alle sue cortesie, e dal momento che non essendo ancora risolta la questione di Lugh non si mostrasse verso di lui una certa deferenza alla quale credeva di aver diritto informandolo della scelta — dall'altra, appena la seppe, lo preoccupò assai probabilmente, l'impressione che tale nomina avrebbe potuto fare su quegli Amhara che più volte hanno attaccato Lugh, e che han dovuto ritirarsi di fronte alla energica difesa del Ferrandi, e considerarla come una provocazione. E trovò modo di farci capire che non metteva assolutamente, il suo veto su quella nomina!

Il Ferrandi era già in viaggio per raggiungere la sua residenza, quando, con ripetuti telegrammi alla Società milanese, al Console di Zanzibar, — credo anche a quello di Aden — il Ministero ordinò di sospendere la partenza del Ferrandi, o di farlo lasciare Lugh immediatamente se vi fosse già giunto. Umiliazione non piacevole, che ci si sarebbe forse potuto risparmiare, se, a quel famoso Ufficio Coloniale della Consulta, si fossero ricordati i precedenti della questione e della persona destinata al comando di quella stazione.

Quando avvenne il fatto di Bahallè, nella stampa, fu vivissima la polemica sulla questione dei confini ancora non risoluta. Se ne era già parlato alla Camera tre anni fa, in occasione di una grande discussione sulle cose del Benadir, provocata dalle interrogazioni di parecchi deputati. In quella circostanza, il Ministro degli Esteri, l'on. Tittoni, rispondendo al deputato Canetta, il quale aveva detto che il possesso di Lugh ci era contestato anche dall'Inghilterra, dichiarando che la Gran Brettagna non aveva mai fatto oggetto di contestazione Lugh, aggiungeva, a proposito della questione dei confini queste parole:

PRESA D'UN IPPOPOTAMO DEL GIUBA.

L'esploratore Vittorio Bòttego.

« Solamente l'Italia non ha delimitato i confini della Somalia verso l'Etiopia e quindi verso Lugh, ma sta in fatto che un nostro residente è a Lugh e vi esercita tutti i poteri.

« L'onorev. Canetta ha insistito perchè si regoli presto la questione dei confini tra la Somalia italiana e l'Etiopia, ma francamente non vedo l'urgenza e la necessità di procedere a questa delimitazione. Tra il Benadir propriamente detto e l'Etiopia vi è una regione vastissima che non si sa esattamente a chi appartenga e della quale in questo momento la delimitazione non avrebbe alcuna importanza, e non produrrebbe alcuna buona conseguenza.

« Dunque lasciamo un po' al tempo di risolvere certi problemi ».

Si è saputo soltanto ora dopo le rivelazioni fatte dall'on. Tittoni alla Camera, nella seduta del 13 febbraio, in risposta alle interrogazioni sul combattimento di Bahallè, quale è veramente la situazione, relativamente alla questione dei confini. Tutta la polemica svoltasi in quei giorni, tutto quanto si è scritto o è stato detto alla Camera prima, non ha più ora che un valore retrospettivo. Dapprincipio era stata intenzione della Consulta di pubblicare un *Libro Verde*, e anzi, il *Libro Verde* era già stato annunziato da giornali amici del Gabinetto, dicendo avrebbe giovato a chiarire le cose, e a dare, à ciascuno, la responsabilità che gli spetta. Ma, l'idea di tale pubblicazione fu presto abbandonata, perchè il Ministro preferì parlarne alla Camera.

I documenti ai quali alluse e ciò che egli disse è così grave che mi sembra necessario riprodurre testualmente il brano del discorso che a codesta questione si riferisce:

« Il 20 ottobre 1896 il Governo italiano, —disse « l'on. Tittoni, — firmava il trattato di pace con

« l' Etiopia e la convenzione per la restituzione
« dei prigionieri di guerra. Il 28 marzo 1897 il
« Governo dava definitive istruzioni al maggiore
« Neronzini per regolare la questione dei confini.

« Compiuta la sua missione nel giugno 1897,
« il Nerazzini veniva in Italia. Egli recava una
« carta geografica consegnatagli da Menelick nel-
« la quale questi aveva delimitato il confine da
« lui desiderato ed aveva apposto il suo sigillo.
« Il confine designato nella carta, che è quella
« dell'Habenicht (*Spezial Karte von Africa - Sek-
« tion Abessinien* 6) corrispondeva alla proposta
« riferita dal Nerazzini nella sua relazione al Go-
« verno italiano con le seguenti parole:

« Quanto al confine dalla parte dell' Oceano
« Indiano ottenni una delimitazione che ci dava
« a partire dall'intersezione della nostra frontie-
« ra con quella inglese nel paese somalo, una zo-
« na di possesso assoluto parallelo alla costa pro-
« fonda circa 180 miglia dalla costa medesima e
« che arriva al corso del Giuba nel punto dove
« sono marcate le cataratte di Von der Decken.
« Con questa linea di frontiera resterebbe esclu-
« sa dal nostro possesso la stazione di Lugh per
« la quale credei d'insistere con molta tenacia;
« ma secondo il solito, come il sultano di Lugh
« si era impegnato col capitano Bottego con un
« trattato vero e proprio altrettanto si era im-
« pegnato con Menelick con altro scritto e con di-
« chiarazione di sudditanza. Menelick si oppone
« a riconoscere il possesso assoluto di Lugh al-
« l'Italia, ma si obbligò a riconoscere lo stabili-
« mento commerciale italiano in quella piazza,
« impegnandosi di salvaguardarlo da razzie am-
« hara ».

« La proposta concordata tra Nerazzini e Me-
« nelick pel confine del Benadir fu pubblicata

« ufficialmente dall' *Agenzia Stefani* il 9 agosto
« 1897, nei seguenti termini :

« Dalla parte dell'Oceano Indiano la proposta
« linea di delimitazione si mantiene a circa 180
« miglia dalla costa raggiungendo il Giuba al
« nord di Bardera. Lugh rimarrebbe come sta-
« zione commerciale italiana guarentita da ogni
« molestia o razzìa. Non è prefisso termine al-
« cuno per le decisioni del Governo italiano il
« quale è libero di accettare o no la proposta li-
« nea di frontiera, rimanendo intanto immutato
« lo *statu quo* di fatto. »

« Il 3 settembre 1897 il presidente del Consi-
« glio, il ministro degli Esteri e il ministro della
« Guerra telegrafavano direttamente a Menelick
« che il nuovo confine tracciato d'accordo con
« Nerazzini, era stato approvato dal Governo i-
« taliano.

« Menelick rispondeva con telegramma diretto
« al ministro degli affari Esteri :

« Ho ricevuto il telegramma del 3 settembre.
« Contentissimo della ratificazione del trattato
« di Commercio e dell'accordo per il nuovo con-
« fine, spero nelle relazioni amichevoli fra noi e
« l'Italia. »

« Il ministro degli Esteri Visconti-Venosta il
« 19 ottobre 1897 incaricava Ciccodicola di con-
« fermare che il Governo del Re accettava la fron-
« tiera proposta dall'imperatore Menelick il 24
« giugno 1897, ma aggiungeva :

« Il riconoscimento della stazione commercia-
« le italiana di Lugh, fatto da Menelick a Sua
« Maestà il Re d'Italia, non è sufficiente a gua-

« rentire quella stazione. Ella dovrà per Lugh
« proporre una vera e propria convenzione com-
« merciale in cui si guarentisca tanto la stazione
« quanto le vie di comunicazione col mare. Deve
« anzi, insistere ancora presso il Negus onde Lugh
« entri nei limiti del possesso italiano. Poichè
« Lugh entra in una zona di territorio non defi-
« nita e non riconosciuta quale facente parte del-
« l'impero etiopico, secondo la stessa lettera del
« 1891 con la quale l'imperatore Menelick noti-
« fica alle potenze l'intera estensione dei suoi do-
« mini. »

« Con telegramma del 6 gennaio 1898 il mini-
« stro Visconti-Venosta rinnovava a Ciccodicola
« le istruzioni affinchè insistesse perchè Lugh re-
« stasse all'Italia. Menelick rispondeva a Cicco-
« dicola così:

« Perchè vogliamo ricominciare a parlare di
« confine dal momento che ora, grazie a Dio, tutto
« è finito? Il Governo di Sua Maestà il Re d'Italia
« mi ha fatto dire che accetta quanto io ho sotto-
« posto al suo esame.
« Se dopo ciò ritorniamo a parlare di frontiera,
« allora la questione si rinnova e non avrà più
« termine ». (Ilarità, commenti).

« Successivamente il ministro Visconti Veno-
« sta dava istruzioni per ottenere che Lugh ri-
« manesse occupata ed amministrata esclusiva-
« mente dall'Italia salvo speciali modalità da con-
« cordarsi.
« Queste istruzioni furono confermate l'8 giu-
« gno 1898 dal ministro degli Esteri Cappelli e
« finalmente Menelick assicurò di mantenere lo
« statu quo riguardo alla stazione di Lugh, al ter-
« ritorio circostante, alle vie di comunicazione
« col mare.

« Il 28 ottobre 1903 il ministro Morin incari-
« cava Ciccodicola di trattare con Menelick «per
« determinare genericamente le regioni e le po-
« polazioni che non dovevano essere nè occupate,
« nè razziate. »

« Nell'ottobre 1905 io rinnovavo a Ciccodicola
« le istruzioni dell'onorevole Morin, che erano
« poi confermate dal ministro di S. Giuliano nel
« febbraio 1906 e nel marzo successivo dal mi-
« nistro Guicciardini il quale domandava espli-
« citamente a Ciccodicola «se credeva venuto il
« momento di trattare con Menelick la questione
« di Lugh sulla base della soluzione di costituire
« una zona neutra senza parlare di determina-
« zione di confini. »

« Nel giugno 1906 io incaricavo l'onorevole
« Martini di parlare direttamente a Menelick
« della zona neutra a Lugh.

« Menelick risponde due volte: « Il confine è
« a Bardera », poi accetta la proposta di Martini
« che un nostro residente dimori presso il degiacc
« Lull Seghed e lo trattenga entro i limiti che ab-
« biamo ragione di pretendere non siano varcati.

« Menelick dice a Martini che poteva mostrar-
« gli la carta originale con l'accettazione del Go-
« verno italiano del confine di Bardera.

« Martini conchiude che indipendentemente
« dalla questione del possesso di Lugh, Menelick
« lo aveva formalmente assicurato che lo *statu
« quo* vi sarebbe mantenuto e noi a Lugh sarem-
« mo potuti rimanere indisturbati come pel pas-
« sato.

« Con telegrammi e rapporti del settembre, ot-
« tobre, novembre, dicembre 1907 il capitano Col-
« li comunicava nuove assicurazioni di Mene-
« lick pel mantenimento dello *statu quo* a Lugh.

« Intanto l'opportunità di non pregiudicare la
« soluzione dei confini era affermata dall'onore-
« vole De Marinis nella sua relazione alla Ca-

« mera sul disegno di legge per l'ordinamento
« del Benadir e dal governatore del Benadir in
« un suo rapporto del settembre 1907.

« Senonchè poco prima che avvenisse l'inci-
« dente di Bardale, Menelick si faceva parte di-
« ligente ed insisteva perchè la questione della
« frontiera somala fosse chiarita.

« Non era più possibile protrarre la soluzione,
« epperciò per mio incarico il capitano Colli ha
« iniziato trattative ad Addis Abeba sulla base:
« a) di una linea che da Dolo pel quarto paral-
« lelo raggiunga l'Uebi Scebeli e dopo segua la
« linea parallela alla costa del 1897 e vada al con-
« fine italo britannico dal 5 maggio 1894, e b) del-
« la costituzione della zona neutra a monte di
« Lugh, immune da razzìa.

« Menelick ha accettato di trattare su questa
« base che assicurerebbe all'Italia la via da Dolo
« a Lugh e Lugh con tutto il suo territorio, ma
« vuole un compenso pecuniario, ricordando il
‹ precedente del 1900 pel confine eritreo. (Impressioni. Commenti).

« Noi non potendo disconoscere che una restri-
« zione di confini e di azione porta una diminu-
« zione di profitti abbiamo accettato di trattare
« per una equa corrispondente indennità, ripren-
« dendo una iniziativa che il ministro Visconti-
« Venosta adombrò il 21 ottobre 1899 in un suo
« dispaccio a Ciccodicola, ma che poi non ebbe
« seguito. Però abbiamo fatto le riserve circa la
‹ analogia col precedente del 1900 quando furono
« regolate le pendenze finanziarie coll'Etiopia in
‹ occasione della firma della convenzione per i
« confini e facciamo anche valere i nostri titoli
« su Lugh.

« In uno dei miei ultimi telegrammi al capi-
« tano Colli io gli faceva rilevare che in questi
« ultimi dieci anni si è creata una situazione che
‹ ha dato motivo a Menelick ed a noi di conside-

« rare diversamente lo *statu quo* nell'*hinterland*
« del Benadir dopo il 1897.

« Pertanto lo *statu quo* come noi lo abbiamo
« inteso ed avuto deve convertirsi in stato di di-
« ritto per effetto del nuovo accordo che stiamo
« per concludere.

« Ci troveremo così in armonia coll'azione da
« spingersi fino alla linea di Bardera. A questo
« punto si trovano le cose del momento pre-
« sente. »

Mentre questo volume si sta stampando, le trattative continuano, e non si può prevedere se si
arriverà presto ad una conclusione. Non deve essere, a mio avviso, molto facile l'intendersi sulla
questione del prezzo, e potrebbe anche darsi,
augurandoci il contrario, che la discussione avvenuta alla nostra Camera, e il discorso del Ministro, del quale Menelick ha avuto certamente
notizia, facesse aumentare le sue pretese. In o-
gni modo, è molto dubbio se sia stato veramente
opportuno, unicamente per stabilire che al Visconti-Venosta spetta la responsabilità di aver
accettato formalmente un confine, che avrebbe
poco dopo voluto mutare: o se non sarebbe stato
meglio, visto che non vi è ancora nulla di concluso, che il ministro avesse ancora mantenuto il
riserbo come hanno fatto tutti i suoi predecessori.

La nuova situazione creata nell'Etiopia dal-
l'accordo a tre, può certamente giovare anche
alla soluzione di codesta questione. Ed è tanto
più necessario addivenire ad un accordo, ora
che Menelick è vecchio, perchè delle complicazioni potrebbero nascere, molto facilmente coi
successori, e perchè, sono oramai troppo numerosi i casi di razzìe abissine impunite, malgrado
le assicurazioni, che tutte le volte, come ora dopo Bahallè, ci ha dato Menelick.

È rimasta impunita, e non se ne è saputo nulla

in Italia fino a che non ne narrai io stesso i particolari in una rivista, perchè il ministero tenne sempre la cosa nascosta, l'aggressione degli amhara contro un nostro alleato; contro il piccolo sultano del Teru, il quale aveva accettato da noi una specie di investitura.

Per comprendere bene di che si tratta, bisogna prima di tutto rendersi conto della grande importanza politica e sopratutto strategica che ha — oramai bisogna dire: aveva — il piccolo sultanato di Teru. E più ancora di qualunque spiegazione mette in evidenza tale importanza una occhiata data ad una carta della Dankalia nella quale sia segnata la posizione di Teru, alle falde dell'altipiano etiopico e a breve distanza dalla grande strada maestra che va da Voreilo, e cioè dal confine scioano, nell'Amara e nel Tigrè.

Il Governo Eritreo, non tenendo conto che la situazione oggi è molto mutata da quella di parecchi anni prima della guerra del 1895-1896. pensò di aprire trattative per addivenire ad una alleanza, che poteva quasi prendere il carattere di un protettorato più o meno larvato con due Sultani della Dankalia: con quello del Biru, il paese dove trovò la morte il povero Giulietti e quello del Teru. Per il primo la cosa non poteva impressionare gran che gli abissini e il loro imperatore; ma ci voleva poco a capire come non sarebbe certo stato molto gradito al Ghebì di Addis Abeba un intervento diretto da parte nostra nelle cose del secondo.

Menelick si considera virtualmente come il padrone della Dankalia della quale, fino al 1897. siamo stati noi i protettori. Nel 1897, quando si trattò di stipulare la pace, osservando che noi avevamo fatto un trattato con l'Aussa — e vi fu un momento nel quale avevamo pensato a mandare truppe contro di lui anche da quella parte

— volle vi si rinunciasse di fatto e di diritto. Da quell'epoca l'Aussa, è presidiata da abissini.... Molti, quando il raccolto è abbondante, pochi quando questo raccolto è scarso — e nessuno addirittura quando mancano le risorse locali. Una tale annessione dell'Aussa all'Impero Etiopico è però un'annessione *sui generis* alla quale in realtà e dal momento che frutta nulla o ben poco, non tien gran che l'imperatore. In ogni modo però, a Sud Ovest dell'Aussa, a Da Uè, un mercato assai importante per quelle regioni, vi è un capo abissino che nominalmente sarebbe il Governatore della Dankalia e che ne riscuote i tributi... quando va a prenderseli.

Il semplice buon senso doveva mettere in guardia il Governo dell'Eritrea e quello di Roma, se vi è entrato per qualche cosa, giacchè non pareva affatto probabile che Menelick potesse acconsentire a lasciare virtualmente in mano nostra, o di una potenza qualsiasi, il sultano e il sultanato di Teru. Da questo con forze non considerevoli, se bene armate, si può militarmente tagliare in due l'impero Etiopico, intercettando le comunicazioni per la grande strada alla quale ho accennato e che, per lunghissimo tratto, è una strada incassata. E si deve anche capire come questa nostra mossa, e il nostro interesse di avere in mano il sultanato del Teru non poteva a meno di suscitare diffidenze verso l'Italia, giacchè non sarebbe certo mancato chi avrebbe fatto credere come lo scopo nostro fosse per l'appunto quello di poter dominare quella strada. Non potrei asserire con certezza in qual modo all'Asmara ed a Roma si fece osservare come tali trattative e l'alleanza col piccolo sultano sarebbero stato un passo falso. Ho però ragione di credere che all'Asmara gli avvertimenti non sono mancati. Ma il Governo Eritreo credette di non tener conto, asserendo sempre di essere perfettamente d'accordo con Menelick, e che in questo senso aveva avuto le più precise assicurazioni dal nostro ministro ad Addis Abeba! E così, una volta di più, è stato compromesso il nome nostro e il nostro prestigio in quelle regioni.

Una bella mattina, dopo che le autorità italiane di Assab, conformemente alle istruzioni ricevute dall'Asmara, erano riuscite ad intendersi col sultano Shek Arba, costui venne ad Assab in gran pompa per concludere il trattato d'alleanza che pareva stare tanto a cuore al Governo Eritreo. Ma il nostro nuovo alleato era appena ritornato nel suo minuscolo Stato, che Menelick — altro che consentimento! — provvide immediatamente, e con gli antichi e classici modi abissini, alla liquidazione del Sultano e del Sultanato. Il quale non esiste più. Un suo luogotenente arrivò pochi giorni dopo con un certo numero di soldati, mise a ferro e fuoco il paese, uccise il disgraziato sultano che aveva fidato nella parola nostra, e se ne andò naturalmente dopo aver razziato quanto gli fu possibile dopo la certezza che tutti gli abitanti, uomini, donne e bambini erano stati massacrati dai suoi, e che il sultanato del Teru non era più che un ricordo.

L'impressione per questo triste episodio fu così grande sulle coste del Mar Rosso, che a Gibuti, da dove si sparse la notizia che le autorità italiane avevano cercato di nascondere prima e poi di attenuare, vi fu un momento nel quale si credette addirittura ciò potesse essere il segnale di una nuova lotta tra l'Italia e l'Etiopia!!

La Dankalia non ha nulla a che fare, è vero, con la Somalia, e l'eccidio del sultanato del Teru è avvenuto quindi da tutt'altra parte. Ma, come si vede, è sempre lo stesso sistema... e la stessa politica tanto dalla parte del Mar Rosso che nell'Oceano Indiano, e se più là, verso Assab. Menelick ha ordinato ai suoi di sopprimere addirittura un nostro protetto, par logico doverne inferire che gli abissini i quali razziano nel Benadir — per lo meno sono certi di non essere puniti.

Io sono molto scettico relativamente alle punizioni da Menelick promesse così facilmente, e alle misure che qualche volta offre di prendere per punire rapinatori.

Un anno o un anno e mezzo fa, gli abissini fecero una piccola scorreria al di là del Giuba su territorio inglese. L'Harrington, ministro di Sua Maestà Britannica ad Addis Abeba, d'ordine del suo Governo, fece rimostranze piuttosto vive. E Menelick prontamente, deplorando in termini vivaci l'accaduto, si offrì di mandare subito un corpo di truppe regolari per punire i colpevoli. — Ci mancherebbe altro! disse fra sè l'Harrington, declinando l'offerta. Invece di qualche diecina di razziatori, a questo modo ne avremmo delle migliaia!» E dichiarò che gli inglesi, occorrendo, giacchè il Negus era contento, avrebbero pensato loro a dare la dovuta lezione.

La politica dei Negus poi, ha sempre mirato al mare, sul quale l'impero non è mai riuscito ad avere uno sbocco. È la politica tradizionale della Etiopia.

Prima, quando l'Abissinia era sotto la egemonia tigrina, era nel Mar Rosso, a Massaua, che sperava di aprirsi questo sbocco, secondo l'obbiettivo di Re Giovanni.

Spostato l'asse dell'impero verso lo Scioa, la politica etiopica incominciò a guardare vagamente più al Sud. Ma nel golfo di Aden le porte dell'Abissinia dal mare sono in mano della Francia e dell'Inghilterra. In questa specie di politica d'espansione che l'Abissinia cerca di fare a modo suo, secondo una legge naturale, del resto, fa forza dove incontra minore resistenza — e, diciamo pure la parola, dove sono i più deboli.

Di fronte al triplice accordo europeo che lo rinserra, Menelick morde il freno. Agisce con una certa disinvoltura con noi, e, studia il modo di creare difficoltà anche alla Francia a proposito della costruzione del secondo tronco della ferrovia: quello da Harrar ad Addis Abeba.

Ed è tanto più urgente dare un assetto a questa colonia e l'adoperarsi per risolvere definitivamente la questione dei confini che è in sospeso da dieci anni inquantochè ci si potrebbe trovare, da un momento all'altro, di fronte a situazioni completamente nuove e impreveduto. Non si può non tener conto, come ho detto, che Menelick è avanti coll'età e che la sua salute non è più quella d'una volta.

D'altra parte, alla Corte di Menelick, la situazione, l'ambiente, è parecchio mutato da un anno a questa parte. Nè possiamo dimenticare che, con la morte di Makonen, abbiamo perduto la persona che era sempre stata favorevole a noi, e che presso il Negus era il solo che avesse sempre controbilanciato l'influenza della regina Taitù, avversa, non a noi soltanto. ma a tutto ciò che è europeo.

Makonen era una mente equilibrata; era uomo che aveva concetti e vedute larghe. Aveva capito che l'Italia fosse la nazione dalla quale meno avesse da temere, e, sempre, in tutte le circostanze, da Adua in poi, si mostrò amico nostro. Col capitano medico Mozzetti, col quale si è sempre mantenuto in corrispondenza e che spesso faceva chiamare presso di sè, aveva aperto più d'una volta l'animo suo, e se un giorno, il Mozzetti si deciderà a pubblicare la voluminosa corrispondenza che egli deve avere di Ras Makonen, certamente quelle lettere faranno vedere sotto un aspetto nuovo la politica etiopica di questi ultimi dieci anni; e mostreranno come la morte di Makonen sia stata un grave danno anche per noi.

Non che egli non avesse profondo il sentimento della sua razza. Chè anzi era sua convinzione, non avendo preveduto la possibilità di un
accordo fra le tre nazioni che coi loro possedimenti confinano con l'Abissinia, che un giorno o
l'altro — e sia pure in un'epoca lontana — quella
che egli chiamava la guerra di colore fosse inevitabile. Per l'appunto discorrendo col medico
Mozzetti, una volta gli diceva indicando col dito
il proprio viso ed alludendo al colore della pelle:
la nostra bandiera è qui. Ma aveva mosse ed ac-
corgimenti da abile diplomatico. E, specialmente, dopo il suo viaggio in Europa, era riuscito a
persuadere Menelick che in qualche cosa bisognava cedere: che nell'interesse del paese qualche cosa bisognava prendere della civiltà europea, e che, essendo pericoloso l'aver tutti contro, con qualcuno era pur necessario di procedere d'accordo. Fu l'epoca delle lotte vive e tenaci, per quanto nascoste, fra le due influenze
rivali intorno a Menelick; quella di Makonen e
quella della moglie.

Alla morte di Makonen da qualcuno fu persino
messa innanzi l'ipotesi che non sia stata una fine
naturale. Non pare che codesta voce potesse a-
vere fondamento: ma il fatto stesso che, per un
momento, fu posta in giro, prova a qual punto
di acredine dissimulata fosse giunta la lotta e
come tutti ne fossero informati.

La politica di Makonen è morta con lui. E la
regina domina oramai in modo assoluto e senza
contrasto alla Corte di Addis Abeba e sull'animo
del *Negus Neghesti*, il quale, come diceva, non
ha più l'energia di un tempo, ed è vecchio — più
vecchio di quello che non appaia dalle pubblica-
zioni ufficiali e dal *Gotha*: dal *Gotha* nel quale
figura da qualche anno fra i Sovrani il Negus e la
sua famiglia, e l'Abissinia — per ordine alfabetico
—·come il primo degli Stati, dei quali, nella ter-

za parte del libro, si dànno le notizie statistiche.
Secondo il *Gotha*, dunque Menelick avrebbe a-
desso 64 anni. Viceversa pare ne abbia tre o
quattro di più. A Massaua, nell'archivio politico
del governatore, a cominciare da quella dell'imperatore scendendo fino a quella dei capi di qualche importanza, vi sono tutte le biografie dei per-
sonaggi abissini, compilate su dati provenienti
da varie fonti. Parecchie di codeste biografie sono
state scritte dal compianto capitano Buongiovanni. Or bene, da quei documenti, il Negus Menelick sembrerebbe vicino alla settantina, e l'imperatrice non sarebbe lontana dai sessanta.

La biografia di questa donna che esercita ora
una così grande influenza sulla politica dell'Etiopia, è stata fatta troppe volte perchè si possa
ora riparlare ancora delle modestissime origini
sue e dell'epoca nella quale, non immaginando
mai più gli alti destini ai quali sarebbe stata chiamata, conduceva una vita molto facile ed allegra.
Non si sa bene dove sia nata, e il Gotha che pur
tiene ad essere esatto dice semplicemente: Uo-
zero Taitù, *nata a....*, nel 1854. Ma in Abissinia
tutti conoscono le varie fasi della sua strana e me-
ravigliosa carriera: per quanto adesso sia confe-
zionata, specialmente dal clero, una biografia
completamente diversa dalla vera e che ha quasi
il carattere di una leggenda. La regina Taitù ha
avuto la grande abilità di favorire sempre il clero al quale è strettamente legata. Ed il clero,
non bisogna dimenticarlo, è sempre stato il nostro grande nemico. La guerra che finì con la triste giornata di Adua, è stata provocata, e in parte non lieve, anche dall'atteggiamento del clero
che ha sempre cercato di aizzare le popolazioni
contro l'Italia. Sopratutto dopo le espropriazioni
di tutti i terreni annessi ai conventi: espropria-
zione che fu un grandissimo errore politico del
Baratieri.

La regina Taitù è ora soddisfatta della situazione che le permette di sperare che, alla morte di Menelick, il trono passi a quel suo giovane nipote che l'imperatore ha già più o meno apertamente designato come suo successore. Ed in tal caso è evidente che la sua politica anti-europea, e anti-italiana, trionferebbe più che mai. Oggi come oggi, per quanto un capo ardito che sorga qua e là possa completamente mutare la situazione, il candidato del partito intransigente avrebbe quindi le maggiori probabilità di successo se Menelick morisse. Non vi è, scomparso Makonen, alcun altro capo che abbia, nemmeno una parte dell'autorità e del prestigio che egli possedeva. Nel Goggiam, del resto lontano, il figlio di Tecla Aimanot, al quale Menelick non riconobbe più il titolo di Re e che è ora un semplice ras, non è di umore bellicoso e non preoccupa. Un pretendente potrebbe sorgere, sorgerà anzi certamente fra i figli di ras Mangascià nel Tigrè: ma, da quella parte, il Negus e sua moglie, per quanto è possibile, hanno cercato di prendere precauzioni, mantenendovi capi a loro devoti.

Col trionfo del suo candidato, avrebbe il sopravvento completo la politica del partito intransigente attualmente personificato allo Scioa dalla Regina, come un tempo lo era da ras Alula nel Tigrè. Il partito cioè di coloro che non vorrebbero quasi aver contatto col bianco, e che dei bianchi e degli europei non si fidano mai, avendo la convinzione che la loro amicizia ha per unico scopo quello di impadronirsi del loro paese. La regina Taitù è fedele alle tradizioni abissine... anche nella *toilette*. Tanto che, fino a tempo fa, e, del resto credo ancor oggi, in certe circostanze, pur accettando in regalo le boccette di profumi delle grandi case francesi e cospargendosene il capo e le vesti, non dimentica di inzuppare i cappelli di burro rancido, in modo che dalla sua persona emana talvolta uno strano miscuglio di odori indefinibili...

Avviene quindi, alla Corte dello Scioa, che malgrado la onnipotenza del Sovrano, non sempre gli ordini suoi vengano eseguiti. Vi sono capi i quali sanno come avrebbero tutto da perdere a non indovinare i desiderî della regina Taitù... La quale ha la sua politica, i suoi fidi, i suoi agenti, — e una quantità di persone, che, ogni giorno cercano di persuadere Menelick a non fidarsi mai dei bianchi .

Del resto, nel giudicare la politica dell'Abissinia e del Negus, bisogna anche riconoscere, se si vuole essere equi e giusti, che hanno un po' di ragione di non volersi fidare troppo di noi europei. In fondo, tutti han sempre cercato di giuocarli e di profittare delle loro inimicizie e dei loro screzi... Fu il non sapersi mai decidere a fare una politica o francamente tigrina o francamente scioana ciò che spinse gli uni e gli altri ad allearsi contro di noi. E, purtroppo, l'esperienza dolorosa non ha servito... Almeno per un certo periodo, parecchi anni fa, quando all'Asmara si era ricominciato il giuoco: quando cioè si proclamava sempre la nostra amicizia con lo Scioa e con Menelick... ma si mandavano fucili e munizioni a Mangascià! Salvo poi ad abbandonarlo completamente al suo destino, allorchè non fu più che un vinto senza alcuna speranza di risorgere. Quando già prigioniero, incatenato e sotto la vigile scorta di soldati scioani, si allontanava dalle terre dei suoi padri per andare a finire dove è morto su di un amba, prigioniero di Menelick, fu raggiunto da un corriere con una lettera del nostro governatore. Mangascià, il quale aveva creduto di poter sperare ancora nel suo aiuto, lesse la lettera, e pronunziando una parola dura al nostro indirizzo la lacerò sorridendo amaramente...

CAPITANO UGO FERRANDI.

PENISOLA DI GUNTO, PRESSO LA FOCE DEL GIUBA.

KISIMAIO.

Questo incidente, poco noto in Italia, prova come dei torti ne abbiamo noi pure e come degli errori se ne siano ancora commessi parecchi dopo Adua.

L'attuale situazione ad Addis Abeba fa vedere, in mezzo a quali difficoltà bisogna agire e spiega forse le cause e le origini delle contraddizioni stridenti fra le dichiarazioni ufficiali dell'imperatore e il suo atteggiamento e gli atti dei suoi capi.

DOCUMENTI.

Il primo trattato tra il Sultano di Lugh e il Cap. Bottego.

Lugh, 21 novembre 1895.

Alì Hassan Nur, Sultano di Lugh, unico ed assoluto Signore di Lugh e dei territori dipendenti, ed il signor Vittorio Bottego, capitano d'artiglieria nell'esercito italiano, in nome del regio Governo italiano dal quale fu debitamente autorizzato, concludono col presente atto, un patto di perpetua amicizia.

Alì Hassan Nur, Sultano di Lugh, chiede ed ottiene per sè ed i suoi successori, per i suoi e loro sudditi, la protezione dell'Italia e promette di avviare i commerci ai porti italiani del Benadir e di facilitare il passaggio attraverso dei suoi territori, alle carovane dirette a questi scali o da essi provenienti.

Alì Hassan Nur, Sultano di Lugh, si obbliga d'impedire:

che si faccia il commercio degli schiavi nei suoi territori;

che s'introducano in questi armi da fuoco e munizioni.

S'impegna inoltre a non permettere il passaggio, per le città e per i territori da lui dipendenti, a stranieri non muniti di passaporto rilasciato da autorità italiane, che dichiari essere essi viaggiatori o commercianti e non agenti politici. Contro chi entrasse per forza nei suoi domini, il Sultano di Lugh dovrà protestare manifestando la sua qualità di suddito italiano.

Il Sultano Alì Hassan Nur dichiara di non avere precedentemente concluso mai trattati che possano annullare il presente atto, e promette, sul Corano.

per sè ed i suoi successori che non ne concluderà alcun altro senza il consenso del Governo italiano.

Lascia al signor capitano Bottego libertà d'impiantare in Lugh una stazione italiana che, tra gli altri scopi, avrà quello commerciale e scientifico. Accetta che a capo di questa siano uno o più italiani, con un presidio armato d'armi da fuoco; e che il capo o i capi della stazione possano innalzare la bandiera italiana, quando essi vogliano, in qualunque punto del territorio sopra nominato. Ed egli stesso, il Sultano di Lugh, dichiara che adotterà per il suo paese la bandiera italiana.

Il Sultano di Lugh concede che le miniere esistenti nei suoi dominî siano assoluta proprietà del Governo italiano al quale lascia anche libertà di fare coltivazioni e colonizzazioni.

Nelle strade, foreste, fiumi e terreni non occupati, gl'italiani potranno prendere legna, cacciare, pescare e fare tutti i lavori che crederanno, liberamente.

Il Sultano di Lugh promette, per sè ed i successori, di unire le forze da lui dipendenti a quelle dell'Italia che si troveranno nei suoi dominî, per resistere alle invasioni ed agli attacchi stranieri, qualunque siano le nazionalità ed il colore di questi. Promette altresì di coadiuvare il residente o i residenti italiani nella cattura dei soldati disertori dipendenti dall'autorità italiana.

Per gli scopî sopradetti, il Sultano di Lugh concede che a tutti i sudditi suoi e dei paesi tributari abili alle armi, vengano istruiti nell'uso delle armi da fuoco dall'autorità italiana residente in Lugh, la quale avrà il diritto di organizzarli e comandarli in qualsiasi occasione.

Il paese sottoposto a questo trattato comprende le seguenti regioni:

Alla sinistra del Ganana: Baidôa, Malel, Bossol, Moss, Sitiala, Hotiat, Danfurur, Bur, Adamah, Maulimat, Call, Corar, Urar, Derersen.

Alla destra del Ganana: Garra-Marre, Garra-Livin, Garra-Ganana, Gubabin, Gasar Guddà, Galgial, Di-Godia, Merehan, Ogaden ed inoltre tutti gli altri paesi tributari del Sultano di Lugh, qui non menzionati.

Per tutto quanto qui non è detto, verranno presi in seguito accordi tra le autorità italiane ed il Sultano di Lugh.

NB. — Io Alì Hassan Nur, Sultano di Lugh e paesi tributari, ho voluto comprendere in questo trattato tutti i miei dominî che stanno sulla destra del

Ganana e comprendono tutti i somali che si trovano da questa parte al nord di Bardera, ciò per non dare ai varî paesi che stanno nel mio sultanato leggi diverse.

Lugh, 21 nov. 1895 (3 giumada el acker 1313)

VITTORIO BOTTEGO   *Il sultano di Lugh*
ALI HASSAN NUR

UGO FERRANDI - CARLO CITERNI - MAURIZIO SACCHI - LAMBERTO VANNUTELLI.

CONVENZIONE CON L'INGHILTERRA
PER L'AFFITTO DI UNA ZONA DI TERRENO A KISIMAIO.

(Lettera del nostro ambasciatore al ministro degli esteri di S. M. Britannica).

Londra, 13 gennaio 1905.

Signor Marchese,
Ricevo la nota che Vostra Signoria mi ha fatto l'onore di dirigermi oggi in relazione alla precedente Sua della stessa data per comunicarmi nei termini seguenti le condizioni di un accordo per l'affitto al Governo italiano di un terreno in vicinanza di Kisimaio, nonchè pel diritto di passaggio fra codesta località ed un punto del territorio italiano presso la foce del Giuba:

« I. Il Governo di Sua Maestà britannica concede in affitto al Governo italiano sul lato est di Kisimaio nel protettorato britannico dell'Africa orientale un terreno non eccedente 150 yards su ogni lato per la costruzione di un magazzino generale ed altri occorrenti edifici. Il Governo di Sua Maestà britannica affitta pure al Governo italiano un terreno sufficiente sulla spiaggia della lingua di terra a sud-est dell'esistente sbarcatoio inglese di Kisimaio per la costruzione di uno sbarcatoio ad uso del Governo italiano nonchè un diritto di passaggio dal detto sbarcatoio ai magazzini sovra accennati e da questi sino ad un punto sul fiume Giuba di fronte a Giumbo.

« II. L'esatta ubicazione del terreno e dello sbarcatoio, nonchè il tracciato del relativo passaggio saranno fissati sul luogo da due ufficiali, ciascuno dei quali verrà designato dal rispettivo Governo. Il detto terreno sarà per quanto possibile contiguo allo sbarcatoio. Quando i limiti del terreno e la località per lo sbarcatoio ed il tracciato del passaggio saranno stabiliti e segnati dai due ufficiali, questi ne faranno un piano sottoscritto da entrambi e lo manderanno ai rispettivi Governi.

« III. Il Governo italiano pagherà pel terreno preso in affitto un annuo canone di una lira sterlina.

« IV. L'affitto rimarrà in vigore per anni trentatre dalla presente data, ma se il Governo italiano dimostrerà in maniera soddisfacente pel Governo britannico che le spese sostenute durante il primo decennio da questa data per la costruzione dello sbarcatoio e fabbricati avranno ecceduto cinque mila (5000) lire sterline, l'affitto rimarrà allora in forza per sessantasei anni; oppure per novantanove anni qualora la somma così spesa avesse ecceduto lire sterline dieci mila (10,000).

« V. Al termine dell'affitto le costruzioni erette sul terreno diverranno proprietà del Governo di Sua Maestà britannica.

VI. Il Governo italiano avrà facoltà di erigere sul terreno menzionato nell'art. 1º le costruzioni necessarie pel temporaneo ricovero di truppe italiane sbarcate a Kisimaio a destinazione di Giumbo nella sfera italiana; ma non saranno tali truppe sbarcate a Kisimaio senza il previo assenso del Governo di Sua Maestà britannica.

« Codesta restrizione però si applicherà soltanto allo sbarco di tali truppe a scopi di spedizioni; bastando per i casi di ordinari scambi di guarnigione che ne sia dato debito preavviso al comandante britannico locale.

« VII. I dazi d'entrata imposti sulle merci imbarcate al molo che sarà eretto dal Governo italiano verranno rifusi alla loro eventuale uscita nella sfera di influenza italiana in conformità dei regolamenti sul transito e la riesportazione che si troveranno in vigore nell'Africa orientale britannica

« VIII. Nessuna di queste disposizioni potrà interpretarsi a scopo di sottrarre il terreno affittato e le persone ivi residenti alle leggi e regolamenti vigenti nell'Africa orientale britannica; con che però gli impiegati del Governo italiano residenti sul territorio affittato saranno liberi di esercitarvi le funzioni dei rispettivi uffici ».

Dietro istruzione ricevutane da Sua Eccellenza il ministro degli affari Esteri a Roma, ho l'onore di far conoscere a Vostra Signoria che il Governo di Sua Maestà il Re d'Italia accetta le proposizioni sovra riferite, salvo debita approvazione del Parlamento italiano.

Gradisca, signor marchese, ecc.

PANSA.

X.

IL MULLAH.

Nella Somalia Settentrionale.

Il trattato col Sultano di Obbia. — La stazione d'Itala. — Il consolato di Aden e quello di Zanzibar. — Il Mullah. — Il suo ritorno dalla Mecca. — Il passaggio delle truppe inglesi da Obbia. — Condiscendenza italiana. — L'Inghilterra e il passaggio delle nostre truppe da Zeita nel 1896. — Le giustificazioni dell'on. Prinetti. — I Bimal gli domandano aiuto. — Le lettere del Mullah all'Italia. — Gli si risponde... quattordici mesi dopo! — La missione Pestalozza. — Il decano dei nostri funzionari coloniali. — Il protettorato dell'Italia sul Mullah. — Il *bluff* della Somalia. — Le dichiarazioni del Conte Percy alla Camera dei comuni. — Si concede al Mullah di stabilirsi alla costa. — Il *Libro verde*. — Pestalozza nominato procuratore del Mullah. — A Illig, in territorio nostro si rifiuta di lasciar seppellire la salma di un marinaio. — Lotte fra il Mullah e i nostri protetti. — Il protettorato sul Mullah finito subito. — Nella Somalia settentrionale. — La grande incognita della situazione. — Le forze del Mullah. — Il contrabbando delle armi. — Un mercato di fucili. — Fucili abissini ai Somali. — La marcia del Mullah verso il sud.

Nel primo capitolo di questo libro ho accennato al modo col quale l'Italia iniziò la sua azione nell'Africa Orientale, assumendo il protettorato del sultanato di Obbia con un trattato dell'8 febbraio 1889, col quale è stata fissata al sultano Ali Jusuf una piccola pensione di 1200 talleri all'anno. Qualche tempo dopo, con un altro trattato col sultano Osman Mahmud, assumevamo anche il protettorato del sultanato dei Migiurtini. Le trattative per questi accordi, furono condotte da comandanti delle nostre navi nel Mar Rosso e nell'Oceano Indiano, sotto la direzione del capitano Cecchi, che, a quell'epoca, era Console generale ad Aden. Tutta la costa dal Giuba fino al confine con la Somalia inglese, oltrepassato il capo Guardafui, passò a questo modo sotto il protettorato dell'Italia. Salvo il porto di Itala, del quale ci si assicurò, nel 1891, il possesso diretto, mediante regolare cessione fattacene dai capi del paese. Fatto unico nella storia de' Somali, dei quali abbiamo veduto quale sia l'odio e il disprezzo per gli europei, furono gli stessi capi di Itala che si mostrarono desiderosi di cederci il porto, e di essere posti sotto la nostra protezione; di consentire insomma che gli italiani, ad Itala, potessero — come dice il trattato — costruire case, installarvi soldati, e issarvi la bandiera nazionale.

Preoccupato dal fatto che, in tutto l'enorme

tratto di litorale da Bender Ziada a Kisimaio, l'Italia non possedeva ancora un porto, necessario, si diceva, per avere una certa libertà d'azione onde vettovagliare le nostre stazioni commerciali e militari, al cav. Filonardi, nostro console a Zanzibar, sembrò opportuna l'occupazione di quel porto, che il Governo approvò. Ma Itala è rimasta una stazione abbandonata o quasi, malgrado il suo piccolo presidio d'ascari.

Del resto, per molti anni, le tristi vicende della Eritrea distolsero la nostra attenzione da quella costa, della quale poco o punto si parlò, anche quando pareva si volesse svolgere una certa azione sulla costa del Benadir. Per quanto — e lo si è visto sopratutto dopo la comparsa del Mullah — tutto ciò che avviene nella Somalia settentrionale, possa avere il suo contraccolpo nella Somalia meridionale e viceversa; per quanto le popolazioni di queste due nostre colonie, appartengano alla stessa razza e abbiano sempre mantenuto fra loro relazioni segrete, noi le abbiamo sempre considerate come due cose perfettamente distinte. Tanto che la Somalia settentrionale è nella circoscrizione del nostro consolato di Aden, e il Benadir dipende invece dal consolato di Zanzibar. Cosa che, in certi momenti, ha dato luogo a inconvenienti non lievi.

Della nostra Somalia settentrionale si ricominciò a parlare, nel 1902, quando gli inglesi si mostrarono molto preoccupati della rivolta proclamata da un fanatico intorno al quale si raccoglievano a migliaia i somali intercettando le comunicazioni ed assaltando le carovane che partivano dalla costa che vi si dirigevano.

Quel somalo che in così breve tempo era riuscito a raccogliere intorno a sè delle forze ingenti e a spingersi contro gli inglesi, non aveva mai fatto parlare di sè, prima del giorno nel quale, venendo da Aden, su un vapore britannico sbarcò a Berbera e scese a terra con gli occhi ispirati e un corano sotto il braccio

Appena a terra, si diresse verso le capanne degli indigeni ove venne circondato, interrogato intorno al suo viaggio e sul conto dei somali che si trovano ad Aden.

Le donne gli offrono del riso bollito nel grasso di montone, gli uomini lo circondano e la parola vibrata e affascinante dell'ospite conquista la simpatia degli astanti. Quel somalo si chiama Mohammed ben Ahdallah, il famoso Mullah. Dopo il pasto, invita coloro che lo circondano a fare la quinta preghiera della giornata in riva al mare. Molti lo seguono. Mohammed prega con fervore. Gli altri, compiuta l'orazione rituale, tornano al villaggio. Ma Mohammed seguita a pregare col volto nella sabbia fino a sera. Poi, ubbriaco di fede e di sole, ritorna alle capanne e comincia la sua propaganda.

Dice che viene dalla santa Mecca, che una sera sfinito dai digiuni e per il lungo pregare udì una voce divina che gli diceva: « Va a riaccendere la religione di Allah nel cuore dei tuoi fratelli somali. Essi sono conquistati dai cristiani perchè non seguono la legge del Signore ». E a poco a poco eccita molti a seguirlo. Gli inglesi lo disprezzano, lo considerano come uno dei tanti matti, dei soliti santi che s'incontrano in tutte le viuzze delle città islamitiche. Ma Mohammed si dà alla campagna con i primi seguaci, assalta e svaligia parecchie carovane e mette in fuga le bande abissine che avevano l'abitudine di spingere a razziare negli Ogaden, la razza alla quale egli appartiene. Ciò serve ad accrescere il suo prestigio presso i seguaci. Le sue forze aumentano, ma manca d'armi. Allora comincia a razziare i camelli nei luoghi dove passa e promette tre camelli a chiunque gli porterà un fucile. Alcuni somali corrono a Gibuti a comperarne. Gli indigeni spaventati dalla ferocia del Mullah e privi di camelli trovano più conveniente di unirsi a lui e lo seguono. Ogni giorno la sua potenza e il suo prestigio aumentano ed egli grida che vuole creare un impero nero musulmano così come Menelick ha creato un impero nero cristiano. Si getta sui Dolbohanta, la tribù alla quale appartiene sua madre, protetti inglesi, e razzia senza pietà.

Di fronte a un pericolo che si fa di giorno in giorno più grave, l'Inghilterra organizza una spedizione, per la quale sa di dover mettere in bilancio parecchi milioni di sterline. Ma per poter meglio combattere le forze del Mullah, ha bisogno di far sbarcare il corpo di spedizione dalla parte dell'Oceano Indiano, anzichè nel golfo di Aden, dai porti della Somalia inglese, e chiede a noi le si consenta di far sbarcare le sue truppe su qualche punto della nostra costa, e, preferibilmente a Obbia, dove intende anzi stabilita la sua base di operazione. L'Italia acconsente.

Su questa nostra concessione all'Inghilterra, i pareri furono discordi. In generale, però, la si ritenne un errore. E da due punti di vista. Prima di tutto perchè non vi era ragione, dato il nostro programma di far sempre una politica pacifica a qualunque costo, di metterci in guerra per conto di altri col Mullah, il quale, a noi non aveva mai dato noie, e che, anzi, aveva manifestata l'intenzione di avere con noi delle relazioni amichevoli e di buon vicinato; in secondo luogo perchè non era improbabile che, irritato dal nostro contegno, aggredisse — e noi non avevamo mezzi per difenderli — i nostri protetti della Somalia settentrionale, e indirettamente fomentasse la rivolta anche contro di noi nel Benadir. Del resto, non si poteva nemmeno escludere completamente l'ipotesi che, sfuggendo alla lotta con gli inglesi, si buttasse invece dalla parte nostra e scendesse verso il Benadir.

Quando, nel 1896, l'Italia era impegnata nel Tigrè, vi fu un momento l'idea di una spedizione nell'Aussa che, minacciando l'Abissinia e il Negus nel cuore del suo impero, avrebbe potuto costringerlo a ritornare indietro, o, almeno, a diminuire le forze che aveva di fronte a noi nel Tigrè. Chiedemmo allora all'Inghilterra, se avrebbe consentito che le truppe destinate a tale spedizione, sbarcassero in un punto, a poca distanza da Zeita. Per quanto, oramai, tutto questo sembri della storia remota, non si può aver dimenticato, anche per il rumore sollevato dalla pubblicazione dei documenti relativi a questo incidente (1), come l'Inghilterra abbia risposto a quella nostra domanda. Dopo molte esitazioni, e non nascondendo il gran timore che aveva di destare la suscettibilità della Francia (la quale ci combatteva in tutti i modi in Etiopia) il Governo di S. M. Britannica finì per acconsentire, ma circondando la concessione da tali restrizioni, da renderla irrisoria. Non dirò si dovesse invocare questo precedente. Ma ricordarlo sì. Se l'Inghilterra, malgrado la sua amicizia tradizionale, aveva creduto di poter rispondere in quella circostanza con un rifiuto, solo perchè temeva la concessione potesse fare cattiva impressione in Francia, a maggior ragione, mi sembra, avremmo potuto rispondere evasivamente noi pure, essendo evidente, che, rompendo con quella concessione la neutralità di fronte al Mullah, potevamo esporci a qualche pericolo, tanto nella Somalia del Nord come in quella del Sud. Ci siamo invece affrettati a concedere il passaggio del corpo di spedizione da Obbia, e, solo, per calmare l'opinione pubblica che si era mostrata alquanto allarmata, il ministro degli Esteri desiderò da parte dell'Inghilterra l'assicurazione che le operazioni si sarebbero svolte in modo

---

(1) Nel *Libro Verde* pubblicato dall'on. Di Rudinì nel 1906.

da evitare che il Mad Mullah con le sue orde
si gettasse nei nostri possedimenti. Come se
fosse possibile in guerra di questo genere, nelle
quali gli eserciti europei incontrano tanta difficoltà con un nemico che sfugge sempre loro
di mano, il prescrivere al Mad Mullah da qual
parte si doveva ritirare per far piacere agli
italiani! Eppure tali vaghe assicurazioni, date
dai delegati inglesi, sono state magnificate come
un grande successo diplomatico della Consulta
e dell'on. Prinetti, allora ministro degli Esteri!

Qualche anno dopo, l'on. Prinetti, avendo preso la parola nella discussione per il disegno di
legge sull'ordinamento del Benadir, colse l'occasione per giustificare quella concessione data al-
l'Inghilterra mentre egli era alla Consulta.

— Poichè io ho di questo provvedimento la responsabilità — disse l'onor. Prinetti — debbo dire che quella concessione era inevitabile, perchè
il Mullah si trovava in questa condizione, che veniva a riposarsi ed a rinnovellare le sue forze e
i suoi armati nel nostro territorio e poi faceva
razzie sul territorio inglese. Così l'Inghilterra a-
vrebbe potuto invitarci a fare noi la polizia del
territorio e quindi avremmo dovuto far noi quella
campagna in cui l'Inghilterra ha speso, dicono,
duecento milioni. Io avrei voluto vedere un Governo italiano chiedere al Parlamento soltanto
qualche centinaia di migliaia di lire per una campagna contro il Mullah! Confesso che anche io,
che ho molte audacie, non avrei sentito di averne
una simile davvero. E del resto il passaggio accordato all'Inghilterra fu circondato da tali garanzie e provvedimenti che assicurarono l'Italia assolutamente contro qualunque pericolo. E difatti
il Mullah non invase l'*hinterland* del Benadir, come temevasi, e non turbò mai la tranquillità del
Benadir stesso per quanto fosse inseguito insi-
stentemente dalla spedizione inglese.

Abbiamo già detto che cosa potevano valere quelle garanzie. Quanto all'invito che l'Inghilterra avrebbe potuto imporci.... di far noi la guerra al Mullah, mi pare proprio l'ipotesi non regga: dal momento che, rimanendo estranei al conflitto, non avremmo mai impedito, ove gli inglesi lo avessero creduto opportuno, che inseguissero il nemico anche nel territorio nel quale — bisogna sempre tenere presente questa circostanza — non abbiamo un dominio effettivo, ma un protettorato. Il ragionamento dell'on. Prinetti correrebbe se si fosse in Europa, ma non è applicabile in paesi dei quali non abbiamo effettivamente, nemmeno occupata la costa — e allora meno ancora d'adesso; — in paesi senza confini ben definiti e nei quali noi non ci siamo mai spinti nell'interno nemmeno a qualche chilometro dalla costa.

Fino da allora i Bimal avevano chiesto al Mullah di aiutarlo contro di noi, informandolo minutamente delle scarse forze di cui disponevamo nelle nostre città e quindi della probabilità di successo che avrebbe avuto l'impresa. Ma il Mullah non prestò orecchio all'invito, non solo, ma mostrò sempre di non avere alcuna animosità contro di noi, poichè ripetutamente rispose ai Bimal, che, dal momento che gl'italiani rispettavano le sue credenze e non offendevano il loro sentimento mussulmano, egli non vedeva per qual ragione avrebbe dovuto assumere un contegno ostile.

E fin da qualche anno fa, il Mad Mullah, aveva lasciato capire che sarebbe stato suo desiderio di essere in buoni termini con noi: di avere rapporti di buon vicinato e di intendersi nel reciproco vantaggio, per facilitare il commercio, il passaggio delle carovane, ecc., ecc.

Nel 1902 poi si decise a mandare due messi al Benadir, latori d'una sua lettera, nella quale manifestava per l'appunto tali sentimenti amichevoli a nostro riguardo, e domandava, se sarebbe stato possibile mettersi d'accordo su parecchie questioni.

Per quanto, chi reggeva allora la Colonia, avesse capito fin dal principio come, da parte nostra, vi era tutto l'interesse di continuare a rimanere nei migliori termini col Mad Mullah, non credette naturalmente di fare alcun passo, nè di dare una risposta, la quale poteva assumere carattere politico, senza prima avere istruzioni dal Governo. Disse quindi ai messi del Mad Mullah che avrebbe subito scritto, anzi telegrafato a Roma, e che, senza dubbio, avrebbe potuto, in un tempo relativamente breve, dar loro la risposta secondo le istruzioni che gli avrebbero mandato da Roma: e facendo loro qualche cortesia, trattenne i messi in Colonia per aspettare tale risposta. Senonche questa risposta non potè darla loro nè dopo un mese, nè dopo due, nè dopo tre... perchè da Roma nulla era giunto. Tantochè, temendo che nei messi, e più ancora nell'animo del Mad Mullah, potesse sorgere il sospetto li avesse tenuti prigionieri, fatto loro qualche piccolo regalo, li rimandò al loro padrone, con l'incarico di dirgli, che, appena fosse venuta la risposta, glie l'avrebbe fatta pervenire.

Nel frattempo, un'altra lettera del Mad Mullah, che anch'essa fu prontamente trasmessa a Roma, era giunta a Mogadiscio. Dopo parecchi mesi ne scrisse un'altra, dalla quale traspariva evidente un certo risentimento pel modo in cui si vedeva trattato, mentre egli era sempre stato cortese verso di noi, e domandava ironicamente se il Governo di Roma contava di fargli trovare la risposta all'altro mondo....

Ma, alla Consulta, si vede che l'on. Prinetti, o chi per lui, aveva ben altro da fare, che pensare all'Africa e al Benadir! La risposta non venne che quattordici mesi dopo!

Ed era poi una risposta insulsa, che pareva fatta apposta per irritare il Mullah, giacchè, senza tener conto di tutto quanto egli aveva scritto, gli davano il paterno consiglio.... di aggiustare le cose con gl'inglesi ! ! !

Questi sono i precedenti pei quali sembrò tanto più strano il fatto che, qualche anno dopo avesse accettato... il nostro protettorato, quando il Pestalozza, il quale aveva avuto dal Governo la missione di studiare l'organizzazione da darsi alla Somalia Settentrionale e nel tempo stesso di trattare col Mullah per ristabilire la pace in quelle regioni, ebbe col Mullah ripetuti colloqui a Illig.

L' iniziativa di tali trattative però era partita dallo stesso Mullah il quale, sconcertato dalla campagna degli inglesi che se non erano riusciti a catturarlo, avevano però paralizzato la sua azione, non lasciandolo più comunicare con la costa, scrisse nel marzo 1904 tre lettere al tenente di vascello Spagna, comandante la nostra squadriglia di sambuchi a Bender-Cassin.

Il Mullah mandò queste tre lettere, in via segretissima, e facendo in modo che il messo non potesse essere avvicinato da alcuno per timore i Migiurtini scoprissero la cosa. In tali lettere il Mullah si protestava amico nostro e ci domandava finalmente di interporci fra lui e gli inglesi.

« Io ho rimesso la spada nel fodero, — dice il Mullah, — e ho letto i libri. »

Ma più che la lettura dei libri, ciò che deve averlo ridotto a più miti consigli deve essere stata la difficoltà nella quale si trovava oramai per approvvigionarsi, e per fare del commercio.

Malgrado i milioni spesi, gli inglesi non hanno riportato vittorie clamorose e dal punto di vista militare la campagna non fu brillante : ma il nemico era stato ridotto in tristi condizioni. Per naturale orgoglio, non poteva domandare grazia al nemico e si rivolse a noi...

Il Governo italiano colse la palla al balzo, e, riconosciuta l'autenticità delle lettere del Mullah, della quale si era prima dubitato, e con l'assentimento del Governo Britannico, diede al cavaliere Pestalozza la missione alla quale ho accennato. Missione che egli seppe adempiere con tatto e con coraggio, avendo come collaboratore il signor Sylos Sersales, e avendo saputo valersi abilmente dell'opera di Abdallah Sceri, un somalo del Nogal, grande amico del Mullah e suo uomo di fiducia che da Aden condusse con sè.

Il Pestalozza, ora console generale a Tripoli, è il decano dei nostri funzionari coloniali. Il suo nome incominciò a figurare nei documenti diplomatico-coloniali del nostro paese, fino dall'epoca dei nostri primi passi in Africa, quando si procedette alla compera ed alla occupazione di Assab. Dopo l'occupazione di Massaua ebbe in varie circostanze incarichi di fiducia, nei quali diè sempre prova di avere qualità eccezionali per questo genere di trattative. Ed il Governo fu certamente bene ispirato nell'affidargli nel luglio 1904 questa nuova missione — anche un po' come riparazione per il modo, col quale, senza ragione alcuna, e mentre vi rendeva eminenti servigi, era stato tolto dal consolato di Zanzibar qualche anno prima.

Solamente non era il caso, dopo che il Pestalozza aveva avuto la fortuna di riuscire, e di addivenire ad un accordo col Mullah, di dare a quel documento un soverchio valore, magnificando il resultato della missione Pestalozza come un grande successo diplomatico dell'on. Tittoni, annunziando con grande fracasso che, finalmente, l'Italia si era affermata solennemente in Africa, mettendo il Mad Mullah sotto il suo protettorato. Diffatti, pochi giorni dopo, il sotto-segretario parlamentare per gli Affari Esteri, il conte Percy, alla Camera dei Comuni, fece qualche rivelazione sul-

le trattative col Mullah, distinguendo le trattative
che ebbe con l'Inghilterra da quelle con l'Italia.
Il Governo inglese — egli disse alla Camera dei
Comuni nella seduta del 23 marzo — fu informato
dal Governo italiano della sua intenzione di inta-
volare negoziati col Mullah che, qualche mese
dopo, ci comunicò, a grandi linee, le proposte fatte
dal Mullah : « Autorizzammo allora — continuò il
conte Percy — il generale Swayne ad agire di con-
certo col rappresentante italiano, e ci risulta ora
che questi negoziati sono stati coronati da successo. Il Mullah poi indipendentemente dalla forma
del trattato con l'Italia, ha inviato a Berbera una
deputazione per firmare la pace con l'Inghilterra,
ma il Governo ignora i particolari esatti di questo
accordo ».

Dalle quali parole del sottosegretario di Stato
inglese fu facile rendersi conto che il Mullah,
malgrado il tanto vantato protettorato e la pace
con gli inglesi fatta per mezzo nostro, trattava
direttamente con gli inglesi senza nemmeno av-
vertircene, e si sentiva libero come prima nel territorio che noi gli avevamo concesso. Poichè, con
uno degli articoli più importanti di questo accordo, il Governo italiano aveva riconosciuto il diritto al Mullah di costruire per sè e per la sua
gente una residenza stabile, in quel punto più
conveniente per le comunicazioni col mare fra ras
Garad e ras Gabbe.

Il *Giornale d'Italia* commentando il trattato, e,
sopratutto, il molto rumore che si era fatto intorno ad esso, ed il grande successo della nuova
politica italiana, in un articolo col titolo *Il Bluff
della Somalia*, attaccò molto vivamente il ministro degli Esteri, dicendo che quell'accordo ram-
mentava i metodi del debole Governo pontificio
che scendeva a patteggiare coi briganti.

Con che, lo ripeto ancora, non intendo affatto
biasimare quegli accordi, anche se non hanno

dato il menomo frutto essendo rimasti lettera
morta, tantochè, ora, a breve distanza di tempo,
lo stesso ministro è costretto a dichiarare che
bisogna essere preparati, per quanto non gli
paia probabile, anche a difendere il Benadir...
dal nostro protetto Sayed Mohamel ben Abdallah, detto il Mad Mullah, quando gli inglesi lo
chiamavano pazzo — ed ora semplicemente il
Mullah !

Gli accordi di questo genere hanno sempre per
base, qualche gruzzolo di talleri che il protetto
ottiene dal protettore; e non mi stupirebbe affatto
se, quantunque non figuri nulla in proposito nel
Libro Verde pubblicato per far conoscere al Parlamento ed al paese tutte le trattative col Mullah
di due anni fa, che, anche in quella circostanza,
un certo numero di talleri sborsati e la promessa
di altri, fosse stata la base della nostra amicizia
col Mullah! Il Pestalozza stesso nei suoi rapporti
al Ministero — e ve ne sono alcuni interessan-
tissimi che si leggono come una pagina di romanzo — ha cura di avvertire che, come in tutto
il mondo — ed in Somalia più che altrove — *les
petits cadeaux entretiennent l'amitié*, e da parte
sua, il Mullah, in parecchi colloqui dei quali il
Pestalozza rende conto riproducendo il dialogo,
ha bussato a denari, dicendo chiaramente che egli
intende la protezione dell'Italia a patto però sia
accompagnata da un assegno annuo... e manifestando la speranza che l'Italia sia generosa.

A questo proposito è stato molto caratteristico
il modo col quale ha fatto capire all'inviato del-
l'Italia che cosa ci vuole... per i somali. Prendendo
in una mano un pugno di piccole pietruzze che
lasciò cadere a una a una come se fossero monete,
con l'altra mano alzò un bastone in atto di minaccia come se fosse un'arma.

— Per tenere i somali — pare abbia voluto
dire — ci vuole la spada per minacciarli e i denari per pagarli.

Evidentemente è la sua formola politica!

Ora tutti questi accordi che riposano su tali basi hanno una importanza molto relativa, e durano fino a che quella gente vi trova il suo tornaconto... sopratutto se non vi è la spada alzata.

Sulla costa della Somalia settentrionale la situazione era più che mai complessa e delicata anche perchè il Mullah era in lotta coi nostri protetti del sultanato dei Migiurtini e di quello di Obbia. Il Pestalozza, Dio sa come, era riuscito a far fare la pace a tutti e persino a persuadere questi ultimi a cedere al loro nemico territori sui quali credono di avere incontestato diritto. Ma su quella costa africana sono troppo frequenti tali riconciliazioni solenni che seguono o precedono periodi di ostilità, perchè si possano ritenere come una garanzia sufficiente.

Il *Libro Verde* al quale ho accennato, descrive minuziosamente, fin troppo, l'andamento di quelle trattative, e, come ho detto, contiene pagine interessantissime. Certo, non bisogna leggere queste raccolte di documenti relativi a questioni coloniali, specialmente africane, con lo stesso criterio, col quale si esaminano e si leggono le altre raccolte di documenti diplomatici. Siamo in un mondo tutto diverso, e i documenti che si chiamano diplomatici, perchè non si saprebbe trovare un'altra parola, di diplomatico non hanno proprio nulla. Chè anzi è molto curiosa e caratteristica la disinvoltura, con la quale, a certi momenti, senza rendersi menomamente conto della poco convenienza del loro modo di procedere, questi capi o Sultani trattano i rappresentanti delle potenze europee.

Il Mullah seguendo anche in questo le orme di altri falsi profeti, od ispirati da Dio, del mondo musulmano, dopo la guerra, è diventato, a quanto pare, un uomo pratico. Vuol mettersi a fare il commerciante o, per meglio dire, vuol dedicarsi

nuovamente al commercio che già prima eser-
citava. Se lo lasciassero fare, evidentemente,
il suo traffico principale sarebbe quello degli
schiavi e delle armi. Ma così, visto che le convenzioni internazionali — e la potenza protettrice —
glielo impediscono, si accontenta anche di commerci... più modesti.

Un bel giorno, dopo che il Pestalozza era riuscito a vincere le ultime diffidenze, in un momento di espansione, non ha egli innalzato alla
carica di suo procuratore il rappresentante dell'I-
talia ?

« Pestalozza — gli scrive un giorno il Mullah
« — tu sei il mio procuratore per ogni cosa, ed
« anche per il mio denaro presso la gente che a-
« bita Bender-Cassin. Ti faccio quindi sapere che
« sei il mio rappresentante con Abdallah Sheri.
« L'ammontare della somma tutta (pare sottin-
« tenda: che tu devi ricuperare) non la conosce
« che Iddio. Solo Abdallah ne conosce una parte. »

Un'altra volta la commissione che il Mullah
dà al nostro rappresentante nel momento nel
quale è più attivo lo scambio di vedute per arrivare ad un accordo, è d'indole ancora più delicata.

« Ora ti chiedo — gli scrive mandando la let-
« tera in una bottiglia chiusa a bordo del *Galileo*
« ancorato davanti ad Illg, — di scendere con una
« barca e di stare coi tuoi mentre manderai il ba-
« stimento a prendere carbone come pure (per
« prendere) la ragazza mia, voglio dire la figlia
« del Sultano Osman. Se non farai così — aggiun-
« ge — non sarà possibile amicizia fra noi. »

Cosa sia successo di questa ragazza — che, del
resto, doveva essere una delle sue mogli legittime
per la quale aveva già sborsato una dote al padre — non appare dai documenti del *Libro verde!*
Ma si vede però in che strano modo intendono
l'amicizia que' Sultani, e in che situazione imbarazzante possono trovarsi i rappresentanti di una

potenza europea, e quello dell'Italia in particolar modo.

Sono trattative, come si vede, un po' diverse dal solito, e alle quali, presiede sempre, una grande diffidenza da una parte e dall'altra, e — diciamo la verità — da una parte e dall'altra giustificata. Tanto che, qualche volta, i negoziatori debbono persino sottoporsi a formalità... tutt'altro che diplomatiche. Prima di ammettere alla sua presenza i due rappresentanti del Governo italiano, il Pestalozza e il Syles Sersales, il Mullah li fece perquisire ben bene per assicurarsi non nascondessero armi.

E siccome il Pestalozza si lagnò di questo trattamento così poco cortese, il Mullah gli rispose:

— Come degli italiani sono stati capaci di uccidere il loro Re che era tanto buono, potrebbero anche pensare di fare altrettanto con me.

Ciò che dalla firma del trattato in poi è avvenuto su quella costa non risulta da nessun documento ufficiale od ufficioso. Ma dalle notizie pervenute a varie riprese risultò ben presto che il Mullah si è burlato di noi, e che non ha creduto davvero d'aspettare molto per farcelo capire. Si può dire che il Pestalozza non aveva ancora lasciato la costa della Somalia Settentrionale che già egli teneva un contegno, che, ben lungi dall'essere quello di un protetto, mostrava come, conscio di aver avuto un successo, diciamo pure diplomatico, intendeva di approfittarne e far vedere ai suoi seguaci come l'Italia dovesse in tutto cedere di fronte a lui.

Qualche settimana dopo, a bordo di uno di quei nostri sambuchi armati che con equipaggio misto di bianchi e di neri fanno il servizio lungo quella costa sotto il comando di un tenente di vascello della R. Marina, morì un marinaio. Il tenente che aveva sostituito in quel comando il povero tenente Grabau, morto due anni prima

combattendo contro i somali a bordo di uno di
questi sambuchi, diede le disposizioni per scendere a terra con una parte dell'equipaggio e seppellire la salma, come è prescritto dal regolamento. Ma le autorità lasciate dal Mullah ad Illig
(il punto scelto per le sue comunicazioni col mare), dove volevano seppellire il cadavere, e, naturalmente, seguendo gli ordini avuti dal loro capo, dichiararono di non poter consentire, inquantochè lo scavare fosse — dicevano — è fare atto
di sovranità!

Forse per evitare complicazioni, ed a sua volta,
obbedendo alle istruzioni generali che hanno i
nostri ufficiali nel Mar Rosso, il tenente lasciò
Illig e andò a Berber dove, dopo una funzione religiosa celebrata da padre Cipriano, un missionario che da molti anni si trova laggiù, la salma
fu seppellita.

Ora, è verissimo che, in Somalia, il fare pozzi,
lo scavare fosse, e in generale far movimenti di
terra è considerato come un atto di sovranità:
che il conficcare, per esempio, una lancia nel
suolo col ferro all'ingiù vuol dire: io prendo possesso con la forza di questo paese ed è quindi una
grave provocazione, e che, per conseguenza, la
fine di molti esploratori europei è stata dovuta
alla ignoranza di tali usi e ad atti che sono stati
interpretati male. Ma non è egli strano che l'Italia, la potenza protettrice, non abbia avuto nemmeno il diritto di seppellire il cadavere di un
marinaio in una terra della quale aveva dato una
specie di investitura ad un presunto protetto?

In questo caso sono stati i suoi seguaci a mostrare la nessuna intenzione di rispettare l'autorità nostra. In altra circostanza fu il Mullah personalmente a minacciare le tribù poste nel nostro territorio. E, come al solito, lo abbiamo saputo dagli inglesi, e questa volta non dai telegrammi delle agenzie o dai giornali, ma da rap-

porti ufficiali. Sono state le autorità inglesi di
Kisimaio a mettere sull'avviso il Governo italiano,
mandando alle autorità nostre al Benadir un
rapporto nel quale le informarono che nell'a-
prile era giunto a Kisimaio certo Susut Ugas figlio del capo degli Antibau, tribù posta nel territorio italiano, il quale aveva fatto loro domanda
anche a nome di altre tribù vicine, di potersi ri-
coverare sulla riva del Giuba in territorio inglese
perchè il Mullah « *aveva loro intimato di consegnare fucili, munizioni e cammelli, minacciando
se non lo facevano, di invadere e distruggere tutti i loro villaggi.* »

Se abbia o no mandato ad effetto la sua minaccia non si è saputo. In ogni modo non siamo
certo stati noi ad impedirlo, se non lo ha fatto. (1)

_____

(1) Il modo col quale furono condotte — scriveva in
quel turno di tempo il *Giornale d' Italia* — le trattative non è laudabile nè per la diplomazia antica
nè per la nuovissima: il plenipotenziario italiano
fu fatto segno a ben poca onesta accoglienza; l'accordo rammenta i vecchi metodi del debole Governo
pontificio che scendeva a patteggiare con i celebri briganti padroni di quelle campagne, ispiratrici con i
loro ricordi suggestivi del Ministro degli esteri: ma
molto si può perdonare se vi sono garanzie affinchè
gli obblighi non rimangano unilaterali, cioè tutti a
nostro carico. Così dicevamo e non a torto.

Il Parlamento inglese ci ha dato pronta conferma.
Che protettorato! Che residente! il Mullah è tanto libero nel dominio da noi regalatogli che sta per conto
suo facendo un trattato con l' Inghilterra ora che
egli è uscito completamente dai terrori britannici.

Per fortuna l' Inghilterra ci è amica e la penisola
degli aromi non vale neppure una parodia di un
bellum somalicum. Ma perchè l'on. Tittoni, l'uomo
della politica *modesta* dinanzi all'Austria, mena vanto di una vittoria inesistente sul Profeta dei Dolbahanta? Si direbbe che per non rimanere indietro
nelle ultime creazioni dello *snob.* abbia voluto anche
lui fare il *bluff.* Ma il giuoco ha durato, come la rosa
di Malesherbes, l'*éspace d'un matin.*

Del resto, mentre credevamo in buona fede di aver pacificato col trattato.. e il protettorato del Mullah, quella parte della Somalia, il conflitto scoppiò subito più vivo di prima e fu in gran parte la nostra condotta che lo ha provocato, appunto perchè non abbiamo tenuto conto dei risentimenti e degli interessi che abbiamo offeso con quel famoso accordo, insediando e riconoscendo al Mullah, che in fondo, malgrado il prestigio di cui gode, è un capo nomade, il diritto di occupare un territorio alla costa di parecchie decine di chilometri, sul quale vantano diritti i Migiurtini e le tribù degli Issa Mahmud e Omar Mahmud, che d'intesa, hanno subito incominciato gli atti di ostilità, contro il Mullah e le tribù a lui devote. I Migiurtini, è vero, sono nostri protetti, ma in questo caso, debbono aver fatto delle amare riflessioni sul significato della protezione italiana, dal momento che, invece di difenderli, senza tanti complimenti, per amicarci il Mullah — ed essi naturalmente dicono perchè è più forte — gli abbiamo assegnato territori loro!

La situazione della Somalia settentrionale insomma, per quello che riguarda noi, anzichè migliorare peggiorò dopo l'accordo col Mullah, e l'Italia ha fatto un passo indietro invece di affermarvisi di più come si era sperato, poichè nessuno avrebbe potuto consigliarci, nè allora nè adesso, di fare, anche da quella parte, una politica più attiva, per la quale occorrerebbe una forte spesa e si potrebbe andare incontro ad ingrate sorprese.

Le nostre navi, i nostri sambuchi armati, vegliano per impedire il traffico delle armi. Ma, a parte la efficacia relativa di tale sorveglianza, esercitata con pochi sambuchi, su un lungo tratto di costa, dove i sambuchi indigeni possono approvare in molti punti, il Mullah, e forse anche altre tribù, possono procurarsi le armi in modo diverso. Durante l'ultima campagna, gli inglesi hanno constatato che il loro nemico aveva ricevuto fucili per la via di Gibuti-Harrar e l'Ogaden, quando, per la presenza delle loro navi e delle nostre lungo la costa, gli sarebbe stato impossibile averne dalla via di mare. D'altra parte, senza essere tacciati di pessimismo — e ne convengono anche gli espansionisti — per ora almeno, la Somalia settentrionale non mette assolutamente il conto che il paese faccia sacrifici di uomini e di denaro. Sebbene abbia un movimento che fra esportazione ed importazione oltrepassa forse i tre milioni, questa nostra Colonia non è in condizioni tali da poter pensare a fare qualche cosa per metterla in valore, senza impiegarvi grandi mezzi, e, sopratutto, se non è garantita la sicurezza. Non vi è, come accade sulle altre coste, un punto che possa essere considerato come lo sbocco obbligato della regione, per cui, oltre la difficoltà della sorveglianza per le armi, accade altresi che quel poco commercio, prende ora l'una ora l'altra strada, secondo le circostanze del momento

Illig, del quale si è molto esagerata l'importanza, è un piccolo gruppo di capanne, e non è un buon ancoraggio.

Il punto migliore, la stazione della quale dovremmo occuparci un po' più, sarebbe quella di Bender-Cassin, al di là del capo Guardafui nel golfo di Aden, dove la costa offre un buon ancoraggio naturale, e che ha anche il vantaggio di essere più vicina alla costa araba con la quale i somali hanno i più frequenti contatti commerciali. Si può dire anzi vadano soltanto da quella parte.

Sarebbe tanto più urgente il fare qualche cosa a Bender-Cassin, ben inteso dal punto di vista esclusivamente commerciale, inquantochè anche da quella parte accade pur troppo lo stesso di ciò che avviene al sud delle nostre colonie dell'Oceano indiano, per attirare il commercio a Kisimaio. Al nord, nel Somaliland inglese, le circostanze e la politica errata da noi seguita fino ad ora, hanno singolarmente favorito lo spostamento delle vie commerciali a favore dei porti inglesi. Fatta la pace, il Mullah ha capito che aveva tutto l'interesse di mantenersi sempre nei migliori termini con gli inglesi, i quali, a loro volta, sono larghi di cortesie e d'attenzioni verso il loro antico nemico. Per cui il commercio delle tribù dell'interno, sulle quali il Mullah esercita la sua influenza, va pian piano prendendo la via di Berbera, sebbene questo punto sia più lontano di altri porti nostri. Intanto, per quanto rudimentali, l'Inghilterra sta facendo delle strade appunto con lo scopo di far convergere a Berbera le carovane. Ma indipendentemente da ciò, queste hanno, ora, tutto l'interesse a passare da quella parte, anche perchè arrivano al mare senza il pericolo di essere molestate dai Migiurtini.

Dopo avere profuso senza contare i milioni nella guerra col Mad Mullah per tenere alto il prestigio della bandiera, adesso da gente pratica, gli inglesi non paiono occuparsi d'altro che di trarre il maggior profitto, e con la minore spesa, di questa loro colonia. Nel Somaliland, l'Inghilterra non ha per ora in tutto e per tutto che sette funzionari europei compreso il governatore; e quando si parlò del telegrafo senza fili da stabilire tra Berbera, Zeila e Aden, l'idea fu subito messa in disparte perchè fu trovata eccessiva la spesa di circa 150 mila lire che sarebbe stata necessaria. A questo proposito viene spontaneo alla mente il paragone con l'amministrazione farraginosa delle nostre colonie, e specialmente coi nuovi organici preparati per quella del Benadir, dove, fra poco — e la nostra colonia è ben lontana dall'essere attiva, come lo è oramai il Somaliland

— i funzionari saranno parecchie decine. Vi saranno forse come in Eritrea, tribunali, direzioni per gli studî agricoli, e chi sa quante altre cose, mentre, non solamente nel Somaliland, ma anche ad Aden, l'Inghilterra, che pure è la nazione coloniale per eccellenza, non ha mai sentito il bisogno di tutte queste cose. Guai se in una di queste sue colonie comparisse un avvocato in cerca di cause... o di affari da imbastire in modo da poter finire col cavar danari allo Stato!

La nostra posizione nella Somalia settentrionale non può naturalmente essere paragonata a quella degli inglesi che si sono imposti con la forza. E molte cose che essi possono fare e tentare, forti nell'acquistato prestigio, a noi non sono permesse. Per quanto in massima si possa essere favorevoli ad una politica, che sotto questa o quella forma, incoraggi l'espansione coloniale, alla quale sono andati pian piano convertendosi anche molti di coloro che prima l'avversavano con la maggiore vivacità, mi pare risulti chiaro anche da questo sommario e rapido esame della situazione politica e militare di quelle regioni, come in tutta la nostra condotta sia necessaria una grande prudenza. Per ora non vi è altro da fare che rimanersene alla costa cercando di fare in modo che il rimanervi costi il meno possibile. Il che —intendiamoci bene —non vuol dire che proprio nulla si debba fare, e non spendere qualche tallero. Vi è tutto un lavoro di preparazione da organizzare per il giorno nel quale le condizioni politiche di quei paesi potessero mutare. Nelle colonie, ciò che non si è ottenuto con dieci anni di sforzi, può accadere spontaneamente da un momento all'altro per il concorso di circostanze favorevoli, e talvolta assolutamente imprevedute. Colonie che poscia diventeranno fiorenti, sono state nei primi anni in condizioni ancor più difficili di quelle della Somalia settentrionale. Senza dubbio, col crescere d'importanza della Somalia inglese, è venuta a perdere una parte del suo valore la nostra; ma nessuno può pensare seriamente all'abbandono di un lungo tratto di costa, che altri subito occuperebbe in quell'Oceano Indiano, dove ogni giorno aumenta il numero delle navi che lo solcano, pei traffici che così rapidamente sono andati sviluppandosi in questi ultimi anni fra il vecchio mondo ed il lontano Oriente.

Quanto al nostro protettorato sul Mullah, è finito in un modo comico, e i nostri rappresentanti presso il Mullah non sono davvero rimasti un pezzo in carica! Certo non erano degli ambasciatori. Erano dei poveri diavoli neri sui quali contavamo per essere informati, e per esercitare una certa azione sul Mullah. Ma, appena scoppiate le ostilità con le tribù, delle quali la nostra condotta aveva offeso i più vitali interessi, han pensato bene di prendere la via del ritorno, e — diciamo la verità intera — di scappare in tempo per salvarsi la pelle, cosa, che, assai probabilmente, chiunque altro avrebbe fatto al loro posto.

Evidentemente il Mullah aveva sperato dalla nostra protezione dei vantaggi che non ha avuto, e non essendosi davvero sentito vincolato nè dalle sue lettere, nè dal trattato firmato col Pestalozza, ha ripreso la sua libertà di condotta. Continuando però ad approfittare dei vantaggi che gli avevamo riconosciuto, e, principalissimo, quello di occupare un punto della costa, occupazione che gli preme molto per le sue comunicazioni col mare, tanto più che ora ha posto la sua attuale residenza fra Illig e il basso Nogal. Il trattato insomma esiste ancora per noi che non abbiamo mezzi per imporre al Mullah di andarsene da quel territorio, mentre non esiste più per lui. Tanto che i suoi capi razziano impunemente nei territori dei nostri protetti, e il Mullah, risponde con frasi da ispirato che non dicono nulla alle rimostranze

che, di quando in quando, riesce a fargli pervenire il nostro consolato di Aden, dove finalmente
la Consulta si è decisa a mandare un console di
carriera, nella persona del cav. Macchioro, un
ottimo ed intelligente funzionario. Pare però che
alle ultime rimostranze fattegli, in seguito alle
notizie di nuove razzie compiute con inaudita
ferocia, non abbia nemmeno più risposto!

L'azione del Mullah è ora la grande incognita
della situazione per tutta la Somalia. Secondo le
ultime informazioni egli non disporrebbe più che
di tre o quattro mila fucili. Ma questa specie di
guardia del corpo che non lo abbandona, è il
nucleo delle sue forze intorno al quale possono
accorrere migliaia e migliaia di lancie, in modo
da mettere insieme delle forze considerevoli, ani-
mate dal fanatismo che egli sa abilmente tener
vivo anche con tutte le forme esteriori. Nell'Ogaden egli ha numerosissimi fautori pronti ad accorrere intorno a lui, e le sue schiere, quando
un'azione è decisa, s'ingrossano rapidamente per
il grande contingente fornitogli da molte tribù
di paesi nelle quali le recenti guerre hanno semi-
nato la desolazione, e dove la gente valida acco-
glie con entusiasmo l'idea di combattere insieme
ad un capo temuto e circondato da tanto prestigio.

D'altra parte non è escluso che il numero dei
fucili dei quali ora dispone possa anche aumentare considerevolmente, e possano provvedersene
anche altri capi somali. Fino da qualche anno fa,
il Governo di Mogadiscio, era stato avvertito che,
a Barri, sul medio Scebeli, vi era un mercato di
armi. Si diceva che le armi venissero dalla Somalia settentrionale, specialmente da Gibuti, scom-
poste, e che un armaiolo indigeno le ricompo-
nesse. Ma, secondo le notizie successive, parve
molto più probabile quelle armi fossero invece
di provenienza abissina. Anche il Mozzetti, no-

stro residente ad Harrar, credo fosse di questa opinione. In Etiopia, il Negus ha provveduto ad armare le sue truppe scelte di fucili nuovi e dei migliori sistemi, per cui vi è stato un periodo nel quale v'era grande abbondanza di fucili in tutto l'Impero. Nel suo interesse, il Negus ha vietato, con pene severe, la vendita dei fucili, specialmente ai Somali. Ma ciò non può avere impedito che un certo numero sia ugualmente passato ai Somali, malgrado l'inimicizia fra le due razze, attraverso degli intermediari. Senza, ben inteso, escludere che il rifornimento possa essere fatto anche da altre parti, e, specialmente da Gibuti, dove il contrabbando delle armi si è sempre fatto più o meno palesemente. All'epoca della nostra guerra col Negus, si metteva addirittura una certa ostentazione nel far vedere che si fornivano armi — e non solamente le armi, ma anche degli istruttori al nostro nemico. Adesso il Governo francese ha vietato, in modo formale, la vendita delle armi e delle munizioni. Ma vi sono su quelle coste commercianti abili ed arditi i quali sanno deludere la vigilanza, e riescono a portare ai loro clienti le armi e le munizioni attraverso mille difficoltà sia dalla parte di terra come dal mare. Non era possibile, o almeno difficilissimo, il far passare della merce di contrabbando all'epoca della guerra con gli inglesi, quando le navi brittanniche e le nostre incrociavano continuamente dinanzi a quelle coste. Il Mullah, diffatti, pagò allora prezzi favolosi pochi pacchi di cartuccie. Ma, adesso, in condizioni normali, la sorveglianza su tutta la costa è materialmente impossibile, e, di quando in quando, qualche sambuco riesce ad approdare e a rifornire il Mullah o i suoi capi.

Intanto non è stata una piacevole sorpresa per noi, il constatare, qualche mese fa, che un centinaio di Bimal armati di fucili, hanno preso parte a uno degli ultimi combattimenti poco distanti dall'Uebi Scebeli. Tre o quattro di questi fucili trovati dai nostri sul campo dove ebbe luogo il combattimento, erano dei Wetterli, il che confermerebbe la provenienza abissina alla quale ho accennato. Sono evidentemente fucili presi dagli abissini nella guerra del 1895. Si sa che li hanno avuti dal Mullah, il quale accennerebbe con questo aiuto indiretto dato ai Bimal a un atteggiamento risolutamente ostile contro di noi. A tutte le domande di aiuto da parte dei Bimal, finora aveva risposto con un rifiuto. Ancora qualche tempo fa, quando i Bimal mandarono da lui dei messi per incoraggiarlo a mandare anche della gente sua contro di noi, aveva risposto non vedere ancora nei nostri atti la ragione di una sollevazione generale contro gli italiani. Che cosa è accaduto di nuovo? Quali ragioni hanno posto innanzi i Bimal, per convincerlo a fare questo primo passo in loro favore dando loro un certo numero di fucili? Questa del contegno del Mullah verso di noi è la grande incognita della situazione. Potrebbe anche darsi che una parte dei Bimal armati di fucili sieno gente che ha seguito la fortuna del falso profeta e che, adesso, sapendo le loro tribù impegnate contro di noi fossero accorsi spontaneamente in loro aiuto. Ma una parte hanno avuto questi fucili dal Mullah, ora.

In ogni modo, questa discesa del Mullah verso i nostri possedimenti non è una eventualità che si possa assolutamente escludere e va data lode al Governo, se, pur affermando impossibile o quasi, l'invasione del Benadir da parte del Mullah, ha preso le opportune disposizioni per un pronto invio di truppe eritree nel Benadir appena si avesse notizia di uno spostamento suo con intenzioni ostili verso il Benadir.

Se la situazione non muta, per il momento la marcia verso il sud con il proposito di arrivare

sino a noi e combatterci, presenta anche per il
Mullah difficoltà gravi. Dal Nogal per giungere
fino al Benadir dovrebbe superare una distanza
enorme. Potrebbe percorrerla con una certa facilità qualora il paese fosse tutto in sollevazione,
cioè, in quello stato d'animo, nel quale le popolazioni sono disposte ad accettare l'aiuto da qualunque parte venga. Ma, su una parte della vasta
zona che dovrebbe attraversare, egli non ha alcuna influenza diretta e le popolazioni non hanno
affatto interessi comuni con quelle del Benadir
che si credono da noi minacciate. Risentirebbero
quindi, senza nessun vantaggio nè immediato nè
per l'avvenire, tutto il danno del passaggio delle
orde del Mullah, che non hanno certo salmerie,
e che, dovendo vivere sul paese lo devasterebbero.
Dovrebbe insomma attraversare popolazioni che,
presumibilmente, non lo accoglierebbero con entusiasmo : senza contare che, dovendo andare così
lontano, i seguaci del Mullah non saprebbero dove lasciare le loro donne, i loro armenti, non avendo, per questo spostamento, quella tradizionale
organizzazione che permette di farli agli abissini,
e potrebbero avere buon giuoco per delle... con-
tro-razzie i sultani di Obbia e dei Migiurtini, che
non resisterebbero probabilmente alla tentazione
di vendicarsi e di fare qualche bel colpo contro il
nemico lontano.

È opportuno anche il ricordare come, tutte le
volte che nelle loro assemblee i Bimal hanno discusso intorno alle domande di aiuto al Mullah,
una minoranza si è sempre manifestata contraria
a tale domanda di aiuto — o d'intervento — lasciando capire ben chiaro di temere il Mullah
forse più degli italiani.

Tutte queste difficoltà che il Mullah incontre-
rebbe nella sua marcia fanno credere che per ora
la Colonia non corra questo pericolo, e permettono al Governo di mostrarsi fiducioso. Ma non so-

no difficoltà insormontabili, e, da un momento all'altro, la situazione potrebbe anche mutare e sarebbe stolto l'addormentarsi in questa cieca fiducia, nell'ottimismo che caratterizza sempre le notizie ufficiali dell'Africa, e non pensare, fino da ora, che possono darsi eventualità e circostanze per le quali il Mullah si trovi spinto ad agire e ad affrontare anche queste difficoltà.

DOCUMENTI.

IL TRATTATO COL MULLAH.

Lode al Dio misericordioso.

In base al comune intento delle parti contraenti di dare tranquillità e pace a tutti i Somali, il cav. Pestalozza inviato speciale autorizzato dal Governo italiano ed il Sayed Mohammed ben Abdallah per se stesso e per i capi e notabili delle tribù a lui seguaci, si sono messi d'accordo per la completa accettazione delle clausole e condizioni seguenti:

1º Vi sarà pace e accordo duraturo tra il Sayed Mohammed sullodato, i dervisci tutti da esso dipendenti, ed il Governo d'Italia e chi da esso dipende, fra Somali Migiurtini ed altri. In base ed in relazione a ciò vi sarà anche pace ed accordo tra il Sayed Mohammed, i suoi dervisci ed il governo inglese e chi da esso dipende fra Somali ed altri. Così pure vi sarà pace tra il Sayed ed i suoi dervisci suddetti e tra il Governo d'Abissinia e chi da esso dipende.

Il Governo italiano si fa avanti e si impegna per chi da esso dipende, come pure per quanto concerne il Governo inglese.

Ogni dissidio o differenza tra il Sayed e la sua gente coi dipendenti dal Governo italiano o con quelli per i quali il Governo si è fatto avanti come ad esempio gli inglesi e loro dipendenti, sarà risolto in via pacifica ed amichevole per mezzo di *Erko* o di inviati delle due parti sotto la presidenza di un delegato italiano, con la presenza pure di un inviato inglese se così vorranno.

2° Il Sayed Mohammed ben Abdallah è autorizzato dal Governo italiano di costruire per sè e per la sua gente una residenza stabile in quel punto più conveniente per le comunicazioni col mare tra Ras Garad e Ras Gabbee. Ciò anche con l'assentimento di Jussuf Alì e del Sultano Osman Mahmud.

Quella residenza ed i suoi abitanti saranno tutti sotto la protezione del Governo d'Italia e sotto la sua bandiera.

Se e quando vorrà, sarà in facoltà del Governo italiano di installare in quella residenza un suo rappresentante di nazionalità italiana od altro in qualità di governatore con soldati e dogana (ossia decime).

In ogni modo il Sayed Mohammed dovrà essere di aiuto e di appoggio al Governo per ogni questione, e sino a che il Governo abbia designato un suo rappresentante speciale, lo stesso Sayed Mohammed ne sarà il procuratore.

Il Governo delle tribù da lui dipendenti all'interno rimarrà al Sayed Mohammed che dovrà esercitarlo con giustizia ed equità.

Egli pure provvederà alla sicurezza delle strade ed alla tranquillità delle carovane.

3° In quella suddetta sede il commercio sarà libero per tutti, sottoposto ai regolamenti ed agli ordini del Governo. Però è sin d'ora assolutamente proibita l'importazione o lo sbarco di armi da fuoco, di cartucce, di piombo o di polvere a quelle necessarie. Il Sayed Mohammed stesso e la sua gente si impegnano per impegno formale e completo con giuramento davanti a Dio di impedire la tratta, l'importazione o lo sbarco di schiavi e di armi da fuoco da qualunque provenienza sia da mare sia da terra.

Chi infrangerà quest'ordine sarà passibile di punizione a seconda delle disposizioni governative al riguardo.

4° Il territorio designato al Sayed Mohammed ed ai suoi seguaci è quello del Nogal e dell'Hod compreso nella delimitazione della sfera d'influenza italiana. Però in base ad accordo speciale tra i Governi d'Italia e d'Inghilterra, dopo l'invio ed il ritorno dell'*Erko* (delegazione Somala) mandato per confermare la pace con gli Inglesi a norma degli usi Somali e per stabilire alcune formalità necessarie alla tranquillità di tutti, gli Inglesi autorizzeranno il Sayed Mohammed ed i suoi seguaci ad entrare nei propri confini (quelli degli inglesi) nel territorio del Nogal per pascolarvi il loro bestiame a seconda delle precedenti loro consuetudini. Solamente il bestiame suddetto non dovrà oltrepassare i pascoli dei pozzi qui appresso designati: e sono i pozzi di Halin, e da questi a quelli di Hodin e da Hodin a Tifafli e da Tifafli a Damot.

Così anche dalla parte dei Migiurtini vi sarà accordo e pace fra essi tutti ed il Sayed Mohammed e tutti i suoi dervisci.

La questione dei pascoli tra questi e gli Issa Mahmud come anche tra essi e gli Omar Mahmud sarà definita con gradimento e buon accordo delle parti a norma degli usi loro precedenti.

Le terre di Mudug e di Gallacajo resteranno a Jussuf Alì ed ai suoi figli.

Ogni questione tra i dervisci ed i loro vicini sarà devoluta all'esame ed alle decisioni del Governo italiano.

A conferma di tutto quanto è stato qui sopra enunciato e forma impegno delle parti contraenti, si è addivenuti alla firma di questo scritto fatto in due esemplari, per mano del Sayed Mohammed ben Abdallah per sè e per i dervisci suoi seguaci e per mano del cav. Pestalozza delegato autorizzato dal Governo italiano, in data di sabato giorno secondo della festa dell'Iftar dell'anno dell'Egira milletrecentoventitre. (Corrispondente al 10 dicembre 1904).

Lo Sceik Mohammed ben Abdallah ha poi scritto di suo pugno sull'originale esemplare in arabo quanto segue:

« In riguardo a quanto concerne le mie relazioni « col Governo italiano, ho firmato, a condizione che « esso Governo costruisca (o renda prospero) il no- « stro paese, mi restituisca le mie armi e la mia gen- « te (presso Alì Jussuf di Obbia) mi faccia restituire « dai Migiurtini i miei averi e la ragazza (*figlia del « sultano Osman Mahmud a lui fidanzata*) e sia verso « di noi generoso.

« Riguardo agli inglesi ed altri che (l'Italia) non si « intrometta tra noi sino a che essi abbiano evacuato « il nostro paese tutto: il nostro territorio è cono- « sciuto.

« Riguardo al territorio di Mudug esso è dei Sa- « mantar Khalef e dei loro notabili figli di For Has- « sad, e perciò Jussuf Alì ed i suoi figli non vi hanno « che fare.

« Così confermano:

« Sultano Nur, sultano degli Habrjumis tutti ovun-
« que essi siano — il di lui fratello Kila Ahmed — così
« ha pure detto Ugas Diria Arabe e Ugas Issa-Farek,
« e seguono le firme di una quarantina di altre per-
« sone capi del Mullah ».

Visto per traduzione conforme all'originale arabo.
Aden, 20 dicembre 1904.

PESTALOZZA.

XI.

LA SITUAZIONE.

IL NUOVO TRATTATO CON L'ETIOPIA.

Le proroghe per la legge sull'ordinamento della Colonia. — Durante il Ministero Guicciardini. — Per non discutere la legge. — L'Ufficio Coloniale chiede una somma in prestito alla Società Milanese. — Dinnanzi agli arbitri. — L'on. Borsarelli. — Tra gli on. Tittoni e Borsarelli. — Un incidente alla Camera. — Il programma Baldissera adottato. — Il comandante delle truppe e il suo grado. — Il piano delle operazioni. — Contro i Bimal. — La spesa che sarà necessaria. — Comunicati inopportuni. — Le forze del Mullah. — I pericoli della burocrazia. — Ciò che scrive l'on. Franchetti da Mogadiscio. — Il Ministero nell'imbarazzo a proposito del dissidio fra il R. Commissario e il cap. Pàntano — Le missioni pseudo-diplomatiche. — Il tenente Cappello dal Mullah a Merca. — Discorsi sibillini. — La scelta del Governatore. — La solita impreparazione. — La Legazione italiana ad Addis Abeba. — Perchè un capitano di cavalleria? — Situazione d'inferiorità. — L'accordo con Menelik. — Impressione dolorosa. — Come una battaglia perduta. — L'indifferenza della Camera.

Da tutto quello che abbiamo cercato di mettere sott'occhio al lettore nei capitoli precedenti, resulta evidente, come, pur troppo, la triste e dolorosa esperienza fatta nell'Eritrea, a nulla o ben poco abbia giovato. Siamo andati avanti per dieci anni, dal 1898 al 1908, senza un programma ben stabilito, senza avere una linea di condotta, come eravamo andati avanti ugualmente per dieci anni, nell'Eritrea, dal 1885 al 1895, senza avere un concetto ben chiaro di ciò che si poteva fare di quella nostra Colonia nel mar Rosso. Del Benadir, in tutto questo lungo periodo di tempo non ci siamo occupati, che, saltuariamente, quando qualche polemica o qualche scandalo richiamando sulla Colonia l'attenzione pubblica ha provocato delle inconcludenti discussioni alla Camera. Dopo dieci anni tutto è ancora laggiù allo stato provvisorio, e, solo adesso, sotto la pressione dell'opinione pubblica, allarmata per gli ultimi avvenimenti. si è finalmente approvata — nel febbraio scorso — una legge per l'ordinamento del Benadir, che finora era rimasta una colonia senza legge. Fino al punto, come si è visto, di non sapere a quale giurisdizione deferire un imputato per reati commessi in questi paesi!

La legge relativa al riscatto fu presentata nel giugno del 1905, e discussa alla fine dei lavori parlamentari di quello stesso anno. Con tale legge il Governo aveva preso l'impegno formale, con-

sacrato nell'articolo 5°, di presentare entro sei
mesi un altro disegno di legge per l'ordinamento
della Colonia. Il termine, essendo stata la legge
approvata dal Senato poco dopo, scadeva nel
gennaio del 1906. Avvicinandosi l'epoca della scadenza, il Governo domandò una proroga di un
anno che la Camera ridusse a sei mesi. Ma
anche a questa nuova scadenza nulla era pronto
e il Governo dovette chiedere un'altra proroga e
così, a forza di proroghe si arrivò al febbraio di
quest'anno!

Il che voleva dire semplicemente questo, che,
dopo tre anni, o quasi, dalla approvazione del
riscatto, per effetto del quale la Colonia era diventata territorio italiano, nella Colonia non vi
erano leggi: non si sapeva ancora chi potesse
amministrare la giustizia — all'infuori dei soliti
cadì ai quali si rivolgono i mussulmani per le
loro contese. Ma per le questioni fra europei, anche di carattere commerciale, non si sapeva a
chi o a quale Tribunale rivolgersi.

Ministro il Guicciardini, — bisogna riconoscerlo
— il Governo mostrò la sincera intenzione di fare
cessare un tale stato di cose. Il San Giuliano, che
avrebbe voluto egli pure fare qualche cosa sul
serio, non ne ebbe il tempo. Durante il ministero
Guicciardini, tanto il ministro che il sotto segretario di Stato s'accorsero che se si lasciavano le
cose in mano all'Ufficio Coloniale non si sarebbe
mai concluso nulla. Ed allora il Guicciardini,
convinto dell'urgenza assoluta che vi era di provvedere, pregò il sotto segretario di Stato, l'onorevole Di Scalea, di concretare il più presto possibile un progetto di legge per l'ordinamento del
Benadir onde presentarlo al Parlamento. Lo Scalea avocò a sè la pratica e in breve tempo il progetto fu compilato, presentato e discusso al Senato. Il Guicciardini e lo Scalea avrebbero anche
voluto presentare nel tempo stesso la conven-

zione con una Società che si sarebbe costituita.
onde dare un assetto definitivo e stabile alla Colonia; ma circostanze indipendenti dalla loro volontà lo impedirono.

Poi venne la crisi e non se ne parlò più.

Tanto più che il direttore dell'Ufficio Coloniale
al quale, avvenuto il mutamento del ministero,
il Tittoni consegnò tutto ciò che riguardava l'ordinamento del Benadir, rinchiuse ogni cosa nel
cassetto. Le assenze e i viaggi politici dell'on. Tittoni, servirono a meraviglia al direttore dell'Ufficio Coloniale per lasciare che l'ordinamento del
Benadir dormisse i sonni più profondi. Era il ca-
stigo inflitto dalla burocrazia coloniale, a chi
aveva osato formulare un progetto senza i lumi
superiori dell'Ufficio Coloniale! Credo figurasse
all'ordine del giorno, in coda con la domanda
di autorizzazione all'arresto di Ferri... che si
supponeva e pareva convenuto tacitamente non
dovesse essere mai posta in discussione. Adesso
si è dovuto discuterlo per forza, ma, sotto molti
aspetti, dura ancora, come prima, lo stato di prov-
visorietà.

È però ormai evidente che la questione biso-
gnerà affrontarla, poichè, anche alla Camera,
nessuno è più disposto a lasciare eternare un tale
stato di cose, pericoloso sotto tutti i punti di vista.

Fra le altre cose, parecchi funzionari del Governo sono alloggiati nelle città del Benadir, in
case, sia pure modeste, fin che si vuole, ma di
proprietà della cessata Società, e senza che il Governo paghi affitto. Si capisce perfettamente come
la Società lasci fare. Sono tante cause e ragioni
per domandare indennizzi e compensi. Ma non è
strano che mentre pende una causa fra il Governo e la Società, il Governo approfitti degli stabili della Società stessa, e, avendo lasciato andare
a lungo le cose, si prepari a dover sborsare forse
delle somme non lievi? La Società, lo ripetiamo,

fa bene dal suo punto di vista, e per l'interesse dei suoi azionisti a lasciar fare. Ma che dire dell'Ufficio Coloniale che, così alla leggera, si è assunto la responsabilità di lasciar trascinare da anni una questione, che, con molto minor spesa da parte del Governo, avrebbe potuto essere risolta da un pezzo!

Del resto, vi è una circostanza la quale mostra fino a che punto arriva la incoscienza della burocrazia coloniale della Consulta, la quale finisce sempre col compromettere tutto e tutti. Vi è stato un periodo di tempo, quando erano già avvenute tutte le polemiche per la questione della schiavitù, e che, dal banco del Governo, erano partite parole durissime all'indirizzo della Società, nel quale l'Ufficio Coloniale, non ebbe scrupolo di rivolgersi alla Società... per farsi prestare del denaro. Eravamo a fine dell'anno finanziario. Il Ministero non sapeva su qual capitolo provvedere per alcune spese urgenti relative alla occupazione del Benadir. E l'Ufficio Coloniale, o chi per esso, non trovò di meglio che rivolgersi agli amministratori della Società...

È enorme! Ma non è tutto. Giacchè, per mandare o questi o altri denari in Colonia, l'Ufficio Coloniale non sapendo come regolarsi, telegrafò agli amministratori della Società per sapere come, da dove, e con quale mezzo, si poteva spedire una certa somma al Benadir. Non è un colmo?

Adesso la vertenza fra l'antica Società del Benadir e il Governo per la liquidazione delle indennità e la liquidazione dei conti che erano rimasti in sospeso, è sottoposta al giudizio di un collegio arbitrale a Roma. Il Governo avrebbe potuto addivenire dieci volte ad un accomodamento conveniente e ragionevole: ma la cocciutaggine della burocrazia lo ha sempre impedito.

La Società domanda, oltre al pagamento degli stabili che sono suoi, e la restituzione di somme che il commissario governativo ha trovato nelle casse della Società· arrivando in Colonia ed ha adoperato — non avendo ricevuto da Roma il denaro occorrente per l'andamento della Colonia — la rifusione delle spese per il blocco di Merca e per l'occupazione di Lugh. Gli arbitri conservano certamente il segreto, ma non possono impedire che parlino i numerosi testimoni interrogati e riferiscano la impressione penosa che ha fatto fino ad ora il rappresentante del Governo di fronte agli arbitri.

Perchè, lasciando da parte che, ad ogni momento, in cento cose, fa vedere di fronte agli arbitri la sua impreparazione, cadendo dalle nuvole quando gli mettono sott'occhi documenti e circostanze che egli ignora, siamo arrivati addirittura al comico. L'Ufficio Coloniale sostiene che non deve pagare nulla per le spese militari per la occupazione di Lugh del 1902... perchè la Società l'ha fatta per conto suo e per sua convenienza! E ciò mentre il Ministro degli Esteri alla Camera ha detto nell'ultima discussione, che l'Italia ha dal 1902 un residente in quella città, come constatazione del possesso. Nel disordine che regna all'Ufficio Coloniale pare si sieno dimenticati che vi sono i documenti, le prove scritte, che la Società ha eseguito ordini del Governo. Senza contare che sono già acquisite le testimonianze di ufficiali i quali concordano tutti nel dire come il Governo, dopo essere stato interpellato, ha dato l'ordine di mandare un residente a Lugh.

Intanto aspettiamoci anche questa piccola sorpresa finanziaria... a meno non riescano a dissimulare la spesa chi sa in che modo. La presentazione cioè di un progetto di legge per dare una bella sommetta alla cessata Società.

Ma ci sarebbe da empire un volume, se si volessero elencare tutti gli errori, o peggio, commessi dalla Consulta — e ben inteso — sotto quasi tutti i gabinetti, perchè i ministri, pur troppo, perchè non sanno o non vogliono occuparsene, lasciano sempre fare ogni cosa agli impiegati... Anche quando, apparentemente, hanno l'aria di dare personalmente la direzione alla nostra politica coloiale.

È rimasto famoso in Colonia l'ordine dato al Governatore del Benadir, da un Ministro — mi pare fosse il Prinetti — di chiamare immediatamente a Mogadiscio, i capi di alcune tribù per avvertirli, eccetera, eccetera... non ricordo più bene di che cosa. Si trattava di tribù distanti dalla costa una quindicina di giorni da Merca! Ma il Ministro da Roma ordinava si trovassero tutti a Mogadiscio il giorno tale all'ora tale come se fossero degli impiegati del Ministero!

Così il Governo è andato avanti tre anni a trattare con un Sindacato per la costituzione di una nuova Società per lo sfruttamento agricolo-commerciale della Colonia. Di questo Sindacato faceva parte — ne aveva anzi preso l'iniziativa e lo aveva sempre rappresentato nelle trattative col Governo — l'on. Borsarelli. Col Principe di Scalea, quando questi era Sottosegretario alla Consulta, il Borsarelli si era già, in massima, messo d'accordo sulle basi di questa nuova convenzione che avrebbe dovuto essere, in certo qual modo, il complemento della legge sull'ordinamento della Colonia. Ma, avvenuto il mutamento di Ministero, le cose andarono di nuovo per le lunghe. In massima però l'on. Tittoni era consenziente. Senonchè gli parve opportuno sentire su di essa anche l'avviso del Consiglio Coloniale presieduto, come è noto, dal Sottosegretario di Stato. Nella seduta del Consiglio, a un certo punto, esaurite le altre pratiche, il Sottosegretario on. Pompilj invitò gli adunati a discutere la convenzione per una nuova Società del Benadir, lasciando capire ben chiaro dalla intonazione delle sue parole, che per conto suo la disapprovava nel modo più assoluto. Tanto per uscirne in qualche modo, fu nominata una sottocommissione con l'incarico di studiarla e di apportarvi quelle modificazioni che avrebbe creduto opportuno. Ma, il Pompilj, dopo la seduta, disse delle frasi roventi all'indirizzo dei promotori della nuova Società. Questi capitalisti milanesi — pare abbia detto, parola più parola meno — andrebbero, secondo me, trattati col frustino! Si può immaginare come siano rimasti i componenti il Consiglio Coloniale.

Ed è bene notare che, queste persone, capitanate dal Borsarelli, che è un notissimo gentiluomo, e minacciato con tanta eleganza di frase dal Sottosegretario Pompilj, avevano trattato personalmente col Ministro!

Questo incidente ebbe un seguito alla Camera, se non per le parole del Sottosegretario, per il modo col quale si era condotto dopo, il Ministro, di fronte al gruppo rappresentato dal Borsarelli. Nel discorso del 13 febbraio l'on. Tittoni ebbe l'imprudenza di voler far credere alla Camera che le proposte dei capitalisti fossero tali da impedire ad un ministro di accettarle; che non fossero discutibili. Dalla intonazione di questa parte del discorso, la Camera poteva forse rimanere sotto l'impressione che avessero fatto delle proposte addirittura esose. L'on. Borsarelli, giustamente risentito credette di dover uscire dal suo riserbo. Dopo aver ricordato come fosse sempre stato l'on. Tittoni ad incoraggiarlo dicendogli che il suo nome (il nome dell'on. Borsarelli) era una garanzia, disse essere assolutamente inesatto ciò che aveva detto il Ministro, che, cioè lo schema della convenzione fosse il portato dei desideri dei capitalisti... per la semplice ragione che quello schema era stato elaborato essenzialmente alla Consulta! Raccontò altresì, come anche dopo le osservazioni del Consiglio Coloniale e l'opposi-

zione del Sottosegretario, il Ministro avesse insistito, scrivendogli, perchè fossero riprese le trattative, che egli aveva interrotto, e non gli man-
casse il suo prezioso ausilio. E terminò pregando
il Ministro di mandare una parola di lode a quei
capitalisti che andavano giudicati molto diversamente, dal momento che, senza entusiasmo, senza
certo prospettive di lauti guadagni, ma solo col
desiderio di incoraggiare una iniziativa che a-
vrebbe potuto essere vantaggiosa per il nostro
paese, avevano tenuto per tanto tempo i loro capitali e più ancora che i loro capitali, i loro nomi
per tanto tempo, a disposizione del Governo.

L'on. Tittoni capì di aver commesso un'imprudenza: di aver detto cosa.... non esatta, come gli
aveva rimproverato il Borsarelli, e si alzò per
rendere omaggio agli amici dell'on. Borsarelli (1).

Fu in questo stesso discorso che l'on. Tittoni
fece noto alla Camera, quale sarebbe stato il programma per l'avvenire, dicendo che, per ragioni
d'indole politica, commerciale e militare, s'impone oramai l'occupazione dell'Uebi Scebeli e il
nostro dominio effettivo sulle tribù dei Bimal, e
che tale occupazione sarebbe fatta gradatamente,
portando il numero degli ascari a 3500.

---

(1) Interrogato dopo la seduta dal corrispondente
della *Lombardia* il Borsarelli gli disse: « Sono contento perchè è stato costretto a ringraziare pubblica-
mente proprio quelli che, pochi minuti prima aveva
adombrati in modo assai poco simpatico. Sono contento perchè mi ha dato motivo di rimettere le cose a
posto.

« Avrei potuto dire tre volte di più; ma ho preferito contenermi. Se non fosse stato inopportuno, data
la stanchezza della Camera, avrei potuto ancora re-
plicare, perchè il Tittoni giuocava sulle parole. Nel
nostro caso non si trattava di una convenzione proposta da noi, ma di uno schema di concordato studiato d'accordo e proprio alla Consulta.

« Chi si permise di lanciare contro di noi un giudizio così aspro ed ingiusto fu l'on. Pompilj, sottosegretario di Tittoni ».

La forza cioè che era stata indicata più volte come sufficiente dai governatori succedutisi a Mogadiscio e, recentemente, dal comandante Cerrina. Anche l'on. Tittoni si è finalmente persuaso della necessità assoluta di una simile occupazione, e, **mentre l'anno scorso dichiarava in Senato, rispondendo al generale Baldissera, di non potere assolutamente accettare il suo programma, per l'occupazione immediata dell'Uebi, portando a circa 5000 uomini la forza del nostro piccolo esercito coloniale al Benadir, oggi si avvia pian piano ad applicare precisamente il programma che aveva respinto così risolutamente.** Che se l'occupazione non avvenne immediatamente, non fu per colpa nostra, ma solo **perchè la colonna che era stata mandata per occupare Katoi**, dalle informazioni ricevute aveva compreso che sarebbe stata imprudenza l'occupare quel punto senza una conveniente preparazione, e senza poter disporre per ogni occorrenza di forze maggiori di quelle attualmente in Colonia. Tutto è preparato per applicare il programma Baldissera. Ma, come al solito, con qualche riduzione e nell'effettivo delle truppe e nella spesa, per non allarmare, per non irritare l'Estrema Sinistra. Siamo di nuovo sulla via di quelle pericolose economie, alle quali si debbono in gran parte i nostri primi insuccessi nell'Eritrea, in un'epoca, nella quale con poche migliaia di talleri si comperava ancora mezza Abissinia, con tutti i suoi capi.

Ebbene, per quanto i 3400 ascari, coi quaranta ufficiali della legge sull'ordinamento del Benadir, come è stata presentata dal Tittoni, sieno già una forza considerevole : bisogna avere il coraggio di dire che, se bastava anni sono, forse anche un anno fa, come scrivevano i governatori, non basta più ora, dopo i nuovi errori che abbiamo commesso, e dopo la necessità evidente di presidiare un **maggior numero di stazioni.**

Bisogna assolutamente arrivare a cinquemila
uomini circa, che reputava necessari il generale
Baldissera, e che — sia detto anche questo tra
parentesi — non possono nemmeno essere comandati da un maggiore. Si capisce che nelle
colonie e avendo sotto di sè degli ascari, i tenenti possano comandare delle forze pari a quelle
di una nostra compagnia, i capitani la forza di
un battaglione. Ma 4 o 5000 uomini divisi in
tanti presidî con delle colonne di operazione di
qua e di là, mi pare esigano che il comando
sia affidato a un ufficiale di grado più elevato. Anche per l'autorità che deve esercitare, e perchè,
checchè se ne dica, più sarà di grado elevato, e
meno probabili saranno i conflitti fra l'autorità civile e l'autorità militare, che, anche recentemente,
hanno obbligato il maggiore Mozzoni, ad andarsene appena arrivato. Il maggiore Mozzoni, in
una intervista pubblicata da un giornale di Roma
ha detto chiaramente, per quali ragioni chiese il
rimpatrio poco dopo arrivato al Benadir. Poli-
ticamente poteva considerarsi anche subordinato
al console Carletti, ma, dal momento che toccava
a lui la responsabilità della parte militare, voleva
naturalmente, avere, almeno in questo, una certa
libertà di azione. Dal momento che, oggi come
oggi, secondo il programma annunziato alla Camera, sono incominciate le operazioni militari,
non si può ammettere che l'azione di chi ha la
responsabilità di tali operazioni, della vita dei
nostri ufficiali e dei nostri ascari, debba essere
subordinata alle idee, alle opinioni, e magari agli
ordini di un giovane console che nulla sa di cose
militari. Non possono essere in due a comandare
e dirigere le operazioni. Per questo diceva, mi
pare, che l'ufficiale destinato ad avere il comando
di tutte le truppe dovrebbe avere un grado più
elevato di quello di maggiore, e, in ogni modo,
tanto al comandante che al console dovrebbero

essere date istruzioni precise dal Governo, che limitino, e circoscrivano la rispettiva azione e la rispettiva responsabilità.

Ma vi è ancora un'altra ragione per la quale, a mio avviso, sarebbe assolutamente necessario affidare questo comando a un ufficiale più elevato in grado: la posizione imbarazzante nella quale un maggiore può trovarsi coi comandanti delle navi, che, sovente, debbono agire di conserva con le truppe di terra lungo la costa. Per quanto piccole siano le navi che abbiamo in quei mari, gli ufficiali che le comandano hanno sempre grado uguale o superiore a quello del comandante le truppe. Si verifica o può verificarsi così il caso di un superiore che deve ricevere ordini ed istruzioni da un inferiore. Non era meglio evitare un tale inconveniente?

Detto questo, incidentalmente, ripeto che è necessario aver subito i 5000 uomini; e preparare e organizzare insomma queste operazioni in modo da non aver poi bisogno di nuovi rinforzi. Quindi ci vogliono 3000 uomini circa per tenere i presidî, che devono essere naturalmente aumentati se si procede alla occupazione del fiume, e una colonna mobile di circa 2000 uomini. Quando vi fosse un presidio a Goluin, la parte a Sud del fiume è facilmente tenibile e al sicuro. Salendo a Nord invece verso Gheledi, per un tratto di circa 70 chilometri dovrebbero forse crearsi quattro o cinque posti con qualche centuria. Più che mai in quei paesi, dove il successo ha immediate conseguenze, e dove, raramente, i Bimal — il nemico che abbiamo di fronte — attaccano quando sanno di avere a che fare con forze preponderanti, è necessario disporre di una certa forza. Se si va avanti come al solito, coltiveranno sempre l'idea che, un giorno o l'altro, prendendoci di sorpresa, finiranno per batterci. Un paio di migliaia di ascari di più, e un certo numero di ufficiali nostri mandati a tempo, possono rappresentare un'economia di denaro, e ciò che più importa, possono risparmiare di versare inutilmente altro sangue.

Il mettere a dovere i Bimal è quindi il primo ed immediato obiettivo che dobbiamo proporci. Ma, non bisogna illudersi di poter assicurare la tranquillità della zona tra la costa e il fiume, e di ridurre realmente alla impotenza i Bimal, con la forza sempre insufficiente della quale disponiamo ora e spendendo poche migliaia di lire racimolate qua e là... Le operazioni, è verissimo, se condotte con accorgimento, e con la forza necessaria, non presentano difficoltà. Ma una volta arrivati al fiume bisogna mantenervisi, e per un certo tempo tale occupazione costerà ed è vano illudersi che le somme stanziate ora possano bastare.

Per cui, come si vede, continuiamo a fare una politica coloniale nella quale fa sempre difetto la sincerità, e con la quale pare si voglia continuare nel solito sistema d'ingannare il paese. Anche ora. Cioè mentre, nemmeno dai banchi dell'Estrema Sinistra, e da quei giornali che una volta erano risolutamente avversi a qualunque idea di espansione, si osa più discutere dei doveri che, in certe circostanze, incombono allo Stato.

Al Benadir tre sono le questioni che bisogna risolvere per dare, con la tranquillità, un assetto definitivo a quelle nostre Colonie. Quella coi Bimal diventata ora più grave per i nostri continuati errori, mentre qualche anno fa si sarebbe potuta finire con uno sforzo molto minore; la questione dei nostri confini con l'Abissinia che non è risoluta in modo definitivo e completo nemmeno con l'accordo e la compera di Lugh al prezzo di tre milioni del quale vien data la notizia mentre sto licenziando alle stampe le ultime pagine di questo volume, e quella relativa alle nostre relazioni col Mullah, sia per il Benadir, come per ciò che riguarda la Somalia settentrionale, e i nostri protetti. Ora, per la guerra coi Bimal e per l'occupazione dell'Uebi sarà necessario spendere; la questione di Lugh, per il momento, è stata risoluta bene o male con lo sborso di altri tre milioni, e non è punto improbabile anche le nostre relazioni col Mullah possano essere rese migliori... con del denaro. A tutto questo va aggiunta la somma che lo Stato dovrà pagare alla cessata Società milanese, certo ora maggiore di quella con la quale si sarebbe potuto addivenire ad una transazione, quando la posizione del Governo di fronte alla Società non era ancora rovinata dalle insipienze e da tutti gli errori, commessi dall'Ufficio Coloniale, magari per dei piccoli puntigli, per animosità contro questa o quella persona, rea di avere divulgato una notizia che la Consulta non voleva si sapesse, o qualche cosa di simile. E infine bisogna tenere anche conto delle somme non indifferenti per le navi che continuamente incrociano in quei mari.

Tutto questo, lo so, non comprometterà il pareggio, ma è, ciononostante, una cattiva politica quella che cercando di illudere continuamente il paese, gli prepara nuove e poco piacevoli sorprese anche dal lato finanziario. Vorremmo che, da una parte, vi fosse un po' più di sincerità nel dire ciò che si può e si deve fare laggiù e sui sacrifici necessari ad attuare il programma che ci siamo imposti. Dall'altra, sarebbe veramente desiderabile, che il Ministro degli Esteri desse anche gli ordini opportuni perchè dalla Consulta si finisse di diramare quegli stolti e puerili comunicati i quali descrivono i Bimal ridotti all'impotenza, le tribù ribelli sbaragliate e demoralizzate... mentre devono ancora far buona guardia, se hanno deciso una nostra colonia forte di parecchie centinaia di uomini a rinunziare alla marcia su Katoi... a 14 chilometri dalla costa! E che, nell'aprile scorso, descrivevano il Mullah sconfitto dal Sultano di Obbia e abbandonato dai suoi seguaci, mentre vi sono alla Consulta i rapporti che affermano come il Mullah, oggi come oggi, dispone di 4000 fucili, di 3 o 4000 lancie e di 4000 cavalli! Ma c'è senso comune a voler far credere a questo buon pubblico, a traverso i telegrammi ufficiali od ufficiosi, che il piccolo Sultano di Obbia ha sbaragliato il Mullah, quel Mullah che ha saputo tener testa, per quasi quattro anni, agli inglesi, i quali hanno messo in moto migliaia di uomini e hanno speso molte decine di milioni senza riuscire a sconfiggerlo veramente, e che, in sostanza, han finito per abbandonare la partita?

Per il momento, come mi sembra risulti dal quadro della situazione che abbiamo cercato di tracciare, la questione urgente è quella della nostra azione contro i Bimal. Il Governo, come si è visto, si è finalmente risoluto ad adottare quel programma del generale Baldissera, che l'onorevole Tittoni pochi mesi or sono dichiarò al Senato di non potere accettare in alcun modo. Eppure, dal primo all'ultimo, tutti coloro che come regî commissari o, interinalmente, ressero la Colonia in questi ultimi anni, erano stati concordi nell'insistere presso il Governo perchè si decidesse ad un'azione energica contro queste tribù che sostanzialmente ci tengono prigionieri, nel dimostrare come con un piccolo sforzo si poteva renderci veramente padroni almeno del tratto fra la costa e l'Uebi, mentre andando avanti senza far nulla la situazione avrebbe potuto mutare a nostro danno!

Intanto, come si prevedeva, la questione dei Bimal ha finito per complicarsi con quella della

Somalia settentrionale e del Mullah, che ha dato a queste tribù nemiche nostre dei fucili, e che potrebbe fornir loro altri aiuti d'armi e di uomini.

Il Mullah se non era amico nostro, aveva però sempre serbato un contegno corretto verso di noi, e non aveva mai fatto atto di ostilità, cercando anzi, come ho già detto, di calmare i Bimal quando questi ricorsero più volte a lui per aiuto.

Ma anche di fronte al Mullah a quali criteri è stata ispirata la nostra condotta? Si è mai avuto un concetto esatto di ciò che si doveva fare nella Somalia settentrionale almeno per eliminare la probabilità di ingrate sorprese, visto che non era possibile pensare ad un'azione militare? No. Si è andati avanti giorno per giorno, ora dando retta all'uno ora all'altro, senza coordinare l'azione nostra, sia pure modesta e di carattere pacifico nella Somalia settentrionale, a ciò che si faceva al Benadir. Fino al punto di non dare nemmeno notizia a chi reggeva questa Colonia dell'invio di una missione presso il Mullah. Cose che il lettore avrebbe ragione di credere non vere se, dopo tutto ciò che sono andato narrando in queste pagine, non avesse acquistato la convinzione che con quella burocrazia inetta, alla quale accennava come ad un grande pericolo il deputato Franchetti, mandando qualche settimana fa al *Corriere della sera* una lettera intorno alle sue impressioni da Mogadiscio, anche le cose più strane, più inconcepibili, più inverosimili sono possibili (1).

In un precedente capitolo ho accennato ai molti errori commessi dal Mercatelli forse più che altro

---

(1) In questa lettera, l'on. Franchetti ha confermato punto per punto quello che ho scritto in un precedente capitolo relativamente alla incapacità del cav. Corsi al quale fu affidata la Colonia durante l'assenza del

per il suo temperamento. Ma si tratta — bisogna
dire anche questo — di un uomo di valore, che in
molti casi ha errato a fin di bene, e che, molto
probabilmente, per quanto non fosse certo la persona più adatta, avrebbe potuto rendere servigi
non lievi, se non fosse stato, per un certo tempo,
quasi completamente abbandonato laggiù. E giustizia vuole si riconosca pure che, in molte cose,
aveva veduto giusto, come quando comprese, e insistette per metterla in rilievo, l'importanza della
questione del Mullah per la sicurezza e l'avvenire
del Benadir. Si potrà discutere se il suo programma, che era quello di assecondare le aspirazioni del Mullah, il quale ambiva allora di
diventare Sultano dell'Ogaden, costituendo così
una specie di Sultanato - tampone fra i nostri
possedimenti della Somalia e l'impero etiopico, fosse di possibile esecuzione, e se, realmente, avrebbe avuto per noi i vantaggi che il
Mercatelli pareva ripromettersene. Non è facile
pronunziare un giudizio, oggi, riferendosi alla situazione di allora. In ogni modo era una que-

<hr>

R. Commissario. A proposito dell'incidente sorto fra
questo funzionario e il cap. Pàntano, perchè il Corsi,
a torto, aveva ordinato il rimpatrio del valoroso ufficiale, senza pensare un momento, che meno che mai
nelle attuali circostanze avrebbe dovuto pensare a
privarsi di un elemento così prezioso scrive:
    « Intanto il Governo imbarazzato non ha nè con-
fermato nè revocato il decreto di rimpatrio, ed ha
fermato per istrada il Pàntano ad Aden incarican-
dolo di occuparsi dell'arruolamento degli ascari ».
    Una soluzione atta a sanare completamente il dan-
no morale di questo incidente è impossibile. Il concetto d'autorità è stato ferito solla scelta a reggente inte-
rinale del Benadir di un funzionario che, pur essendo
persona rispettabile, manca di tutte le attitudini per
il posto d'iniziativa e di responsabilità che gl è stato
affidato.
    Il punto grave s a in questo: che tale scelta inoppor
tuna non è un errore casuale isolato.

stione che andava studiata, e gli elementi per
formarsi un concetto, per potere esaminare questo programma non mancavano alla Consulta,
poichè il Mercatelli intorno all'argomento mandò
lunghi ed interessanti rapporti con carattere di
urgenza. Or bene, proprio mentre quelle relazioni giungevano l'una dopo l'altra a Roma, fu
dalla Consulta deciso l'invio del Pestalozza nella
Somalia settentrionale per abboccarsi col Mullah, senza che di questa missione fosse neppure
avvertito il Mercatelli!!!

Specialmente, da qualche tempo a questa parte
vi è un po' la mania di queste missioni pseudo-diplomatiche. È la grande politica dell'Ufficio Coloniale, che qualche volta ne prende egli stesso
l'iniziativa illudendosi di poterne ottenere dei
risultati, sperando di riuscire non a sopprimere,
ma, se non altro, ad allontanare le difficoltà o magari di poter farle passare, al buon pubblico che
in fatto di politica coloniale è sempre disposto a
bere grosso, come altrettanti successi dovuti alla
sua abilità, e che, in altri casi, asseconda volontieri qualche funzionario, civile o militare, desi-
deroso di distinguersi e che, in buona fede, crede
alla grande importanza di tali esercitazioni di politica africana, nelle quali pare la grande abilità
sia quella di riuscire a canzonare i neri, che, viceversa, in molte circostanze, sono loro a canzo-
narci allegramente.

Qualche volta poi, nel momento nel quale si
intravede che una interrogazione o una discussione parlamentare possa prendere una cattiva
piega, si ricorre pur troppo anche al sistema di
promettere... e non mantenere. Come è accaduto
per l'appunto col Mullah.

Il Pestalozza all'epoca del famoso protettorato
sfumato, gli aveva già fatto grandi promesse,
he non furono mantenute. Quando si seppe
alla Consulta, molto prima del combattimento di

qualche mese fa nel quale dai Bimal furono lasciati sul campo, dei *wetterly*, che il Mullah aveva dato loro un centinaio di fucili, si ricorse a
un'altra delle solite missioni... per promettergli
di nuovo tutto quello che voleva, purchè ci facesse la grazia di abbandonare i Bimal e di non
occuparsi più delle cose loro. È proprio un voler
fare la politica dell'ingenuità, con gente che fa
della politica a base di furberia! È naturale si
finisca sempre per essere canzonati, e, qualche
volta, in modo veramente ridicolo. Di questa missione, affidata al tenente di vascello Cappello allora console ad Aden, presso il Mullah, nulla si
è saputo in Italia. Mette il conto di dirne qualche
cosa. Il Cappello andò col solito Abdallah Sceri,
di cui ho già parlato, dal Mullah il quale gli disse,
apertamente, che l'Italia aveva mancato a tutte
le promesse fattegli dal Pestalozza.

— Mi avevate promesso dei denari, egli disse, e
non li ho visti; mi avevate promesso che Osman
Mahmud, avrebbe abbattuto la garesa, poichè mi
secca questa specie di sorveglianza che esercita
sui miei movimenti e non lo ha fatto: mi avevate
promesso dei regali, e i regali non sono venuti.
Non ho più visto nessuno e allora mi sono regolato per conto mio, come credeva meglio.

Al che, pare, che, secondo le istruzioni del Governo, il nostro inviato abbia risposto dicendo che
il Governo italiano era disposto a fare tutto quello
che voleva purchè non si immischiasse più nelle
cose del Benadir. Anzi gli suggerì di mandare
una lettera ai Bimal per dire loro di star buoni,
e di obbedire al Governo italiano.

Il Mullah rispose accettando la proposta e de-
signò due capi che s'imbarcarono sul *Colonna* e
andarono a Merca. A Merca furono chiamati
vari capi delle tribù e fu tenuto un *schir* (riunione) presente il Cappello e il capitano Pàntano.

E qui arriviamo alla nota comica.

I due messi del Mullah, il quale da queste nostre replicate ambascerie e da tutto quello che è avvenuto, si è formata oramai la convinzione della nostra debolezza di fronte a lui, prendono la parola e dicono ai capi Bimal presso a poco queste parole:

— State quieti che lo Sceik (il capo, il Mullah) pensa a voi...

Che cosa significa questo? dicono i nostri ufficiali. Non vuol certo dire di sottomettersi. E invitano i due messi a spiegarsi meglio. Ma non v'è stato caso di tirar loro fuori una parola di più!

Quell'atteggiamento era tutt'altro che incoraggiante, e della cosa fu informato prontamente il R. Commissario, il quale si recò a Merca. Si tenne un altro *schir*. I messi furono nuovamente invitati a spiegarsi, e ad insistere presso i capi tribù perchè stessero tranquilli. Ma essi, non fecero altro che ripetere la solita frase, aggiungendo, questa volta, anche l'assicurazione che il Mullah prega sempre Dio per loro...

E i due messi furono rimbarcati e ricondotti dal Mullah.

Salvo errore, il comandante del *Colonna*, deve aver mandato al Ministero della Marina una relazione circostanziata su questa missione, giudicando con una certa severità l'accaduto, mettendo in rilievo le conseguenze disastrose che potrebbe avere questa politica e deplorando le nuove promesse fatte al Mullah. Non so se il Ministero della Marina ha passato agli Esteri tale rapporto, e se alla Consulta ne hanno tenuto qualche conto. Certo è che tutto ciò non è fatto per rendere migliori le nostre relazioni col Mullah, il quale, vedendosi portare in dono dal Cappello un fucile a ripetizione, gli rispose abbastanza secco:

— Un fucile solo serve a nulla. Ci vuol altro!

Dopo quanto ho narrato in uno dei primi capi-

toli di questo libro a proposito del modo col quale
si sono improvvisati e mutati ogni quattro o cinque mesi i Governatori di questa nostra disgraziata colonia, non ritornerò sull'argomento. Ma,
incidentalmente, mi sia consentito di notare che
nemmeno l'ultima scelta è stata molto felice. Non
era davvero questo il momento nel quale si doveva mandare laggiù un funzionario che di questioni coloniali non si era mai occupato, e che era
evidente non poteva avere l'autorità e il prestigio necessario chi copre una carica, come quella
di R. Commissario di una colonia, e che ha ai
suoi ordini un numeroso personale civile e militare nel quale figurano funzionari di indiscu-
tibile valore e che han fatto i capelli bianchi ser-
vendo il paese in Africa. Bravissimo giovane per
fare il console in America, a Gerusalemme o altrove, ma, capitato a Massaua senza la menoma
preparazione, nuovo, non solo, al paese, ma al-
l'ambiente coloniale così difficile anche per coloro
che hanno di esso una lunga esperienza, ha dimostrato subito di non essere all'altezza del suo
cómpito. Con la smania di fare, ha commesso fin
dai primi momenti parecchie leggerezze, affettan-
do una soverchia sicurezza di sè, quasi come se
tutti i suoi predecessori avessero sempre esagerato nel rilevare le difficoltà della situazione, mentre tutto era facile. Nuovo all'ambiente coloniale
ha dato una importanza, che non hanno assolutamente, agli atti d'ossequio dei capi di questa o
quella tribù, quando, appena arrivato, ha fatto il
suo piccolo giro trionfale nella Colonia, obbli-
gando così a un gerarchico riserbo coloro che
pure avrebbero avuto il desiderio — che quasi sen-
tivano il dovere e qualche accenno hanno fatto in
questo senso — di fargli comprendere che tutto
ciò significava proprio un bel nulla. Quando in
una di queste sue gite lungo la costa, a distanza
di qualche centinaio di metri, sulle dune, un cer-

to numero di somali, per nulla intimoriti da queste sue passeggiate, raccolta della sabbia nel palmo della mano, la gettavano in aria per dire, pare, che come quella sabbia, avrebbero un giorno disperso i loro nemici europei, sembra che, come commento, senza nemmeno pensare che anche quello era un sintomo della situazione, il R. Commissario abbia pronunziato una parola romanescamente efficace per significare delle corbellerie... Non metteva nemmeno il conto di occuparsene!

Nella politica coloniale la scelta dei funzionari è la cosa di maggiore importanza. Checchè se ne sia detto e se ne dica ancora, nel personale del Ministero degli Esteri e, specialmente nella carriera consolare nella quale, in generale, si studia di più che non in quella diplomatica, vi sono ottimi e preziosi elementi. Ma, pur troppo, avviene spesso che i migliori, i più adatti, sono lasciati in disparte e che, quando si deve procedere a certe nomine, o non si scelgano i più indicati, o si vada a cercare, senza necessità, all'infuori della carriera. Io capisco, per esempio, e mi spiego, come, dopo la parte che egli ebbe all'epoca del nostro conflitto con l'Abissinia e la simpatia personale che aveva per lui Menelik, si sia lasciato per parecchi anni come nostro rappresentante ad Addis Abeba il maggiore Cicco di Cola. Ma non mi spiego perchè, in epoca normale, si sia creduto di nominare il successore nella persona del capitano Colli di Felizzano. un distinto ufficiale di cavalleria, al quale, senza che possa avere la preparazione necessaria — poichè non si può considerare come tale il solo fatto di aver passato qualche anno laggiù col Cicco di Cola — è capitato ora di discutere e trattare per l'accordo relativo alla questione di Lugh e ai confini della Dankalia... Francamente vi è da chiedersi a che cosa servano i nostri consoli, i nostri diplomatici, e perchè abbiamo queste carriere, alle quali si accede dopo aver fatto determinati studi e subìto su di essi le prove stabilite, quando il Ministro degli Esteri può prendere un ufficiale inferiore e affidargli una Legazione nella quale deve trattare questioni difficili e delicate, e giuocare di astuzia e di abilità diplomatica, non solo col Sovrano presso il quale è accreditato, ma altresì con i colleghi rappresentanti delle altre nazioni. Notate bene che mentre si griderebbe allo scandalo o poco meno, se si mandasse un capitano di cavalleria a Stokolma o a Copenaghen, dove anche un ministro poco abile e senza esperienza non può provocare conseguenze dannose, nessuno ha trovato a che ridire per la nomina del nostro ministro ad Addis Abeba: cioè in un posto che ha acquistato una enorme importanza in questi ultimi tempi, e dove non basta avere qualche conoscenza delle cose abissine per ben rappresentare il proprio paese: ma bisogna avere una grande esperienza e una grande conoscenza di tutta la politica internazionale giacchè oramai, tutte le questioni si collegano e non possono più essere considerate da un punto di vista isolato. Tanto che non è certo asserire cosa nuova il dire che, laggiù, nella capitale dello Scioa dell'Impero etiopico, ha fatti i primi suoi passi, la politica che, attraverso tanta difficoltà, doveva condurre a quell'*entente* anglo-francese che ha completamente trasformato la situazione internazionale. Poichè, malgrado il vivo conflitto d'interessi che esisteva, specialmente per la questione ferroviaria, tra la Francia e l'Inghilterra, è là che fu sancito un primo *modus vivendi*, il quale permise, più tardi, l'accordo per l'Abissinia, come su tutte le altre questioni, fra le due antiche rivali. Cosa dobbiamo farne, ripeto, dei nostri diplomatici, se mentre, appunto per questo, il posto di ministro allo Scioa è una carica ambìta

e data ai funzionari di maggior·valore negli altri
Stati, noi crediamo basti invece per coprirla un
capitano di cavalleria, sia pure distinto, colto e
simpatico fin che si vuole? Si capisce benissimo
che non faccio una questione di persone ma di
principio. A parte la posizione di inferiorità, nella
quale, quando è scelto a questo modo, si trova
il nostro rappresentante — il che è sempre una
situazione di cose spiacevole — è lecito sempre il
dubbio non solo che, in certe circostanze non
sia il più atto a interpretare le istruzioni del
Governo del suo paese, ma che, in altre circostanze, quando vi è da prendere una decisione
d'urgenza, e da assumersi delle responsabilità,
non si senta di poterlo fare. E che volendo riferire
al Governo ed avere istruzioni per agire, possa
talvolta lasciar passare il momento opportuno...
È questo il principale, il più grave degli inconvenienti ai quali si va incontro quando persone non
abbastanza autorevoli, per i loro precedenti o per
il loro grado, rappresentano il paese all'estero!

Nel caso di Addis Abeba, per esempio, è lecito
supporre che con un ministro più, ascoltato e
che avesse avuto una posizione diversa alla Corte
di Menelick, forse il recente accordo per l'acquisto
di Lugh e la definizione dei confini non avrebbe
avuto un carattere così disastroso. Un diplomatico più abile (a meno che il Governo, come potrebbe anche darsi, non abbia insistito per volere l'accordo a qualunque costo) avrebbe forse
ricorso a tutti i mezzi per prendere tempo, per
rimandare ogni cosa ad epoca migliore anzichè
sottoscrivere un documento di quel genere. Ma,
ripeto, per assumersi simili responsabilità ci vogliono diplomatici i quali abbiano autorità e prestigio non solo di fronte ai colleghi del corpo
diplomatico, ma anche di fronte al proprio Governo. Ora è troppo evidente che nè il Ministro
degli Esteri, nè l'Ufficio Coloniale sieno disposti

a tenere un gran conto delle osservazioni di un bravissimo giovane, ma che è ai primi passi di una carriera che non è la sua. Si capisce anzi che, in simili condizioni, il funzionario sia remissivo e metta innanzi molto timidamente le sue osservazioni. È nella natura delle cose!

Le clausole del trattato firmato ad Addis Abeba il 16 maggio (1908) furono rese note al pubblico con un comunicato *Stefani* del seguente tenore:

« L'Imperatore Menelick ed il Ministro d'Italia ad Addis Abeba, conte Colli di Felizzano, hanno firmato, il 16 maggio, una convenzione che regola definitivamente i confini della Somalia e della Dankalia.

Per la Somalia.

Il confine parte da Dolo alla confluenza del fiume Daua col fiume Ganale a circa 500 km. dalla foce del Giuba e, sempre a nord del 4° parallelo, va a raggiungere l'Uebi Scebeli. Dall'Uebi Scebeli esso si dirige al Somaliland britannico lungo la linea parallela alla costa del 1897.

Per la Dankalia.

Il confine è a 60 km. dalla costa.

L'accordo è circondato da opportune clausole per regolare la dipendenza e i diritti delle tribù che si trovano sulla linea di frontiera, e al di qua e al di là di essa.

Alla delimitazione effettiva sul terreno procederà una commissione mista.

Accordo commerciale speciale.

Contemporaneamente è stato firmato un accordo commerciale speciale per agevolare gli scambi tra l'Etiopia meridionale ed il Benadir.

Un atto addizionale stabilisce le indennità e i compensi da corrispondere all'Etiopia nella cifra di 3 milioni di lire italiane.

Sono espressamente riservate l'approvazione

parlamentare e la sanzione reale. Appena i documenti dell'accordo giungeranno a Roma, il Ministro degli Esteri presenterà al Parlamento apposito disegno di legge, e chiederà che venga discusso prima delle vacanze estive.

Questo trattato, che anche i giornali più amici del Governo — meno male! — si guardarono bene questa volta di magnificare come un successo diplomatico dell'Italia, limitandosi a giustificarlo come una dura necessità, e che la Camera, approverà, come approva tutto ciò che vuole il Governo, è veramente l'ultimo colpo al nostro prestigio in Abissinia. Abbiamo ceduto su tutta la linea a Menelick, il quale, questa volta, avendo bisogno di quattrini, e sapendo che lo sborso di qualche milione sarebbe stata la base di qualunque accordo, ha insistito perchè la questione dei confini fosse risoluta. Secondo un commento ufficioso, le istruzioni date al capitano Colli per queste trattative furono iniziate sulla base: *a)* di una linea che da Dolo nel quarto parallelo raggiungesse l'Uebi Scebeli e dopo seguisse la linea parallela alla costa del 1897 e andasse al confine italo-britannico del 5 maggio 1894, e *b)* della costituzione di una zona neutra a monte di Lugh, immune da razzia.

Ma non si sa, o almeno non è stato detto da alcuno, quale cifra fosse stata fissata dal Governo come massimo per la questione della indennità.

In ogni modo, lasciando da parte tutte le frasi con le quali si è cercato in questo comunicato di dissimulare tutto ciò che nel trattato vi è di poco lusinghiero per il nostro amor proprio, e la zona neutra « immune da razzia », la verità cruda è questa: che mentre il Governo per bocca del Ministro degli Esteri, in varie occasioni, aveva detto e sostenuto essere meglio lasciare ancora dormire la questione dei confini, si è dovuto risolverla precipitosamente, quando Menelick lo ha voluto perchè aveva capito essere il momento opportuno per avere ancora un po' di denaro dall'Italia : che, per la questione di Lugh — il cui possesso non poteva esserci contestato in base ai trattati, poichè Lugh non è mai stata possesso abissino — l'abbiamo risoluta con un contratto di compra e vendita : e che infine, per quello che riguarda la Dankalia, abbiamo ceduto un territorio che era del pari nostro in virtù di trattati e nel quale è compreso il *Piano del Sale*, una regione che ha una grandissima importanza e che poteva essere una risorsa non indifferente per le nostre colonie del Mar Rosso. Il parlare di convenzioni speciali destinate ad agevolare gli scambi fra l'Etiopia meridionale e il Benadir, come se fosse possibile in paesi dove tutta questa roba rimane lettera morta, e le carovane seguono la strada che più loro conviene e che han sempre seguìto, è della polvere negli occhi. Il fatto nella sua dolorosa e triste verità è che abbiamo, a questo modo, dato noi stessi al fatto di Bahallè l'importanza e il carattere di una grande battaglia perduta, di una sconfitta che ci ha costretti ad accettare un trattato col quale ci obblighiamo a pagare una indennità di guerra e ad una cessione di territorio. È triste, doloroso : ma è assolutamente così. E non vi è forza di dialettica, nè valore di polemisti o abilità di oratore che possa far credere il contrario.

La responsabilità spetta un po' a tutti. Non solo al Governo, ma anche alla Camera che delle questioni coloniali si è sempre interessata assai poco, e non ha mai saputo esercitare un efficace controllo sull'azione del Governo nelle Colonie. Chè se anche, visto che non vogliamo e non possiamo intraprendere una nuova guerra, un qualche sacrificio di denaro e di amor proprio, fosse stato assolutamente necessario, è evidente che le

condizioni dell'accordo non sarebbero state così
disastrose come quelle che abbiamo dovuto sottoscrivere, se non avessimo noi stessi posto Menelik in grado di approfittare della situazione imbarazzante nella quale ci troviamo per la nostra
noncuranza, coi Bimal in rivolta e col pericolo,
sia pure lontano, del Mullah; situazione della
quale egli è minutamente informato da varie fonti... e anche dalle nostre discussioni parlamentari.
Certo egli ha aumentato le pretese, ed ha veduto
il momento buono per avere ciò che voleva. In
ogni modo se si fosse pensato un po' prima a risolvere la questione, e anche dato e non concesso fossero state ugualmente disastrose le condizioni, sarebbero state risparmiate le vite preziose
di alcuni nostri ufficiali; il che, mi pare, sia cosa
che ha pure il suo valore.

La Camera assai probabilmente approverà il
trattato, approverà, come sempre, la politica coloniale del Governo, pur essendo convinta che non
avrebbe potuto essere condotta in modo peggiore,
e che il Governo non ha mai avuto un indirizzo
ben chiaro e stabilito. Poichè è proprio questo
il curioso fenomeno del nostro paese, che mentre in generale, tutti riconoscono la inettitudine
del Governo e degli uffici che più specialmente si
occupano delle Colonie, alla Camera passa ogni
cosa, e, qualunque sia il Ministro degli Esteri che
difende questa politica, è approvato. Persino i
giornali più amici del Governo e che spesso in-
terpretano il pensiero dei ministri, compreso
quello degli Esteri, non hanno mancato di biasimare, ed anche con severità, la mancanza di
ogni indirizzo nella politica coloniale. Nel maggio
scorso, proprio alla vigilia del giorno nel quale
è stato firmato ad Addis Abeba il famoso accordo,
la *Tribuna*, della quale sono note le ottime relazioni col Presidente del Consiglio e coll'attuale
Ministro degli Esteri, ha pubblicato, con una cer-

ta solennità, al posto d'onore, una corrispondenza
nella quale parlando di quanto avviene nella Somalia settentrionale e del pericolo del Mullah, la
nostra politica coloniale è giudicata molto severamente.

« L'attuale focolare di turbolenza, scriveva la
Tribuna, l'attuale punto nero della Somalia non
è che *l'effetto di tutta una politica piena di errori,
di debolezze, di imprudenze che noi da due anni
seguiamo*. A cominciare da quando invitammo
il Mullah a passare dentro la sfera della nostra
protezione, noi abbiamo fatto continuamente, e
con una perseveranza ammirevole, di tutto il nostro meglio per aumentare quanto più si poteva
la potenza e la ricchezza di questo brigante della
Somalia, per elevare il covo dove egli doveva ritirarsi e rimanere tranquillo alla dignità di un
sultanato capace di trattare diplomaticamente
con noi, e per condurre l'orda dei suoi facinorosi
alle proporzioni di un esercito. Non c'è che dire,
stiamo per riuscirci ».

Nemmeno un giornale di vivace opposizione
avrebbe potuto essere più vibrato e più severo.
Ed io aggiungo anche, più ingiusto, almeno, da
un certo punto di vista. Poichè, non è solamente
da due anni che si accumulano errori sopra errori,
e quindi non è tutta dell'on. Tittoni la responsabilità della dolorosa situazione nella quale ci troviamo. Ne hanno la loro parte anche i suoi predecessori, tranne forse il San Giuliano e il Guicciardini che, personalmente, si occuparono della
questione coloniale e i quali è lecito presumere
avrebbero fatto qualche cosa se non ne fosse loro
mancato il tempo.

La situazione creata dagli ultimi avvenimenti
al Benadir non è certamente rosea, come vorrebbero farla apparire i comunicati ufficiali sempre
pronti a smentire ogni cosa. Però non è, per ora,
nemmeno così grave come vorrebbero farla cre-

dere i pessimisti, asserendo che l'Italia si è lanciata in una nuova avventura africana, e fra gli altri l'on. di Rudinì che, in un articolo pubblicato sulla *Nuova Antologia*, nel quale prende in esame il libro di lord Cromer sull'Egitto, edito l'anno scorso, ha fatto la difesa della sua politica e ha gettato un grido d'allarme. L'articolo è stato lungamente riprodotto nei giornali, ma il fatto che nessuno ha ricordato come, malgrado il suo anti-africanismo, sia stato, proprio l'on. di Rudinì, quando era al governo nel 1891, a rendere inevitabile la guerra a più o meno lunga scadenza, facendo una politica espansionista ed allargando sensibilmente i confini della Colonia (1), con l'annettere due provincie, malgrado le proteste di Menelik; il fatto che nessuno ha ricordato gli entusiasmi dell'on. di Rudinì per il Benadir, all'indomani di Adua, ai quali ho accennato in uno dei precedenti capitoli, è una nuova prova che tutto si dimentica nel nostro paese, e che se ora vi sono pochi deputati i quali seguono con un certo interesse le questioni coloniali, nemmeno ad essi è riuscito di scuotere l'indifferenza della Camera, che ancora, giorni sono, approvava — senza discussione! — i bilanci coloniali.

La situazione, ripeto, non è grave. Ma è difficile e delicata, anche adesso, dopo l'accordo con Menelik, poichè la questione non è definitivamente risoluta, e ci vorrà del tempo prima che lo sia con la delimitazione dei confini. Ben inteso se Menelik la vuole veramente... Poichè potrebbe anche darsi

(1) Per tutto ciò che riguarda questo periodo della nostra politica africana, nel quale l'atteggiamento del Gabinetto di Rudinì contro il Negus e contro il suo rappresentante nel Tigre, e l'annessione dell'Oculè Cusai e del Serae compiutasi contro il volere di Menelick creò una situazione così tesa dalla quale era evidente dovesse uscire la guerra ; vedi *Vico Mantegazza*: L'ASSEDIO DI MACALLÈ. Firenze, 1896, Successori Lemonnier.

che, adesso, appena avrà intascati i milioni preferisse rimandarla, sperando che, a tempo e luogo, un altro incidente possa fornirgli l'occasione di spillare ancora del denaro da questo Stato italiano che deve essere ormai abituato a considerare un po' come il suo banchiere! È difficile per quello che riguarda le relazioni nostre con Menelik, come lo è per le questioni relative ai Bimal ed al Mullah. A parte le esagerazioni degli allarmisti, è un fatto che una delle maggiori difficoltà, la più grave forse, è quella di mantenersi nei limiti del piano d'azione stabilito e di resistere alle circostanze che potrebbero trascinarci più oltre. Ma un'azione militare prudente, coordinata con le opportune trattative quando se ne presenti il destro, oggi può avere un risultato efficace, facendoci raggiungere il modesto obiettivo che ci siamo proposti. Al resto si potrà pensare dopo, gradatamente, e forse anche a intervalli di tempo non brevi, man mano che circostanze favorevoli si potranno presentare, e l'Italia avrà affermato il suo possesso su quelle coste dell'Oceano Indiano, che finora è stato solamente nominale. Nella politica coloniale l'importante è di arrivare prima, là dove vi è da agire subito; ma per le regioni per le quali non è presumibile uno sviluppo che a lunga scadenza, l'importante è di prendervi posizione, di mettere su di esse come una specie di ipoteca per l'avvenire. A parte la zona della Goscia, la regione sulla sponda del Giuba e quella fra la costa e l'Uebi Scebeli che possono essere suscettibili d'uno sviluppo immediato se il Governo saprà agevolare e suscitarvi iniziative serie, per tutto il resto, è questo il modesto scopo che, per ora, deve prefiggersi la nostra politica e la nostra azione!

FINE.

INDICE.

III.

LA SOCIETÀ MILANESE
LA QUESTIONE DELLA SCHIAVITÙ.

IV.

LA COLONIA, TERRA ITALIANA.
LA RIDDA DEI GOVERNATORI

X.

IL MULLAH.

Nella Somalia Settentrionale.

XI.

I.A SITUAZIONE.

IL NUOVO TRATTATO CON L'ETIOPIA.

INDICE DELLE INCISIONI

CARTE E PIANTE

QUESTIONI DI POLITICA ESTERA

DI

VICO MANTEGAZZA

ANNO I (1907).

Un volume in-16 di 394 pagine con 23 incisioni e ritratti

CINQUE LIRE.

ANNO II (1908).

Un volume in-16 di 400 pagine, con 12 incisioni fuori testo

CINQUE LIRE.

Dirigere commissioni e vaglia ai Fratelli Treves, editori, in Milano.